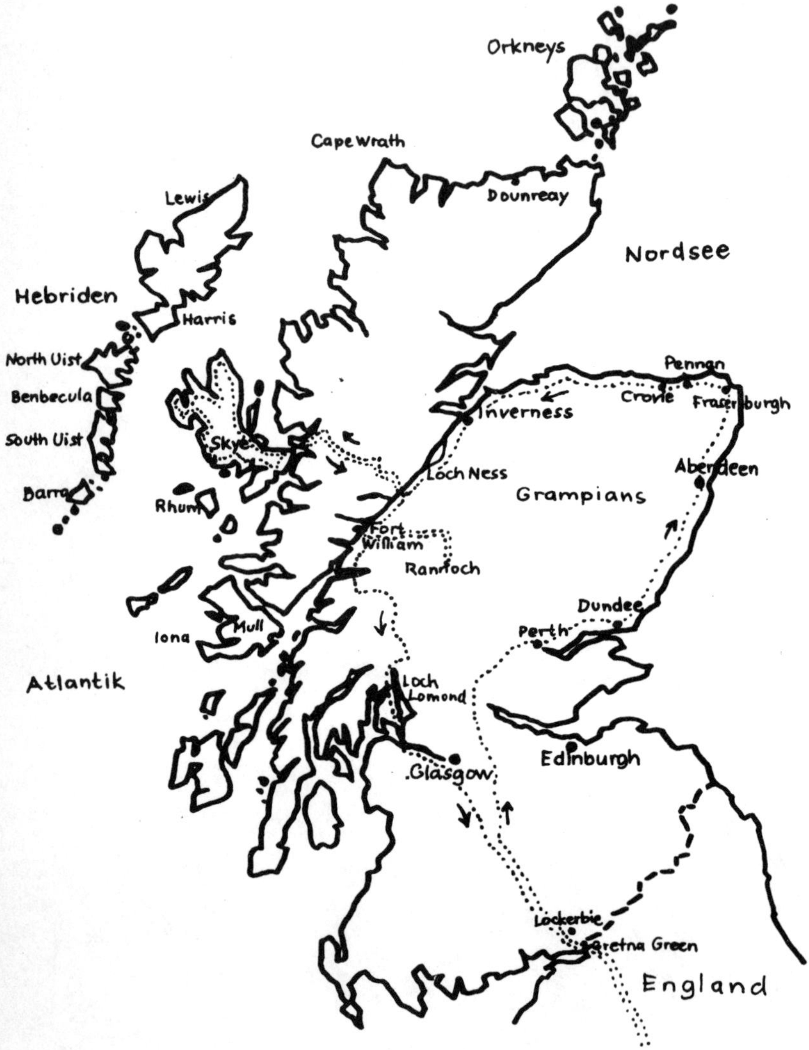
Orkneys
Cape Wrath
Dounreay
Nordsee
Lewis
Hebriden
Harris
North Uist
Benbecula
South Uist
Barra
Skye
Rhum
Pennan
Cronie
Fraserburgh
Inverness
Loch Ness
Grampians
Aberdeen
Fort William
Rannoch
Dundee
Perth
Mull
Iona
Atlantik
Loch Lomond
Glasgow
Edinburgh
Lockerbie
Gretna Green
England

Ulrich Straeter

Schottland schaurig schön

Eine Reise von Cornwall zu den Hebriden

Bilder und Zeichnungen
Ilse Straeter

Vorwort
Karl Taefler

ARKA Verlag

Die Deutsche Bibliothek - CIP Einheitsaufnahme
Straeter, Ulrich:
Schottland schaurig schön :
eine Reise von Cornwall zu den Hebriden / Ulrich Straeter.
Zeichn. von Ilse Straeter. Mit einem Vorw.
von Karl Taefler. - Essen : Arka-Verl., 1999
ISBN 3 - 929219 - 09 - 3

1999
ARKA-Verlag
Lambertstr. 4, 45131 Essen
Tel. / Fax 0201 / 42 12 26

Lektorat: Karl Taefler
Layout: Ilse Straeter
Satz: Großheimann, Essen
Druck: Brinck-Druck GmbH, Essen
ISBN 3-929219-09-3
Titel: Blick auf die Grampians

Warum mache ich so viele Worte zur Poesie?
Weil der heimliche Grund solchen Redens der ist,
einige meiner Lieblinge wörtlich herbeizuzitieren,
damit sie für sich selbst sprechen.

Brigitte Kronauer

Ist es denn wahr?

In dem Roman *Der Richtplatz* läßt Tschingis Aitmatow Jesus zum Prokurator Pontius Pilatus sagen: Über allem steht die Wahrheit und nichts als die Wahrheit, zweierlei Wahrheiten gibt es nicht.

Das liest sich gut. Nur, in Relation zum vorliegenden Reisebericht gesetzt, läßt sich die Rigidität der Aussage kaum aufrecht erhalten. In einer Zeit, in der selbst wissenschaftliche Ergebnisse ständig in Zweifel gezogen werden, steuert unser Autor mit Recht keine unerreichbaren absoluten Wahrheiten an; ihm geht es um erreichbare relative Wahrheiten, wenn er über Cornwall und Schottland schreibt. Und auf diesem Hintergrund macht dann die schlichte Frage Sinn: Ist es denn wahr, was da auf den folgenden Seiten steht?

Einige Schriftsteller behaupten - wie beispielsweise der Engländer Nigel Williams in seinem Buch *Zweieinhalb Männer im Boot* - , nichts rege die Phantasie weniger an als die Wahrheit, nichts sei so stumpfsinnig wie akkurat berichtete Tatsachen. In der Allgemeinheit des Satzes irrt Williams, wie sich leicht nachweisen läßt. In der Beschränkung auf die Literatur führt er uns zu dem Verhältnis von Dichtung und Wahrheit, wobei Dichtung, wie noch zu zeigen ist, kaum als Unwahrheit gedeutet werden kann. Auch nicht in einem Reisebericht. Und das ist das Erregende an diesem Buch. Denn Ulrich Straeter gehört weder zu den Lauen noch zu den Fanatikern, wenn es um Wahrheit geht; doch hütet er sich davor, an Wahrheiten zu drehen, wie wir es vielfach von großen Theologen und gernegroßen Politikern kennen.

Seine Anstrengung bringt uns den Schriftsteller menschlich näher, weckt Sympathien für ihn und sein Buch. Sein demokratisches Bemühen zeigt sich bei der Wahrheitssuche. Der Autor, der uns unter anderem schon Wales, Irland und Portugal unterhaltsam nähergebracht hat, weiß nach jenen Erfolgen auch hier um die Notwendigkeit einer Bestätigung durch die Leserinnen und Leser. Um uns überzeugend an das faszinierende, schaurig schöne Land der Schotten (auf dem Umweg über Cornwall) heranzuführen, verwebt er seine eigene Wahrheit mit den relativen Wahrheiten prominenter Reisender und Insider. Das führt zu einer gewissen Tiefenperspektive des großbritannischen Teils Europas, weil neben dem Automechaniker oder dem Wirt, dem Fischer oder der gastfreundlichen Farmerin, den Golf und Bowling spielenden Ruheständlern oder den schottischen Kneipenbesuchern eine erlauchte Literaten- und Künstlergruppe als Begleitende erscheint, durch deren Sichtweise Gegenwart und Vergangenheit Schottlands facettenaugenhaft lebendig werden.

Wenn wir die demokratische Suche nach Wahrheiten für Ulrich Straeter reklamiert haben, so steht damit keinesfalls im Widerspruch, dass sich in diesem Buch Wahrheit und Dichtung vereinen. Dichtung ist Verdichtung des Seienden, Gewesenen, ist Aufhebung, Bewahrung, Erinnerung, Gedächtnis, ist mit einem Wort: Kultur. Ob in dem Gedicht von den tanzenden Mädchen in Cornwall, in Geschichten von Leuchttürmen oder dem Gelage auf den Hebridenbergen: auf vielen Seiten wird das, was da Wahrheit, was da Dichtung ist, irrelevant. Denn es kommt darauf an, was es bewirkt, wie es geschieht. Und es geschieht!

Ein in Stein gehauener Robert Burns wird erstaunlich munter, mischt in kaum gekannter Weise bäurisch-derb in der Gegenwart mit, und der Hauch seines Atems wird spürbar im pulsierenden Leben einer Stadt. Ein deutscher Fürst wiederum verwandelt sich in einen Museumsführer, ein Eisenbahnzug donnert über eine neue, moderne Brücke - und wir wissen, er wird das andere Ufer nicht erreichen. Und so geschieht es fesselnd, dass der Wunsch aufkommt, mehr von den Menschen und den Dingen in diesem Land zu erfahren.

Das gilt allemal für die Geschichte der jungen Königin Maria Stuart, die so kaum in einem Geschichtsbuch zu finden sein dürfte. Ihre Lebensweise, ihr vollblütiges, mutiges Eintauchen in die Zeit scheint die patriarchale Ordnung fast aufzulösen. Ihre emanzipatorischen Taten zeichnet Ulrich Straeter mit einem literarischen Stil, der als eine Mischung aus leichtem englischen Humor und gefesselter deutscher Ironie daherkommt und das gesamte Buch durchzieht.

So auch in dem Kapitel, das endlich und endgültig den Beweis der Existenz des Ungeheuers von Loch Ness erbringt. Und da sich dort die Beweise häufen, trägt es für mich den Titel: Magna est veritas et praevalebit - Groß ist die Wahrheit, und sie wird siegen.

Wenn Ästhetisches im Kern kulturelle Bildung menschlicher Sinnlichkeit ist, dann geht es in dem vorliegenden Buch um Ästhetik - auch auf der Ebene schottischen Alltagslebens. Die Darstellung schließt Prozesse der Arbeit, das Leben in der Stadt, die Gefahren der Atomenergie, Armut, Krieg, Tod und Gewalt ebenso ein wie friedliches Feiern, Volksfeste, Tanz, genussvolles Essen und Trinken und die Liebe.

Mit einem Wort: die Kraft sinnlich-konkreten Erzählens bringt uns ein anderes Land, bringt uns einem anderen Land näher. Das Buch ist mehr als ein Reisebericht.

So wahr mir ...

Karl Taefler

Meine Reisebegleiter/innen

Ilse Straeter

bekommt unterwegs nur schlechte Laune, wenn sie nicht malen darf oder kann, ist manchmal mein anderes Ich und spielt gern die advocata diabolae

Theodor, eigentlich Henri Théodore, Fontane

lehnt sichere Jobs als Apotheker und 1. Sekretär der Berliner Akademie der Künste ab, arbeitet als Journalist in London, reist von dort nach Schottland, wandert gern durch weite Felder in Brandenburg und schreibt als älterer Mensch weltberühmte Romane

James Boswell,

ein waschechter Schotte, reist gern mit berühmten Leuten und schreibt darüber, war bereits im 18. Jahrh. u.a. auf der Insel Korsika, wird als Dr. Johnson's *Eckermann* bezeichnet

Dr. Samuel Johnson

ist keine Schönheit, verhält sich oft merkwürdig, speist ausgesprochen gern, ist aber trotzdem ein hochintelligenter Mann und der am meisten zitierte Autor nach Shakespeare in England, leistet 'Grimm'sche' Arbeit und schafft das englische Wörterbuch, ist, wenn man so will, Boswell's *Goethe*

Robert Burns

macht sich als Bauer nicht nur die Hände schmutzig, dichtet, womit er vor allem bei den Mädchen gut ankommt, schreibt aber auch Revolutionstexte, schlägt sich mühsam durchs Leben, unter anderem als Zoll- und Steuerinspektor

Walter Scott

später Sir Walter Scott, schreibt und schreibt, hauptsächlich historische Romane über das Mittelalter, ist Urheber von

Schottlandsehnsüchten bis heute und bedient damit unfreiwillig die Filmindustrie mit Klischees

Robert Louis Balfour Stevenson

tritt nicht in die Fußstapfen seiner Leuchttürme bauenden Vorfahren, studiert stattdessen aus Verlegenheit Jurisprudenz und kommt früh zu seiner eigentlichen Berufung: der Schriftstellerei. Wandert mit einer Eselin durch die Cevennen, schippert mit dem Kanu über nordfranzösische Kanäle, lässt seine Piraten auf Schatzinseln in der Karibik ihr Unwesen treiben und wandert folgerichtig in die Südsee aus

Lillian Beckwith

auch mo ghaoil genannt, verschlägt es als Engländerin über zwanzig Jahre lang auf eine kleine Hebrideninsel, sie hat immer ein Seil bei sich (für alle Fälle) und bringt uns eine Menge über die Charaktere der dortigen Menschen bei

Elsemarie Maletzke

ist uns bekannt seit seligen *Pardon*-Zeiten, schreibt wunderbare kleine Geschichten über Iren, Waliser, Engländer und Schotten; liebt es, auf einsamen Kaimauern zu sitzen und Fish 'n' Chips mit Vinegar zu knabbern

Renault-Rapid-Kombi,

ein kleines Auto, Nachfolger des legendären R 4, zu Campingzwecken von uns umgebauter Kastenwagen, der nach der Fahrt wieder verkauft wurde, die 'Hundehütte', wie eine Freundin sagte

Fahrräder, Zelt und viele andere

Natürlich haben wir nicht sämtliche Begleiter und Begleiterinnen aufgezählt. Wir wollen nicht zu viel verraten: das Buch soll gelesen werden

1. Buch

Der Traum von Dungeness

An Dungeness hatten wir überhaupt nicht gedacht.

Der kleine Renault rollte bedächtig die Küstenstraße entlang nach Westen, von Dover über Hastings in Richtung Winchester. Von der Fähre aus hatten wir die weißen Kreidefelsen der englischen Südküste gesehen, jetzt lag der Ärmelkanal links von uns, oder besser gesagt: südlich.

Hastings kannten wir aus dem Geschichtsunterricht: durch die entscheidende Schlacht Wilhelm des Eroberers, die ungefähr dreißig Kilometer weiter nördlich in Battle stattfand, was dem Ort bis heute seinen Namen gab - oder schuf der Ortsname den Begriff für das reihenweise Abschlachten von Menschen?

Wir steuerten zufällig auf Dungeness zu. Ein einsamer Erdenwinkel, wenn wir der Straßenkarte trauen konnten. Ein günstiger Ort zum Übernachten in freier Natur, dachten wir. Der Name ging uns durch den Kopf. Geheimnisvoll. Als müssten wir ihn kennen. Es dauerte eine Weile, bis unsere Erinnerungen Fuß fassten. Dungeness! Dort spielte das wunderbare, traurige und tröstliche Buch *Derek Jarman's Garten.* Der englische Künstler und Filmemacher, der 1994 an Aids starb, hatte auf der Halbinsel die letzte Zeit vor seinem Tod in einer alten Fischerkate gelebt. Etliche Bücher hatte ich für die Reise mitgenommen, dieses hatte ich vergessen.

Ein Freund Jarmans, Keith Collins, der das Häuschen nach dessen Tod übernommen hat, schreibt in dem Buch:

»Wir waren an einem Frühlingsnachmittag im Jahre 1986 in Kent unterwegs, auf der Suche nach einem Glockenblumenfeld. Wir wollten Aufnahmen für den Film machen, aus dem einmal 'The Garden' werden sollte. Derek schlug vor, im Pilot Inn in Dungeness zu essen - bekannt für 'Einfach die besten Fish and Chips in ganz England'. Begeistert von der Landschaft, beschlossen wir, den alten Leuchtturm zu besichtigen. Derek sagte: 'Hier gibt es eine wunderschöne Fischerkate, und wenn sie je zum Verkauf stünde, würde ich sie kaufen'. Während wir uns dem Cottage näherten - es war schwarz glänzend mit leuchtend gelben Fensterrahmen -, fiel uns die grün-weiße Tafel 'Zu verkaufen' ins Auge - dies konnte kein Zufall sein, der Kauf war unausweichlich...

Der Garten entstand beiläufig: Ein Stück vom Meer verwaschenes Treibholz, an dem ein am Strand angetriebener Knöchelknochen steckte, wurde zum Festbinden einer umgesetzten Hundsrose benutzt, und ein bei Ebbe im Sand liegender, länglich geformter Feuerstein sollte einen Meerkohl-Setzling vor unvorsichtigen Tritten schützen. Über das

Jahr kamen andere, am Strand aufgelesene Schätze hinzu. So entstand Prospekt Cottage.«

Wir bogen ab. Ein Leuchtturm fiel uns ein, eine Fischerkate mit gelben Fensterrahmen, und der Künstlergarten. Wir glaubten nicht daran, das Haus finden zu können, suchten eher nach einem günstigen Standplatz für die Nacht. Flach wie ein Meeresboden bot sich uns die Landschaft dar, eine schmale, geteerte Landstraße führte hindurch, eingezäunte Weiden begleiteten uns rechts und links. Dann riesige Kieselsteinflächen, wie gepunktet, übersät von nur einer Pflanzenart, dem grünen Meerkohl. Viele Möglichkeiten abzubiegen gab es nicht, wir landeten wie von selbst im Ort Dungeness, der aus einer langen Reihe von Häusern und Fischerkaten bestand. Vor den Häusern setzte sich bis zur Küstenlinie die flache Kieselsteinebene fort. Türen und Fenster waren dem Leben spendenden Meer zugewandt, das in Dungeness zum größten Teil die Existenz sichert. Die Häuser standen in sicherer Entfernung - wie anders sollte es später im Norden Schottlands sein, in Pennan und Crovie.

Schilder erlaubten den Zugang zum Meeressaum und zu den Booten nur für Befugte, Ketten sicherten den Straßenrand. Langsam fuhren wir an der Häuserreihe entlang. Dort! Eine schwarze, hölzerne Fischerkate. Doch keine gelben Fensterrahmen. Wir fotografierten sie zur Erinnerung. Noch immer glaubten wir nicht, Derek Jarman's Garten zu finden. Immerhin blieb uns der Leuchtturm, den Ilse malen konnte. Wie sich herausstellte, gab es den alten und daneben einen modernen. Ganz vergeblich sollte der Abstecher auf die nach Süden in den Ärmelkanal hineinragende Halbinsel nicht sein.

Wir entdeckten sie gleichzeitig.

Die einzige schwarze Fischerkate mit leuchtend gelben Fenster- und Türrahmen. Wir sahen die Kunstwerke, den sorgsam angelegten Garten. Derek Jarman war tot, doch alles wirkte wie zu seinen Lebzeiten. Ein seltsames Gefühl beschlich uns. Wenn wir ein Buch lesen, wissen wir, es ist Literatur, es ist Kunst, es sind Bilder. Wir nehmen es nicht wörtlich und als Wirklichkeit. Und doch vermittelt jedes Buch eine Realität, mit der wir leben, die wir nicht unbedingt zu finden hoffen.

Hier war die nicht erfundene Wirklichkeit, der erfundene Traum. Zögernd stiegen wir aus, gingen auf das Haus zu. Wir hatten Hemmungen, den Garten zu betreten. Ob wohl jemand zu Hause war? Wir hörten leise Musik, eine Gardine wehte aus einem geöffneten Fenster. Wir klopften. Nichts rührte sich. Hallo? Niemand antwortete. Die Haustür stand offen. Keith Collins oder wer in diesem Haus lebte, war vielleicht zum Drink im Pilot Inn. Trotz Abwesenheit des toten Künstlers, trotz Abwesenheit des derzeitigen Bewohners wirkten Haus und Garten einladend und belebt. Wie über glattes Eis gingen wir vorsichtig durch den Kiesgarten, erzeugten knirschende Geräusche, die in der umgebenden Stille störend klangen, bewunderten die aus Fundstücken und Pflanzenresten geschaffenen natürlichen Kunstwerke.

Im kargen Boden des Ness, im Dunge-Ness, wuchs nicht nur grüner Meerkohl. Auch das sollte später im Norden, in Schottland, anders sein: im Loch Ness. Hier gab es gelben Stechginster, rotweißen Mauerpfeffer, Fenchel, pinkfarbenen Schlafmohn, gelben kalifornischen Mohn, Baldrian, Natternkopf, im Winter und im Frühling natürlich auch Schneeglöckchen und Narzissen. Schnittlauch hat eine schöne violette Blüte, es ist eine Blume, wenn wir einmal nicht ans Essen denken und sie blühen sehen. Ebenso ergeht es uns mit Zwiebeln, wenn wir sie in Ruhe lassen. Seetang war reichlich vorhanden, aus dem die Waliser Mahlzeiten bereiten können, und auch Flechten, rostrote und schwarze, sie gehören zu den ältesten Pflanzen der Erde.

Ilse zeigte auf eins der Kunstwerke: ein oben spitz zulaufender Holzpfosten, verwittert und abgeschabt; unbekannt die Zeit, die er im Wasser schwamm, um endlich in Dungeness an den Strand getrieben zu werden. Er stand senkrecht im Kiesboden hinter dem Haus. Auf die Spitze gespießt war ein breiter Korkring, wie sie die Fischer benutzen, damit die Netze schwimmen. Darunter ein Steinring, äußere Schale und innere Öffnung nicht konzentrisch, anscheinend natürlich entstanden. Ein geheimnisvoller Stein, vielleicht wurde er vor Jahrtausenden einmal von einer kundigen Hand bearbeitet. Bewachsen, sicher seit langem, mit gelben Flechten.

Ein Gedicht war mit geschnitzten und gelbbemalten Holzbuchstaben an die Seitenwand des Hauses genagelt. Es endete mit den Zeilen:

Die Liebe kennt nicht Jahreszeit noch Wittrung.
Nicht Tag, Stund', Monat: alles Zeitzersplittrung...
Und du, o Sonne, barme nicht,
Dass so die Welt zusammenschrumpft:
Alt hat's gern leicht, und ist es deine Pflicht,

Die Welt zu wärmen, wärme sie in uns.
Schein her zu uns, und alles ist getan,
Dies Bett dein Brennpunkt, um uns deine Bahn.
(John Donne)

Ein geheimnisvoller Ort, es war, als müsse der Künstler jeden Augenblick mit einem Werkzeug klappern: Hallo, möchtet ihr einen Tee?

Dungeness ist ein magischer Ort, schreibt Keith Collins. Ein trostlos-tröstlicher, empfanden wir. Beides ist zum Teil von Menschen gemacht, denn im Hintergrund standen drohend im Dunst die dunklen, kantigen Betonklötze des Atomkraftwerkes Dungeness. Unübersehbar, sobald man den Blick über die Ebene schweifen ließ. Auf der Herfahrt hatten wir die Strommasten mit den Überlandleitungen gesehen - auch die großen Tafeln, auf denen freundlich zur Besichtigung eingeladen wurde.

Dagegen wirkten die beiden Leuchttürme außerhalb des Dorfes kümmerlich. Früher einmal Wahrzeichen von Orten. Punkte in der Landschaft, an der Küste, oft die höchsten Bauwerke außer den Kirchen. Nun wurden sie durch die wuchtigen Betonbauten des Kraftwerkes zur Bedeutungslosigkeit verdammt. Eine Schmalspurbahn streckte ihre Gleise bis in die Nähe der Leuchttürme, für Sonntagsausflügler gedacht. Die Straße endete vor dem Zaun des Werkes, Weiterfahren verboten. Wir mochten kein Atomkraftwerk besichtigen. Wir wollten fort.

Langsam fuhren wir zurück. Noch einmal an dem schwarzen Haus mit seinen gelben Fensterrahmen vorbei, das in hölzerner Klinkerbauweise errichtet worden war, wie man

Boote baut. Und vermutlich hatte manches Fischerboot von Dungeness eine gelbe Wasserlinie an der Bordwand, so wie man hier die Fensterrahmen streicht.

Der Wagen tuckerte über die schmale Straße in Richtung Festland, rechts und links begleitet vom Meerkohl, crambe maritima, der im Frühling karminrot aussieht. Im Winter stirbt er bis auf einen kleinen Trieb am korkigen Stiel ab. Im März zeigt er als Erster den Frühling an. Im Mai treibt er kleine weiße Blüten mit gelben Punkten in der Mitte, ihr Honigduft legt sich über die ganze Halbinsel. Die Samenkapseln sehen wie Erbsen aus. Die Herbstwinde lassen die verfaulten, trockenen Blätter davonfliegen, nur ein kleiner Trieb für das nächste Jahr bleibt übrig. Die Pflanze überlebt in diesem Gebiet, weil sie ihre Wurzeln bis zu sechs Meter lang im Boden verankern kann, denn oft schwemmen Sturmfluten die Kiesschichten fort.

Meerkohl ist essbar, doch Radiologen warnen davor, weil die Pflanze die Radioaktivität des Atomkraftwerkes weit mehr aufnimmt als viele andere Pflanzen.

Leb wohl, Dungeness!

Es war einmal ein Leuchtturm

Weiter ging es von East Sussex nach West Sussex. Hinter Eastborne, ein Stück weiter als die vorspringende Nase von Beachy Head, liegen an der Küste die weißgelben Kreidefelsen der *Seven Sisters*. Ein ebenfalls magischer Ort?

Wir marschierten lange durch Felder und Weiden, an einem Flusseinschnitt entlang. Das Wetter lud nicht dazu ein, es wehte ein heftiger Wind. Nachdem wir schließlich das letzte Gatter überwunden hatten, erreichten wir den Kieselsteinstrand. Nur vier der sieben Schwestern streckten ihre kalkigen Felsformationen für uns sichtbar in die See, die restlichen drei hatten sich hinter ihnen versteckt. Ein magischer Ort?

Eine Schulklasse stürmte heran, zerstörte jede Magie und auch die abgesperrten kargen Wiesenstreifen. Nun gut, was bedeutete Magie. Aber was 'Do not enter' heißt, wussten sogar wir. Das Aufsicht führende pädagogische Vorbild kümmerte sich nicht darum. In der Nähe befand sich in einem Reservat ein Vogelschutzgebiet. Da gab es für Schulklassen viel zu lernen. Hoffen wir das Beste, liebe Leser und Leserinnen.

Still ragten die zweihundert Meter hohen Seven Sisters mit ihren Kalknasen in die See, hintereinander geschichtet wie die Falten eines Akkordeonbalges; nicht weit vom Beachy Head entfernt, wo Anfang 1999 tausende Tonnen der Kreidefelsen mit einem gewaltigen Donnern ins Meer stürzten, dicht vor den Leuchtturm Belle Tout. Die Männer eines drei Meilen vor der Küste patroullierenden Seenotrettungskreuzers hörten das Getöse. Neugierig kurvten sie heran.

»So etwas«, erzählte Kapitän Mark Sawyer später, »habe ich in meinem Leben noch nicht gesehen. Und ich fahre seit über 30 Jahren zur See! Da kannst du jetzt zu Fuß zum Leuchtturm!«

Zehn Meter jährlich verliert die englische Kreideküste normalerweise. Der große Felsrutsch, ausgelöst durch die Sprengkraft gefrorenen Wassers in den Gesteinsspalten, ist ein warnendes Zeichen für die zunehmende Erosion der Felsabhänge. Auch an der Ost- und der Nordostküste des britischen Eilandes nagt unerbittlich das Meer.

»Armes Großes Britannien!« murmelte ich.

»Wieso?« fragte Ilse.

»Die Briten sind doppelt gestraft. Erst mussten sie sich politisch und machtmäßig kleinersetzen, und jetzt bröckelts auch noch an allen Ecken und Enden. Vielleicht verschwindet England bald ganz von der Landkarte?«

»Ein Grund mehr, schnell weiterzufahren, solange es noch steht.«

Das taten wir. Den Leuchtturm Belle Tout, der früher in respektvoller Enfernung vor der Küste im Wasser stand, wollen die Techniker auf Schienen weiter hinaussetzen.

Beinahe hätte es das letzte noch bemannte Leuchtfeuer erwischt.

Nachdem wir den Rummel des berühmten Seebades Brighton links liegen gelassen hatten, auch nicht zur Isle of Wight abgebogen waren, erreichten wir an Southhampton vorbei Winchester. Winchester in Hampshire. Wir kauften ein, telefonierten mit zu Hause. Winchester erinnert durch seine gewaltige, von den Normannen erbaute Kathedrale an das 11. Jahrhundert und uns an ein bekanntes Lied. Mit den berühmt-berüchtigten Repetiergewehren gleichen Namens hat diese Stadt nichts zu tun, die wurden von einem Mr. Winchester im wilden Westen Nordamerikas erfunden. Neben der Kathedrale befindet sich ein kleiner Park, in dem es sich gut rasten lässt. Für ältere Menschen und müde Reisende gibt es Bänke unter schattenspendenden großen Bäumen.

Dort ruhten wir uns im Angesicht der wuchtigen, reich verzierten Kathedrale aus. Jugendliche spielten auf der Wiese Fußball. Ilse summte leise die Melodie:

Ich streckte die Beine aus, überließ mich meinen Gedanken.

»Wie tut man gar nichts?« fragte Pu der Bär.

»Das ist, wenn man es gerade tun will, und die Leute wollen von einem wissen: 'Und was willst du jetzt tun, Christopher Robin?' Und dann sagt man: 'Och, gar nichts' und dann tut man's einfach.«

Also übte Pu der Bär Nichtstun, und ich tat es ihm nach.

Dann möge er reisen, sagte Voltaire.

Nach Schottland?

Als der schottische Reiseschriftsteller James Boswell im Jahr 1764 sein Vorhaben, durch Schottland und zu den Hebriden zu reisen, in einem Gespräch gegenüber dem französischen Schriftsteller und Philosophen François Marie Arouet, genannt Voltaire, erwähnte, schaute ihn dieser an, als hätte er von einer Reise zum Nordpol gesprochen.

Voltaire fragte:

»Sie bestehen doch nicht darauf, dass ich mitkomme?«

Boswell verneinte.

Voltaire darauf: »Dann mögen Sie meinetwegen reisen!«

Dem großen Philosophen erschien es verständlicherweise angenehmer, in seinem lieblichen Frankreich und bei einem fülligen Rotwein zu bleiben, als die Unbilden einer Reise mit der Postkutsche oder auf unwilligen Pferden durch nördliche Breiten auf sich zu nehmen.

Um genau zu sein: zum Nordpol wäre es ein gewaltiges Stück weiter gewesen. Verfolgt man den Null-Meridian in Richtung Norden (diese gedachte Linie wurde praktischerweise von den die Welt entdeckenden Europäern durch Greenwich bei London 'gelegt' und wird seit 1884 weltweit als Längengrad Null anerkannt), stößt man bei Newcastle an der Ostküste Englands auf den 55. Grad nördlicher Breite. Der Längengrad verläuft dort aber bereits durch die Nordsee, um östlich der Orkney- und Shetland-Inseln dem Nordpol (90 Grad) zuzustreben. Der 60. Breitengrad durchschneidet die Shetland-Inseln, der Polarkreis berührt die Nordküste

Islands, während auf dem 80. Breitengrad Spitzbergen und Grönland liegen.

Danach wird es nur noch eisig.

»Weiß dämmert die 'Havella' über dem weißen Feld zu Füßen des schwarzen Bergs der Parry-Insel. Kapitän Haakon hat sie mit dem Eisanker daran festgemacht. Nur ihre hohen Masten bewegen sich unmerklich... Zwischen der Tafel-Insel und dem Eis liegt ein Nebelfeld; darüber steht der Berg nun als reines Trapez, basislos, eine schwarze Fahne. Die Treibeisfront, vor der Haakon floh, ist südöstlich der Sieben Inseln stehen geblieben. Im Süden, nur eine halbe Meile weit weg, auf einem im Meer ruhenden Schneehügel, sitzt, mit aufgerichtetem Oberkörper, die Bärin, ihre schlafenden Kinder im Schoß. Neben dem Schiff glimmt die Grenze. Ihre Schmelzkante, unter dem Wasser, leuchtet blaugrün. Die Farben der Welt sind blau, schwarz, weiß, golden. Die Welt ist aus Email, aus einer Glasmasse, die über Metall fließt. Nur gegen den Pol zu ist der Horizont dunkel. Einmal hebt eine Kugelrobbe ihren kleinen schwarzen glänzenden Kopf aus dem Wasser, taucht dann wieder weg. Ein winziges Plätschern. Lautlosigkeit. Nichts als hin und wieder ein sprödes Klingen, ein Klimpern. Das Eis klingelt. Luftbläschen im Eis platzen auf, wenn es schmilzt. Eine Eiszimbel. Oder: jemand rührt ganz vorsichtig an die hohen Register einer Celesta, und die Himmlische klingt. Man kann sie nur hören, wenn es ganz still ist. Es ist ganz still. Achtzig Grad fünfundvierzig Strich nördlicher Breite.«

Alfred Andersch: Hohe Breitengrade

So weit wollten wir nicht.

Der Nordpol war übrigens zu Voltaires und Boswells Zeiten noch nicht entdeckt, ob er 1909 von dem US-Amerikaner Robert Edwin Peary wie behauptet erreicht wurde, ist wissenschaftlich umstritten.

Schottland zwischen 55. und 60. Grad nördlicher Breite.

Er möge also reisen!

Boswell ließ nicht locker. Im Jahr 1773 gelang es ihm, den englischen Sprach- und Literaturwissenschaftler Dr. Samuel Johnson auf eine abenteuerliche Reise nach Schottland mitzuschleppen - oder sollte man besser sagen: zu verschleppen?

Mit den Worten: »Nach Schottland also!« brach im Jahr 1858 der zeitweise in London arbeitende deutsche Journalist und Schriftsteller Theodor Fontane mit seinem Malerfreund Bernhard von Lepel zu einer vierwöchigen Reise nach Schottland und den Hebriden auf. Die beiden hatten den Vorteil, von London bis Edinburgh inzwischen die Eisenbahn benutzen zu können. Der Reisebericht darüber bekam den spannenden Titel:

Beyond the Tweed, auf Deutsch *Jenseit des Tweed*.

»Man muss das 's' in Jenseits fortlassen, dann gewinnt die Leichtigkeit des Aussprechens«, sagte Fontane.

Benannt ist der Reisebericht nach dem Fluss Tweed, der, in westöstlicher Richtung fließend, Schottland von England trennt. Auf dieser Fahrt durch ein anderes Land entwickelte Fontane die Idee, ähnlich durch sein Heimatland zu reisen, um Gefundenes und Erfundenes aufzuschreiben. So entstanden die *Wanderungen durch die Mark Brandenburg*. Er amüsierte sich später köstlich, wenn Reisegruppen das nur in der Literatur existierende Schloss Wuthenow besuchen wollten. Und noch später beackerte ein anderer Schriftsteller dieses weite Feld, um seinen Helden namens Fonty dort agieren zu lassen. Kein Grass ohne Fontane, kein *Ein weites Feld* ohne Schottland.

Fonty blieb nicht der Einzige. Nach Schottland also! 1829 reiste der deutsche Komponist Felix Mendelssohn-Bartholdy mit seinem Freund Karl Klingemann dorthin, ließ sich zu seiner Schottischen Symphonie und durch das gewaltige Erlebnis der Fingalshöhle auf der Hebrideninsel Staffa zum Klangerlebnis der Hebriden-Ouvertüre inspirieren. Drei Jahre vorher trieb sich der deutsche Baumeister, Architekt, Maler, Grafiker und Bühnenbildner Karl Friedrich Schinkel in Schottland herum. Was suchten sie dort? Auf ihren Reisen in das 'wunderbar wüste, menschenleere Land'?

Eine weiterer Musiker, Frederic Chopin, kam 1848 von London aus, wo er längere Zeit als Pianist gastierte, nach Schottland. Er suchte Linderung für seine kranken Lungen, wollte auch über die Trennung von George Sand hinwegkommen. Sein Wunsch war es nicht, in dieses Land zu reisen, vielmehr drängten ihn zwei Schwestern, 'meine beiden Schottinnen', wie Chopin sie nannte, die sich in London um ihn kümmerten. Genutzt hat es nicht. Auf die Idee, nach Schottland der Lungen wegen zu fahren, käme heute niemand mehr.

Der geniale englische Maler William S. Turner, der malerisch seiner Zeit weit voraus war, reiste mehrmals nach

Schottland, hielt unter anderem die Fingal's Cave auf der Insel Staffa in Öl fest.

Auch Frauen reisten. In den Jahren 1803 bis 1805 befand sich die Schriftstellerin Johanna Schopenhauer, die Mutter des späteren Philosophen, mit ihrer Familie mehrmals zwischen diesen nördlichen Breitengraden und hielt ihre Erlebnisse in dem Buch *Erinnerungen von einer Reise* fest.

Natürlich reisten und reisen auch in heutiger Zeit Menschen nach Schottland. Man lebt dort schon lange vom Tourismus. Eine Aufzählung würde zu weit führen, wir wählen willkürlich einige wenige Namen aus.

Der Schriftsteller Erich Loest beschäftigte sich mit diesem nördlichen Land.

Der Journalist Reiner Luyken berichtete regelmäßig von dort, bis es ihn derart packte, dass er für immer in diesem Land, das nach 'Salz und Freiheit schmeckt', blieb. Er heiratete eine Schottin, wurde Mitglied ihres Clans, 'verfeindete' sich dadurch automatisch mit anderen Clans, fängt Lachse, züchtet Pferde und schreibt Texte, die den Wunsch wecken, sofort nach Schottland aufbrechen zu müssen...

Der Schriftsteller und Journalist Peter Sager ist zu erwähnen, der ein lesenswertes Reisebuch über Schottland verfasst hat, dessen Neuauflage von 1997 wir leider erst nach unserer Fahrt in die Hände bekamen. Dem wir etliche wichtige Informationen verdanken.

Fritz Wirth, geboren in Essen, der lange Jahre Korrespondent in Großbritannien war (ähnlich dem Altvorderen Theodor Fontane) - ein Spezialist für schottischen Fußball.

Und last not least: ein weiterer Essener, der Landschaftsmaler Ernst Koerner, der sich 1872 in England und Schottland aufhielt. Sein Urenkel besitzt einige seiner Bilder mit englischen Motiven, die schottischen scheinen in den nördlichen Breiten, in irgendeinem Ness, verloren gegangen zu sein.

Wir haben diesem Land viel zu verdanken.

Auch dieses Buch - denn mit den Worten: »Dann muss es wohl sein!« ließen wir, Autor und Malerin, Voltaire zu Hause, steckten Fontanes und Boswells Bücher ins Gepäck und starteten Mitte April 1997 mit einem kleinen Renault-Kastenwagen zu unserer Schottlandreise. Zunächst ging es nach Süden, in die Provence und in den Midi - doch Voltaire? - , um dort auf einer längeren Tour mit Fahrrädern und Zelt Sonne zu tanken. Erst danach stießen wir langsam nach Norden vor, erreichten über die Normandie England und überschritten nach einem Aufenthalt in Cornwall Mitte Juni den Tweed und den Hadrians-Wall nach Schottland.

Der Fußball flog über meinen Kopf, tickte auf den Kies vor der Kathedrale, die Schreie der Jugendlichen holten mich aus meinen Erinnerungen in die Wirklichkeit zurück. Ilse blickte mich an.

»Weiter!«

Wir fuhren durch Hampshire. Übernachteten im Wald und erlebten bei zunehmender Dunkelheit einen kräftigen Gewitterregen. Gemütlich lagen wir in den warmen Schlafsäcken, horchten auf das Krachen des Donners und das Trommeln der Tropfen auf dem Blechdach, sahen Blitze durch die Baumkronen zucken.

Als es aufhörte zu regnen, begannen die Vögel wieder mit ihren Liedern. Vielleicht hatten sie aber auch unaufhörlich weitergesungen, ohne dass wir sie hörten, weil das Rauschen des Regens oder der Donner ihre Stimmen übertönte. Nach dem Tumult des Gewitters wirkte der Gesang der Vögel erfrischend und machte uns Mut.

»Was ihre Nachbarvölker auf den Britischen Inseln anbelangt, so hegen die Engländer nicht den geringsten Zweifel an ihrer eigenen naturgegebenen Überlegenheit. Diese Haltung entspringt nicht etwa einem kleinlichen Vorurteil, sondern wird eher als eine Art wissenschaftliche Tatsache betrachtet.

Die Iren werden günstigstenfalls als wildgewordene Exzentriker angesehen, schlimmstenfalls als vollkommen verrückt. Die Waliser gelten als unaufrichtig und die Schotten als sauertöpfisch und hinterhältig.«

Antony Miall

»'Eine Blaue Nacht, so, so?' Er nickte ein langsames Auf und Ab. Da die Nachdenklichkeit dieses Nickens so wirkt, als lasse der Nicker die ganze Unendlichkeit der höheren Mathematik und Physik an seinem Geist vorüberziehn, gelten die Schotten als neunmal klug. Und der Schotte nickt mit dem Kopf so oft, wie ein junger Hund seinem Schwanz nachjagt.«

Aus 'Das Wunder des Malachias' von Bruce Marshall

Nachdem wir uns somit kurz über unsere britischen Nachbarn informiert hatten, war es Zeit für den ersten eigenen Eindruck.

Die gelben Felsen von Dorset

Keep left!
In welchem Land
wird dir das schon gesagt
Wenn die gelben Felsen
links in die Tiefe fallen
wirst du dich rechts halten
auf dem Klippenpfad
Geländer gibt es nicht
und unten lauern die Hexen

Keep left!
im Kreisverkehr
auch wenn es schwerfällt
Kein Volk fährt so gern
im Kreis wie dieses
das macht die Insellage

Keep left!
sagte das Wählervolk
und stimmte (mal wieder)
für die sich links nennen
Doch was will das heißen
wenn rechts gesteuert wird

Am nächsten Tag gelangten wir zur Hafenstadt Weymouth in Dorset, einem Seebad wie Brighton. Unser Ziel aber ragte weit draußen auf der Spitze einer langen, schmalen Halbinsel in den Himmel, der Leuchtturm Bill of Portland.

Nie hatte ich mir Gedanken darüber gemacht, dass der Portlandzement, mit dem ich als Kind verbotenerweise auf Baustellen gespielt hatte, von der Halbinsel Isle of Portland kommt, wo die Steine gebrochen werden.

Den ersten Versuch, den Portland-Bill zu erreichen, unternahmen wir auf einer Radtour durch England und Wales im Jahr 1990. Er misslang. Gegen Ende eines anstrengenden Tages hatten wir damals, von Norden kommend, endlich Weymouth erreicht, von wo wir mit dem Schiff nach Frankreich übersetzen wollten. Vorher würden wir, das hatten wir uns in den Kopf gesetzt, auf der Spitze der Portland-Halbinsel unterhalb des Turms im Zelt übernachten. Ilse wollte das Leuchtfeuer in aller Ruhe malen. Und von der Anhöhe der weit draußen liegenden Landzunge aus wollten wir weit über das Meer schauen. Auch wenn uns der Wind derart um die Ohren pfeifen sollte, dass wir in der Nacht die Zeltstäbe hätten umklammern müssen. Dickfellig und irrational hatten wir uns vorgenommen, dorthin zu fahren, an eins der vielen Enden der Welt, der Land's Ends.

Ein Blick auf die Karte zeigte uns, dass die Halbinsel einige Kilometer Länge zu bieten hatte. Wir waren guten Mutes, sahen wir doch in der Ferne, schmal wie ein Streichholz, das begehrte Ziel in den Himmel ragen. Was wir auf der Karte nicht richtig erkannt hatten, war die Topografie. Gleich hinter der Stadt mussten wir den ersten Hügel erklimmen. Kummer gewohnt, ganz Wales besteht aus Hügeln, ließen wir uns davon nicht abschrecken. Es ging wieder abwärts und schien bis zur Inselspitze eben zu bleiben. Die aufkommende Freude wurde getrübt. Auf freiem Gelände zwischen den Wassern empfing uns ein kräftiger Gegenwind. Die Halbinsel wurde lang und länger, auch Steigungen tauchten auf, die wir aus der Ferne nicht erkannt hatten. Plötzlich merkten wir, dass uns das Tagespensum in den Knochen steckte, die Beinmuskulatur machte sich bemerkbar, auch der Hunger meldete sich. Ich biss die Zähne zusammen. Nichts anmerken lassen. Weitermachen, auch wenn es wehtut. Es schmerzten nicht nur die Waden. Unangenehm spürte ich die Nacken- und Oberarmmuskeln, den harten Ledersattel. Nicht umdrehen. Ilse fuhr hinter mir. Nur noch acht Kilometer. Wir kamen zum tiefsten Punkt der Halbinsel, der Wind pfiff durch die Speichen, ich hatte kein Verständnis für sein Lied. Leichter Nieselregen setzte ein. Ich fühlte mich verlassen. Etwas in mir ließ meinen Körper einfach stoppen. Ich stieg ab.

»Es hat keinen Zweck!« brüllte ich in den Wind. Und nur er hörte es, denn als ich mich umdrehte, sah ich Ilse weit zurück. Auch sie hatte angehalten. Ich wendete und ließ mich vom Wind zu ihr treiben.

»Es hat keinen Zweck!« rief sie mir entgegen.

Armer Wind - den Satz kannte er bereits.

Wir gaben auf.

Ein weiser Entschluss, wie wir sieben Jahre später feststellten, als wir mit dem Auto die Strecke zurücklegten. Damals kehrten wir um nach Weymouth, erreichten kurz vor Mitternacht noch eine Fähre. Wir übernachteten in den Sesseln der geschlossenen Bar eines Seelenverkäufers, eines umgebauten Frachters, der die halbe Nacht auf dem Ärmelkanal verdümpelte, um im Morgengrauen in den Hafen von Cherbourg einzulaufen.

Ilse erinnerte sich nicht nur an die seltsame Seefahrt, sondern zitierte wegen der Weisheit unseres Beschlusses, umzukehren und ein Ziel aufzugeben, den Dichter Ringelnatz:

»In Hamburg lebten zwei Ameisen, die wollten nach Australien reisen. Bei Altona auf der Chaussee, da taten ihnen die Beine weh. Und da verzichteten sie weise dann auf den letzten Teil der Reise.«

So weise wie die Ameisen oder der Dichter waren wir nicht. Ungern dachten wir an unsere Niederlagen. Deshalb hatten wir in diesem Frühjahr nicht nur im dritten Anlauf den Mont Ventoux in der Provence 'bezwungen', sondern wollten auf jeden Fall der Malerin eine Chance geben, das Lighthouse vom Portland-Bill zu malen.

Selbst mit dem Auto kam uns die Strecke weit vor. Und sehr hoch lag die Spitze der Halbinsel, wo wir, nachdem wir die steile Hauptstraße des Ortes Southwell durchfahren hatten, endlich beim rotweißen Leuchtturm anlangten. Das hätten wir damals auf keinen Fall mehr geschafft, zudem existierte an diesem Ende der Welt kein Campingplatz und auch sonst keine freie Fläche. Wir parkten auf einem eng begrenzten, eingezäunten Raum, die Gebühr war nach Stunden gestaffelt.

Während Ilse sich ihren Platz suchte, um das Seezeichen auf ihr Aquarellpapier zu bekommen, öffnete ich die Tür zu dem kleinen Informationsraum. Die Daten, 1903 - 1906 gebaut, 136 Fuß hoch, ließen mich kalt. Ich entdeckte mir unbekannte Einzelheiten über einen der interessantesten Leuchttürme Europas: den Leuchtturm von Eddystone, der weit draußen vor Plymouth (Devon) im Ärmelkanal sein Licht über das Wasser warf. Ich wusste, dass er mehrmals neu gebaut werden musste, dass es bei einem Sturm ein Unglück mit Todesopfern gegeben hatte. Aber was ich jetzt las, ließ mich die Welt um mich her vergessen.

Neun Meilen (ungefähr 16,2 Kilometer) außerhalb der englischen Küste im Kanal gelegen, dient der Leuchtturm von Eddystone seit 1698 der mehr oder weniger christlichen Seefahrt. Er war der erste englische off-shore-Leuchtturm.

Zwei Legenden streiten sich darum, den Grund für den Bau des ersten Leuchtfeuers von Eddystone zu kennen. Die eine besagt, der damalige Eigentümer des Felsens von Eddystone habe dort sein Geld investiert, um von den Schiffen Leuchtfeuergebühren eintreiben zu können.

Die andere Legende behauptet, ein Wrack sei aller Feuer Anfang gewesen an diesem sturmumtosten Ort. Henry Winstanly aus Essex war Graveur und Designer von mechanischen Wasserwerken. Dies scheint eine sehr einträgliche Kunst gewesen zu sein, denn Winstanley war an fünf großen Segelschiffen beteiligt. Seine Dreimastbark *Constant*, vollbeladen auf der bisher erfolgreichen Heimreise, brummte 1695 kurz vor dem Heimathafen auf den Felsen und ging verloren. Das machte den Schiffseigentümer zornig, er dachte nach und kam auf die Idee, auf diesem gefährlichen Steinklotz in der See einen Leuchtturm zu errichten; trotz aller Schwierigkeiten bei der Konstruktion, der Bauausführung und der Angst vor französischen Piraten, die Menschen kidnappten, um Lösegeld zu erpressen, wie berichtet wird. Bisher wusste ich das nur von algerischen Seeräubern, die damals aus denselben Gründen nicht nur im Mittelmeer nach hochgestellten und reichen europäischen Persönlichkeiten suchten.

Der hölzerne Turm wurde 18 Meter hoch und mit 24 Kerzen bestückt. Candela (lat. die Kerze) ist der Fachbegriff für Lichtstärke. Weil die Wellen häufig das Licht löschten, ließ Winstanley den Turm auf 36 Meter erhöhen und das Fundament verstärken. Es nützte nichts: nach knapp fünf Jahren schickte ein heftiger Novembersturm den Turm mit Mann und Maus in die Tiefe. Mit Mann und Maus bedeutete in diesem Fall - Ironie der Geschichte - die beiden Leuchtturmwärter und den Baumeister Henry Winstanley, der zufällig an Bord war.

Der Meeresgott war mit diesem Opfer noch nicht zufrieden. Zwei Tage später zerschellte der Tabaksegler *Winchelsea* auf dem leuchtfeuerlosen Riff.

Vier Jahre später, 1709, begannen sie mit dem Bau des zweiten Turms. Inzwischen war ein gewisser Captain Lovet Eigentümer des teuflischen Felsens geworden, es mussten wohl doch die möglichen Einnahmen gelockt haben! Er engagierte den Londoner Seidenkaufmann John Rudyerd, das neue Leuchtfeuer zu entwerfen und zu bauen. Der holte sich klugerweise zwei Schiffsbaumeister als Assistenten, die ihr Wissen einbrachten.

Obwohl Schiffsbaumeister und eher mit Holz vertraut, sorgten sie dafür, dass der zweite Turm aus Granitsteinen errichtet und zusätzlich mit 36 eisernen Spikes verankert wurde. Seeleute haben Respekt vor dem Meer! 1709 begann der 21 Meter hohe Turm mit seinen ebenfalls 24 Kerzen zu leuchten. Die Konstruktion erwies sich als sehr haltbar, kein Novembersturm konnte ihr etwas anhaben. Dann kam, was kommen musste: Feuer! Es brach am 1. Dezember 1775 aus und wütete fünf Tage lang. Danach gab es wieder einmal keinen Leuchtturm mehr auf Eddystone.

Erfreulicherweise konnten die drei Wärter gerettet werden, Menschen auf dem Festland hatten das Feuer bemerkt und schnell das Versorgungsboot geschickt. Erst wenige Tage vorher waren nach über sechs Wochen Kerzen und Proviant zum Turm gebracht worden. Einer der Wärter hatte von Problemen mit dem Rauchabzug berichtet, aber gemeint, sie hätten das im Griff und sonst sei alles in Ordnung.

Ein folgenschwerer Irrtum, der ein Menschenleben kosten sollte.

Einer der drei geretteten Männer war der 94-jährige Henry Hall, der eigentlich seine Rente hätte genießen können. Doch

Hall, der eine ausgezeichnete Konstitution besaß, war aus 'seinem' Leuchtturm nicht herauszubekommen; den anderen war es recht, einen dritten Mann an Bord zu wissen. Als das Feuer ausbrach, befanden sich die Männer unter ihm und versuchten, es mit Wasser zu löschen. Durch die Hitze geschmolzen, tropfte flüssiges Blei von den Kerzenhalterungen herunter, versengte ihnen die Gesichter, Arme, Beine und Kleidung.

Später an Land krächzte Hall mit völlig heiserer Stimme, dass ihm geschmolzenes Blei in den Rachen geflossen sei - that melted lead had run down his throat into his body. Die Ärzte glaubten ihm nicht, behandelten ihn aber wegen seiner schweren Verbrennungen im Gesicht und am rechten Bein. Es ging ihm sehr schlecht. Da Zunge und Hals verbrannt waren, wurden ihm verschiedene Tinkturen und ölige Mixturen eingeflößt. Er schien zu genesen, nach einigen Tagen sprach er mit weniger Schwierigkeiten, blieb aber bei seiner Geschichte.

Leider war die damalige ärztliche Kunst vergebens. Der Gesundheitszustand Hall's verschlechterte sich, er starb unter Krämpfen.

Als sein Leichnam geöffnet wurde, stellte ein Arzt fest, dass Hall die Wahrheit gesagt hatte. In seinem zum Teil verbrannten Magen fand sich ein großes Stück Blei, das, genauestens gewogen, sieben Unzen, fünf drachms oder drams und 18 grains ergab. Das Wörterbuch gibt die englische Unze mit 28,35 Gramm an. Der alte Mann hatte demnach 200 Gramm Blei in seinem Bauch gehabt!

Es kam das Zeitalter der industriellen Revolution. Der neue Felsenbesitzer, Robert Weston, engagierte den Ingenieur für Seezeichenwesen John Smeaton aus Yorkshire. Der setzte auf Zement und Granit für die äußere Hülle, auf Steine aus dem nahen Portland für das Innere. Der dritte Turm wurde 22 Meter hoch und erhielt wie üblich seine 24 Kerzen, die im Jahr 1759 erstmals entzündet wurden.

Die Technik schritt voran. 1810 ersetzten Öllampen mit Reflektoren die armseligen Kerzen, die solch Unheil anrichten konnten. 1845 brachte der Einsatz von Linsen des berühmten französischen Ingenieurs Fresnel das Leuchtfeuer auf stolze 3.216 candle-power.

Smeaton's Turm erwies sich als sehr robust. Robuster als der Felsen, auf dem er stand. Der wich langsam dem stetig nagenden Wasser. Die Kuppel des dritten Turms, die sich als zu klein für die zunehmende Technik erwies, wurde abmontiert, ziert seitdem an Land den Leuchtturm Plymouth Hoe. Den vierten und bislang letzten Turm ließ James Douglas, ein Ingenieur des Trinity House, einer 1514 unter Heinrich VIII. gegründeten und noch heute existierenden Leuchtfeuergesellschaft, in der Nähe auf einem anderen Unterwasserfelsen errichten. (Der berüchtigte Heinrich VIII. war übrigens einer der friedlichsten Herrscher seiner Zeit: er führte keine Kriege gegen andere Länder, ausgenommen gegen Schottland, aber das galt wohl als Innenpolitik). Zeichnungen von Flaschenzügen und den bei Ebbe anlegenden kleinen Booten, voll mit Granitbrocken, lassen die Schwierigkeiten ahnen, unter denen damals mühsam auf dem Rock gearbeitet wurde.

1882 begann das Leuchtfeuer von Eddystone in vierzig Meter Höhe zu blinken. Zunächst mit Öllampen betrieben, wurde das Feuer später elektrifiziert. Lichtbogenlampen bringen es heute auf 570.000 candela, eine unvorstellbare Helligkeit und Leuchtweite, verglichen mit den früheren 24 Kerzlein. 1980 wurde der Turm automatisiert und bekam ein Landedeck für Hubschrauber, was nicht unbedingt unseren Vorstellungen von einem schönen Leuchtturm entspricht.

284 Jahre lang hatten Leuchtturmwärter auf Eddystone ausgeharrt und ihren Dienst getan; ein harter, entbehrungsreicher Job, der mit Romantik wenig zu tun hat. In mehreren Schichten wurde rund um die Uhr gearbeitet, um die Feuer in Gang zu halten; dazu mussten ständig Wetterbeobachtungen gemacht werden, Marine und Wetterämter verlangten genaueste, umfangreiche Aufzeichnungen. In der Neuzeit standen die Männer per Funk mit den Schiffen in Kontakt, konnten bei Sturm und Nebel wichtige Positionshinweise geben.

Ich verließ den Turm, um nach meiner Malerin zu suchen, blickte an dem schlanken, weißen, sich verjüngenden Bauwerk hoch, stellte es mir mitten im Meer vor, dachte an Sturm, schauderte. Das Aquarell war fertig, stolz ragte Bill mit seiner roten Schärpe in den Himmel und ließ unsere Fantasie sich entzünden. Der Parkplatz hatte genug Geld gekostet, wir fuhren weiter. Zum nächsten Leuchtturm.

Lizard Point

Merlins Dunst über Lizard Point
dem südlichen Dorn des Landes
Das Dreisekundenlicht verblasst
es klagt das Nebelhorn

Felsen lauern unsichtbar
auf plankige Beute
Zweihundert fanden den Tod
als die Royal Ann zerschellte

Dunkel drängt die Wolkendecke
es klagt das Nebelhorn
Auf dem Felsen trocknen Kormorane
was kümmert sie Licht und Geheul

Lizard Point in Cornwall. Auf Cornish: Lys ardh, der hohe Platz. Der südlichste Ort Großbritanniens, 49 Grad 57 Minuten nördliche Breite, 5 Grad 12 Minuten westliche Länge.

1721 strandete im Sturm die Galeone *Royal Ann*. Zweihundert Menschen ertranken in den Fluten. Im Jahr 1751 wurde der Leuchtturm gebaut, 1872 kam eine Flaggenstation für zurückkehrende Kaufleute dazu, die vom Schiff aus die neuesten Nachrichten aus London erfuhren. Während der Fahrt konnten sie anhand der Börsenkurse schon einmal ausrechnen, was die Beute im Schiffsbauch wohl wert war. Vorausgesetzt, sie kamen heil an diesen Klippen und am Felsen von Eddystone vorbei. 1847 kollabierte bei Sturm ein riesiger Fels über einer Höhle unterhalb der Felsspitze.

Be careful! warnt ein Schild die Landratten, die dieses beliebte Ausflugsziel in Scharen besuchen. Gefährlich ist es am Lizard Point auch heute noch. Es gibt seit längerem eine Seenotrettungsstation, stolz zeigte eine Tafel an, wie viel Verunglückte sie im Laufe der Jahre aus dem Wasser gezogen haben. Dick unterstrichen ist der Schiffsname, wenn alle gerettet werden konnten. Gefährlich war es an den Klippen Cornwalls im 17. Und 18. Jahrhundert noch aus anderen Gründen. Viele arme Küstendörfer lebten von der Strandpiraterie. Wie in anderen Landstrichen auch, wurden in stürmischen Nächten falsche Leuchtfeuer entzündet, die manch schwer beladenes Handelsschiff an den Felsen zerschellen ließen. Die Ladung wurde herrenlos und Beute der armen Küstenpiraten, die diese Machenschaften für ein gottgegebenes Recht hielten.

Die englische Musikerin und Schriftstellerin Ethel Smyth hat diese Geschehnisse in ihrer Oper *The Wreckers* festgehalten. Natürlich zieht sich eine Liebesgeschichte durch das orchestrale Drama: die durch die Beutemacher zum Tode verurteilten Liebenden hatten durch ein Gegenfeuer die potentiellen Opfer gewarnt. Sie verenden in einer Höhle, die bei Flut voll Wasser läuft.

Lizard Point. Ein freundliches Farbfoto musste herhalten für das Cover einer Streichholzschachtel mit der Überschrift: Scenic Cornwall. Auf der Rückseite stand: 'The Lizard Point. This rugged headland - the graveyard of many ships - here glistens in the summer sun. It is in fact England's most southerly point.'

Das Wichtigste in Kürze. Ein gutes Beispiel für Menschen, die meinen, lange Geschichten aufschreiben zu müssen.

Wir übernachteten in Gorran Haven, einem Ort, den ich am liebsten in Gorran's Heaven umgetauft hätte. Ein kleiner verspielter Hafen mit einer aus klobigen Steinen gefügten, vor Wind schützenden Mauer. Ein ruhiges Dorf mit einer Ansammlung von Fischer-Cottages, zwei winzigen Stränden mit goldgelbem Sand, der Rattle-Street genannten Hauptstraße, die bei uns zu Hause eine der kleinsten Gassen wäre, wenn es sie denn gäbe. Diese Anblicke, die uns an frühere Jahrhunderte erinnerten, obwohl wir nur romanhafte Vorstellungen davon besaßen, und ein mildes Klima ließen uns mehr an Himmel als an Hafen denken. Und als uns der Hinweis: The garden will see you! zu einem menschenleeren Campingplatz lockte, war das Glück vollkommen.

»Der Garten will dich sehen«, sang Ilse fröhlich nach irgendeiner Volksmelodie, »sieh zu, dass du in die Anlagen kommst, wasch und kämm dich! Der englische Garten will dich sehen!«

»Vielleicht ist der guardian gemeint? Und vielleicht will er dich sehen! Möchtest du nicht lieber vorher duschen?«

Bedeutete es nun, dass die Aufsichtsperson zu uns käme oder dass wir zu ihm oder ihr - ? Es schien niemand da zu sein. Doch 'The garden', ein Mann, kam, als unser Abendessen auf dem Gaskocher bruzzelte. Er nahm sieben Pfund und wünschte einen schönen Aufenthalt.

Thank you!

Wir schliefen rund um die Uhr von neun bis neun, konnten uns nicht vorstellen, jemals zum Lärm unserer Autobahn mit der Nummer 52 in Essen oder zur Einflugschneise nach Düsseldorf zurückkehren zu wollen.

Ein Stück westlich von Lizard Point - wir erinnern uns: England's most southerly point with the most southerly café! - lag am Innenbogen der Mounts Bay die Stadt Penzance mit ihrem großen Fischereihafen. Das Nationale Leuchtturmmuseum war leider geschlossen, wir waren gezwungen, später noch einmal hierher zurückzukehren.

In Sichtweite vor der Küste erhob sich ein Inselkegel mit Namen St. Michael, kleiner als sein berühmter französischer Kollege, aber auch rege besucht.

Dann folgte ein Ort namens Mousehole. Ja, Mauseloch, selbst wir mit unserem Kleinwagen kamen kaum durch. Alte Häuser duckten sich in verwinkelten Gassen, auf den Fensterbänken blinzelten uns Katzen träge an, aus einem im

Souterrain gelegenen Pub tönte erregtes Gespräch, der Bootshafen lud ein zum Verweilen.

»Lass uns bleiben!«

»Ja - aber wir wollen doch zum Land's End!«

Warum wollen wir so oft woanders hin?

Ach, Mousehole! Wir wollten nach Schottland.

Das Mauseloch hielt eine Überraschung für uns bereit. Kaum waren wir aus dem Ort heraus, entdeckten wir den unscheinbaren Hinweis auf einen Stone-Circle. Der heimische Touristenverein hatte einen Fußweg angelegt. Nachdem wir uns auf dem schmalen, feuchtlehmigen Pfad unter Brombeerranken hindurchgekämpft hatten, öffnete sich der Blick weit über eine große Wiese. Zunächst sahen wir nichts. Wir kannten Stonehenge von Bildern. Dies war anders. Dies nannte sich *The Merry Maiden Stone Circle* - und wahrhaftig, mitten auf der großen Wiese, in einem leicht vertieften Rund, dort tanzten die lustigen Mädchen.

Die lustigen Mädchen
(The Merry Maiden Stone Circle)

Neunzehn Steine im Kreis
aus uralten Zeiten
stand in der Mitte der Druide
sich zu nehmen die schönste
der glücklichen Bräute

Die tanzen im Rund
wenn das Orange der Sonne
im Frühtau über die Hügel quillt
die letzten Nebel von Avalon
vertreibt

Die fröhlichen Jungfern
stapfen im Kreis
sie kreischen vor Lust
wo der Fuß im Morast versinkt
und der Bauer ein Pfund kassiert

Ich widme diesen Text Niki de Saint Phalle, die das Bild ihrer unter gelben Sternen vor schwarzem Himmel auf grünem Grund tanzenden nackten Nanas *Hommage à Matisse* genannt hat. In Anlehnung an dessen Bild: *Die Töchter des Druiden.*

Niki de Saint Phalle, die gesagt hat: »Ich bin ein suchender Wanderer, der kurz vor der Entdeckung des Schatzes steht, und der weiß, dass die Suche der eigentliche Schatz ist.«

Die tanzen im Rund, wenn das Orange der Sonne über die Hügel quillt ...

Verschollen im Moor?

Ein Stück westlich von Weymouth, noch in Dorset, blieben wir in einem Dorf namens Burton Bradstock. Zunächst hatten wir Schwierigkeiten, den Namen zu behalten. Burton Bradstock, Burton Bradstock murmelten wir ab und zu vor uns hin. Dann begann der Name langsam hängen zu bleiben. Zunächst der erste Teil: Burton. Erinnerte an einen Schauspieler. Einen Amerikaner aus Wales.

»Bradstock klingt sehr englisch«, meinte Ilse.

Burton Bradstock.

Am Abend wanderten wir von unserem Standplatz über eine gefürchtete Bullenwiese - man hatte uns gewarnt! - auf Nebenwegen in das Dorf. Der Bulle war da! Er lag gemütlich hingestreckt auf einem erhöhten Punkt, hatte alle seine Kühe im Blick, ließ sich beim Widerkäuen von uns nicht stören. In der Kneipe *Three Horseshoes* hockten Einheimische und Dauercamper eng zusammen, man schien sich bereits gut zu kennen. Wir quetschten uns dazwischen, hallo, hallo, holten uns das Bier an der Theke, wo wir sofort bezahlen mussten. Kurz darauf beträufelten wir mutig unseren Fisch und die unvermeidlichen Chips mit Malt Vinegar, einem scharfen Essig. Der gehörte dazu, war aber gewöhnungsbedürftig.

Der Ort wirkte sehr englisch mit seinen engen Straßen, den weißen, niedrigen Häusern, die reetgedeckt und deren Fenster und Türen mit kräftigen Farben versehen waren. Kleine Häuser mit kleinen Zimmern, die nicht gerade Wohlstand verrieten. Alles war in Ordnung gebracht und frisch gestrichen.

Die Labour Partei mit Tony Blair an der Spitze (einem Schotten aus Edinburgh) hatte gerade die Wahl in Großbritannien gewonnen, nach langen Jahren der Tories, davon 10 Jahre allein mit der 'Eisernen Lady' Margaret Thatcher als Premierministerin, die das Land ziemlich ruiniert hatte. Wir konnten uns noch an große, schwarze Pinselschwünge an weißen Häusern in Wales erinnern:

Maggie out!

Viele Hoffnungen ruhten auf dem neuen Premierminister und seiner Regierungsmannschaft. Das BSE-Problem, der 'Rinderwahnsinn', war noch nicht ausgestanden, die Lügen der alten Regierung standen im Raum genauso wie die Forderungen der Landwirte. Das Energieproblem drückte: die Ölmengen in der Nordsee gingen zur Neige, die sorglosen fetten Jahre Old Englands waren vorbei. Entsorgungskosten drohten - seit der Greenpeace Aktion wegen der Ölplattform *Brent Spar* konnte man die Sachen nicht mehr ins Meer kippen. Die Wiederaufbereitungsanlage *Dounreay* in Nordschottland sollte stillgelegt werden (trotzdem drängte die deutsche Atommafia immer noch auf die Abnahme ihrer Brennstäbe; ohne diesen zweifelhaften Entsorgungsnachweis sind die deutschen Atomkraftwerke illegal). Neuentdeckte Ölvorkommen nordwestlich Großbritanniens im Atlantik werden von den Schotten für sich reklamiert, denen außerdem noch das im Wahlkampf versprochene eigene Parlament mit Steuerhoheit zugestanden werden musste. Und auch die unendliche Geschichte des Nordirlandkonfliktes brannte unter den Nägeln. Die soziale Lage eines großen Teils der Bevölkerung sah nicht rosig aus, die Amerikanisierung der europäischen Gesellschaften schreitet zügig voran.

Und den Worten Anthony Barnetts nach, eines Streiters für eine Verfassungsreform, hatte das Volk den Wunsch, anders repräsentiert zu werden. Demokratischer, nicht nur mehr von 'denen da oben'. Vielleicht würde der Regimewechsel einer europäischen 'Normalisierung' gleichkommen, was fortschrittliche Leute im positiven Sinn für die Menschen wünschen. Konservative haben eher Angst, England verlöre seine Insellage, seinen Sonderstatus, die Möglichkeit der 'balance of power' nicht nur praktisch (The Chunnel, der Tunnel unter dem Ärmelkanal) , sondern auch im übertragenen und politischen Sinn. Neue Ängste bestehen vor dem wiedererstarkten Deutschland, das in der Europäischen Union eine dominierende Rolle spielt und beginnt, seine Soldaten wieder in alle Welt zu schicken. Was Großbritannien natürlich selbst auch tut - zum Beispiel im dritten Golfkrieg, der Ende 1998 in erster Linie durch die USA mit englischer Hilfe ohne UNO-Mandat gegen den Irak geführt wird. Das kratzt am Image des Hoffnungsträgers Tony Blair und wirkt wie das verzweifelte Bemühen, die letzten Reste des historischen Rufes eines Weltimperiums, des Konstruktes United Kingdom, des Commonwealth, zu retten - ganz abgesehen von handfesten wirtschaftlichen Interessen am Öl des Zweistromlandes. Ob es die Regierung unter Blair schaffen wird, die britische Gesellschaft in eine neue Zukunft zu führen, ist fraglich.

'Doch hat (Blair) vielleicht nur die Büchse der Pandora geöffnet, aus der der Virus eines keltischen Nationalismus herauskriecht. In fünf Jahren könnte Schottland bereits unabhängig sein; selbst namhafte Labour-Politiker räumen dies im privaten Gespräch ein.' (Jürgen Krönig in der 'Zeit' v. 1.10.1998).

Der neue Chancellor weilte, während wir 'sein' Land bereisten, bereits zum Antrittsbesuch beim deutschen Pendant, dem CDU-Bundeskanzler Kohl. Die Arbeitslosigkeit sei in beiden Ländern ein großes Problem, hätten sie gemeinsam festgestellt, berichteten die Zeitungen.

Wir hatten es geahnt.

In Devon gibt es ein Gebiet, dem wir nicht entgehen konnten. Dartmoor! Es sträubten sich die Nackenhaare, eine Gänsehaut lief den Rücken hinunter: Dartmoor. Ich hielt das Lenkrad fester als sonst, beobachtete die Straßenränder genauer als üblich. Seitenstreifen gab es in diesen Gegenden nicht, von der Fahrbahn abgekommen, wären wir sofort im Morast versunken... Unbekümmert überholten uns die Einheimischen mit hoher Geschwindigkeit an den unmöglichsten Stellen. Hatten sie hier nicht auch Moorleichen gefunden, wie jenen tausend Jahre alten Tollundmann in Dänemark, mit einem Lederstrick um den Hals? Fester hielt ich das Lenkrad, wir hatten kein Interesse, für spätere Wissenschaftler als Forschungsobjekte zu dienen.

»Wann fängt das denn an, dieses Moor?« fragte Ilse.

Nun, gerade hatte ich noch vom berühmten Kriminalroman Sir Arthur Conan Doyles erzählt, dem 'Hund von Baskerville'. Wie ich die Gegend aus verschiedenen Kriminalromanen kannte: einsam sitzt eine schöne, junge Frau am Feuer des offenen Kamins, dunkel ist es geworden, finstere Wolken treiben am mondlosen Himmel, der Wind fegt ums Haus, und dann - seltsam ächzende Töne, Dielen knarren, man hört von weit her, aber es kommt näher, das hohle Heulen eines Hundes ...

Das hatte ich von meinen Erzählungen über Dartmoor, jetzt war ich verantwortlich dafür. Ilse wollte Moor sehen. Nichts dergleichen zeigte sich. Unübersehbar hatte ein Schild verkündet, dass wir uns nun im Dartmoor-Nationalpark befänden. Nur, wenn eine Landschaft Park genannt wird, kann sie dann noch besonders 'wild' sein? Die letzte Wildnis Englands? Gemächlich durchfuhren wir eine Landschaft, die wie der Schwarzwald anmutete. Baumbestandene Hügel und liebliche Täler wechselten sich ab. Zu allem Überfluss schien die Sonne. Die Gegend wirkte einladend, ich konnte mir gut vorstellen, dass hier zur Bronzezeit oder früher bereits Menschen gelebt hatten.

»Das soll ein Moor sein?«

»Kommt schon noch, wart's ab.«

Ich überspielte meine Verunsicherung mit längerem Schweigen. Wir schraubten uns langsam der Höhe eines größeren Berges entgegen. Und dann, nach dem Gipfel, ging unser Blick über weite, eintönige Flächen, der Himmel verdunkelte sich, letzte Sonnenstrahlen wurden von verdächtig feuchten Stellen reflektiert, es begann zu regnen.

Farn über Farn, der sich noch nicht entrollt hatte. Dazu Heide, die noch nicht blühte. Vereinzelte Senken, in denen Wasser glitzerte. Die *bogs* - die wirklich sumpfigen Stellen! Menschen waren nicht zu sehen. Waren sie versunken? Ragte nicht irgendwo eine Hand heraus? Schafe weideten am Straßenrand oder lagen auf dem warmen Asphalt. Tiere haben ihre Instinkte.

Wir hielten an, stiegen aus und traten vorsichtig auf eine der kurzstoppeligen Wiesen. Sie gab federnd nach, hielt. Wanderwege waren eingerichtet, verloren sich in der Ferne. Wir ließen es nicht darauf ankommen, hatten gehört, dass in den *bogs* - den wirklich sumpfigen Stellen! - Gras- und Heidebüschel die *hags* bilden, kleine Inseln, die den Füßen unkundiger Wanderer trügerische Sicherheit vorgaukeln.

»Da ist das Moor!«

Ich hatte Glück gehabt. Stellenweise waren kleine Waldflecken zu sehen, den Horizont verschloss eine dunkle Bergkette. Wir blickten schweigend. Die öde Düsternis zog viele Menschen an, die Einsamkeit finden wollten. Einzeln machten sich Rucksackwanderer auf den schwankenden Pfad, um mit sich, dem Moor und dem weiten, grauen Himmel allein zu sein. Der Mensch auf der Suche nach Natur und Stille, die er an anderer Stelle ständig zerstört. Ich hatte doppelt Glück gehabt. Ich hatte das Moor gefunden und Ilse bestand nicht auf einer Wanderung.

Meine Hände entkrampften sich. Grüngelbe Hügel mit blühendem Raps begleiteten uns, als wir in Richtung Cornwall weiterrollten.

Der Erfolg, Dartmoor gefunden und gesehen zu haben, machte mich gesprächig. Vom Kriminalroman war es nicht weit zum Zuchthaus. Dem berüchtigten Zuchthaus von Princetown, mitten im Moor gelegen zwischen Two Bridges und Tavistock. 1806 gebaut, diente es zunächst zur Unterbringung von Gefangenen im Krieg gegen Napoleon. Fliehen war sinnlos, obwohl es immer wieder versucht wurde. Auch in der heutigen Zeit gelang es Gefangenen, den Hochsicherheitstrakt zu überwinden. Doch das Moor fängt jeden: nach einigen Tagen wurden die Flüchtlinge, durchnässt, hungrig und mit zitternden Knien von der Polizei aufgegriffen.

Ebenso erging es dem deutschen Flieger Franz von Werra, der als Gefangener mit einigen Leidensgenossen während des zweiten Weltkrieges dort eingesperrt war. Sie brachen zu mehreren aus - und wurden wieder eingefangen. Zuletzt auch Franz von Werra, der sich in den Schlamm eines bogs gewühlt hatte. Gegen die witternde Nase der Polizeihunde hatte er keine Chance. Es gab verschiedene Versuche dieser Fliegergruppe, den Engländern zu entkommen. Schließlich wurden die wertvollen Gefangenen (gute Piloten waren rar in Deutschland) mit einem Schiff in das sichere Kanada gebracht.

Ich kannte zwei ältere Männer, die während des Krieges ebenfalls in Gefangenschaft gerieten und nach Kanada deportiert wurden. Beider einhellige Meinung war, dass ihnen nichts Besseres hätte widerfahren können. Weit weg vom Schuss nannten sie das.

Nicht so der junge Fliegerleutnant Franz von Werra.

Der hatte nichts Besseres zu tun, als in Kanada aus dem Transportzug zu springen, unter Lebensgefahr den teilweise zugefrorenen St. Lorenz-Strom auf der Grenze zu den USA zu überqueren, um von dort - die USA befanden sich zu dem Zeitpunkt noch nicht im Krieg mit Deutschland - mit einem Frachtschiff in die weltkriegführende Heimat zurückzukehren. Welch eine Heldentat! Gefeiert wurde der Franz, die höchsten Orden hängte man ihm um, der Führer drückte ihm die Hand. Nach kurzem Urlaub bekam der Franz allerdings den Befehl, wieder gen Engelland zu fliegen. An einem strahlendem Maitag stieg er mit seiner Messerschmidt auf in den blauen Himmel, um die bösen Feinde zu jagen - und kam nie wieder.

Einer seiner Kameraden flüchtete ebenfalls von Kanada in die USA, tauchte dort unter, gründete eine Familie und blieb. Vielleicht lebt er heute noch.

Schließlich stoppte Ilse meinen Erzählfluss, meinte, ihr sei es nun moorig genug, und außerdem hätten wir bereits Cornwall erreicht.

Soll der Weg das Ziel sein

Weiter trieb es uns. Es gab einmal einen Leuchtturm, und zwar den mit einem sehr 'cornischen' Namen: Tater Du. Er war auf der Karte eingezeichnet.

Die schmale Landstraße, auf der wir uns befanden, eingeengt von Zäunen, hohen Hecken und Mauern, ohne Seitenstreifen, auf der zwei Autos sich mit Mühe begegnen konnten, verlief weit ab der Küste. Eine normale Straße in Cornwall. Ab und zu *Blind Summits*, steile Hügelkuppen, vor denen man nicht einsehen konnte, nach welcher Richtung auf der anderen Seite die Straße eine Biegung machte. Was die Einheimischen nicht daran hinderte, mit hohen Geschwindigkeiten zu fahren. Ständig lagen wir als anscheinend langsamstes Fahrzeug an der Spitze eines Rattenschwanzes von allerdings sehr geduldigen Verfolgern. Überholen war selten möglich. Blind Summits! Wenn eine Ausweichstelle kam, ließ ich die ganze Bagage vorbei. Blind Summits - blinde Gipfel, ein Synonym für alles menschliche Bemühen, die Suche nach dem Schatz ohne Karte, wenn man denn wüsste, auf welcher einsamen Insel er vergraben liegt! Aber das würden wir noch ergründen, demnächst in Schottland, woher der Autor des Romans *Die Schatzinsel* stammte.

Erst einmal wollten wir zum Tater Du. Wir bogen nach Gefühl (die Suche nach dem Schatz!) in Richtung Küste auf einen Schotterweg ab. Nach drei Kilometern Geholper über Steine und durch tiefe Schlaglöcher, die weniger die Merry Maiden als die Emailletassen in unserem Gepäck zum Tanzen brachten, durchfuhren wir ein offenes Gatter und landeten im Innenhof einer Farm. Eine Kuh sah uns fragend an, sonst schien alles ausgestorben zu sein. Der Weg setzte sich fort. Nach etlichen Kilometern erreichten wir die nächste Farm, wo uns die Bäuerin im Auto freundlich winkend entgegenkam. Bevor wir andeuten konnten, dass wir etwas zu fragen hatten, war sie weg. Der Schotterpfad ging weiter. Schmaler und holpriger, wir dachten an Umkehr, als wir plötzlich vor dem geschlossenen Gatter der Farm St. Loy im Ort St. Delim bremsen mussten. Der Ort bestand aus der Farm St. Loy... Wir wählten eine kleine Ausbuchtung am Wegesrand, um Traktoren und ausladenden landwirtschaftlichen Geräten den Weg nicht zu versperren, und stiegen aus.

Wir beluden einen unserer kleinen Wanderrucksäcke mit Wasser, Brot, Wurst und den Malutensilien. Liefen dann auf gut Glück und nach Gefühl in die Richtung, wo wir die Küste vermuteten. Ungefähr nach Süden. Jetzt hätte ich meinen Kompass gebrauchen können. Der lag schwer auffindbar irgendwo ganz unten im Auto. Unverhofft stießen wir nach einiger Zeit auf den Coast-Path, den Fußwanderweg, der sich rund um Cornwall an der Küste entlang schlängelt, von dem wir in unseren Reiseführern gelesen hatten. Durch einen kleinen Wald gelangten wir zum steinigen Meeressaum, fühlten uns bereits gerettet wie Robinson beim Anblick seiner Insel, blickten nach rechts, blickten nach links, sahen Felsvorsprünge und Buchten, aber keinen Leuchtturm.

Lag er nun westlich oder östlich von uns?

Ich überschlug in Gedanken unsere Fahrtroute seit der letzten menschlichen Siedlung, die mit Namen auf unserer

Karte eingetragen war, verglich mit dem Leuchtturmzeichen und schlug vorsichtig vor:

»Nach links, nach Osten - vielleicht.«

Ilse war nicht überzeugt, hatte aber nichts Besseres anzubieten. Also dem Gefühl nach, wie auf der Suche nach einem Schatz. Ungefähr zwei Stunden wanderten wir auf abenteuerlichen Pfaden, über morastige Waldwege, steinige Küstenstrecken, bergauf und bergab. Manchmal gab es behelfsmäßige Stufen, ein anderes Mal überbrückte eine dicke Planke allzu feuchte Stellen. Jede überwundene Felsnase ließ uns hoffen, den Leuchtturm wenigstens in der Ferne zu sehen, um sicher zu sein, in die richtige Richtung zu laufen. Nichts. Tater Du war ein cornischer Dickschädel. Und das alles wieder zurück! Ich durfte gar nicht daran denken.

»Und das alles wieder zurück! Ich darf gar nicht daran denken«, sagte Ilse.

Schatzsuche ist mühsam. Endlich lag er unter uns, im Tal zwischen zwei Felsvorsprüngen. Weiß, nicht sehr hoch. Eine lange, steile Treppe wand sich nach unten, oben beschied uns ein verschlossenes Tor: Do not enter. Lange suchte Ilse nach dem richtigen Blickwinkel, zu lange, sie hatte das Aquarell noch nicht beendet, als der Regen kam. Wir verstauten den Block, hockten uns mit übergezogenen Kapuzen auf ein Mäuerchen und verspeisten unseren Proviant.

Du Tater, du! drohte ich. Der Turm schwieg. Auch das Meer war ruhig, kein Wind ging, die Vögel hatten aufgehört zu singen, nur das leise Prasseln des stetigen Regens auf unseren Windjacken war zu hören. Und das Geräusch zweier Menschen, die ihre Butterbrote aßen.

Land's End

Land's End heißt die westliche Spitze Cornwalls, dort endet das Festland, um diesen Begriff einmal für Großbritannien zu verwenden. Dass die Briten sich ihrer Insellage bewusst sind, wurde durch Schilder mit dem Hinweis 'Continent' deutlich, die auf die europäische Landmasse im Süden zeigten. Noch weiter westlich als Land's End liegen, etliche Seemeilen draußen im Wasser, die Isles of Scilly.

Es reizt die Menschen, zu den Enden der Welt vorzustoßen. Zu den Polen, selbst wenn diese nur geografische Kreuzungspunkte sind. Auch zum dritten Pol, wie die Bergsteiger ihn nennen, dem Mount Everest, dem höchsten Berg der Erde, drängte es nicht nur die Erstentdecker. Ebenso, wie die portugiesischen und spanischen Nautiker in ihren winzigen Schiffen im 15. und 16. Jahrhundert die südlichen Kaps umrundeten: das Kap der Stürme oder der guten Hoffnung an der Südspitze Afrikas, Kap Hoorn im Feuerland Südamerikas und das Südkap an der Spitze Tasmaniens bei Australien. Entdecker, Expeditionsteilnehmer und ihre Auftraggeber hatten Geld, Gold und Macht im Kopf, was wollten wir? Uns erwartete dort nichts. Wir sind die suchenden Wanderer...

Uns sollte diesmal das Westkap in Cornwall genügen. Wir erreichten es nie. Das Land spitzte sich zu, immer enger wurde der Trichter vor dem Ziel, schließlich endete die Straße - auf einem großen Parkplatz! Wir hielten am Kassenhäuschen. Ausweichen war unmöglich. Jenseits des Parkplatzes, wir konnten es sehen, verjüngte sich der Trichter noch einmal und verschluckte die Menschen, jetzt zu Fuß, bei einem weiteren Kassenhäuschen. Dahinter blinkte Fantasia-Land mit Entertainment, mit Big Top, Zirkuszelten und Smugglers Fastfood. Und was dahinter folgte, war vielleicht Land's End.

»We don't want that!«, sagte Ilse impulsiv zu der jungen Dame im Kassenhäuschen. Die blickte fragend.

»We want to get out!« Ungeduldig kam das jetzt. Zögernd wurde uns angedeutet, wo wir wenden konnten.

Wenige Kilometer weiter nördlich gibt es eine einsame Felsspitze namens Cape Cornwall, die lange Zeit als westlichste Stelle des Landes galt. Bis bessere Messmethoden den Ruhm nach Süden verlagerten.

Wir mochten Cape Cornwall, wo wir stundenlang unbehelligt herumstreifen konnten; wo Kühe, Schafe und krächzende Krähen unsere Begleiter waren, einige Reiter uns begegneten und einmal ein streunender Hund.

Wir mochten auch den kleinen Ort St. Just.

Dort ließen wir uns nieder.

Kernewek

Nur wenige Menschen sprechen die ursprüngliche Sprache Cornwalls: das Kernewek. Es scheint noch schwieriger zu sein als das walisische Cymrisch oder das irisch-schottische Gälisch. Die letzte Person, die Cornish als Muttersprache beherrscht haben soll, ist 1777 gestorben. Danach wurde die Sprache künstlich überliefert.

Kernow - Cornwall

Möwen streichen über Heuwiesen
Krähen krächzen in den Klippen
Segel im Wasser und
Flugzeuge auf der Luft

Weggeblasen Merlins Schleier
frei schwebt der Horizont
über den Hecken der grasenden Kühe
Violett leuchten Fingerhüte

am Abgrund
wo die Türme der Zinnminen
wie mahnende Finger
in den endlosen Himmel zeigen

Cornwall ist eins der 'keltischen' Länder, das zum *Fringe* gehört, dem Rand des früheren römischen Imperiums, wo die Einwohner versuchten, sich vor den Feinden zu verstecken. Es ist ihnen nicht gelungen (abgesehen von einem gewissen kleinen Dorf in der Bretagne, über das es inzwischen eine Menge schriftlicher Unterlagen, Zeichnungen und Filme gibt), doch ihr Geist schwebt sicher noch über dem Land, vor allem dann, wenn die Nebel von Avalon die Sicht und den Verstand verschleiern. So gibt es eine Reihe neuer Druiden nebst Anhängern, die mindestens einmal im Jahr ins Land ihrer Sehnsüchte pilgern, nach Stonehenge oder nach Glastonbury, wo der Sagenkönig Artus begraben sein soll. Eine seiner vielen Ruhestätten. Kraft können sich die selbst erkorenen Kelten angeblich direkt aus den Menhiren holen, denn die Steine leben und im Süden Englands ist vieles möglich.

Wir fanden auf einer verlassenen Bauernwiese zwei der großen Hinkelsteine, wie wir sie von Obelix, dem Freund des siegreichen Galliers Asterix, her kannten. Wir setzten uns eine Weile zu ihren Füßen nieder und ließen unsere Gedanken schweifen. Schaden konnte das nicht: wir kamen zur Ruhe, taten nichts, erholten uns. Die Steine schwiegen. Anscheinend hatten wir nicht die richtigen vibrations.

Bei Bristol wurden 1997 Spuren eines 5000-jährigen hölzernen Rundbaus gefunden. Im Rasen waren Reste dreier Steinkreise, ähnlich denen von Stonehenge, aber älter, zu sehen. Im Erdreich darunter sollen sich ungefähr 400 Holzpfeiler in neun Ringen mit einem Durchmesser von 95 Metern befunden haben. Umfang und Raffinement des Bauwerks deuten auf eine hohe Entwicklungsstufe der Gesellschaft hin, die dieses Bauwerk zustandebrachte.

»Und die Kornkreise?« fragte Ilse.

Die hätten in Cornwall durchaus erscheinen können. Sie gehörten aber eher in die Provinz Wiltshire, nördlich von Dorset, in den Dunstkreis von Stonehenge. Die keltischen Geister hatten sich die zweite Hälfte der achtziger Jahre des 20. Jahrhunderts ausgesucht, eine nach Ansicht der Philosophen bereits aufgeklärte Zeit. Sie, die keltischen Geister, kümmerten sich nicht um die Aufklärung, sondern sorgten mit seltsamen Spuren und Formen in den Kornfeldern für gehörige Aufregung, vor allem in einigen Medien. Brachten die keltischen Geister zunächst nur simple Kreise zustande, steigerten sie sich schließlich bis zu Fischformen, komplizierten Symbolen und - diese Kelten! - zu indischen Sprachzeichen. Hübsch anzusehen und sehr fotogen vom Flugzeug aus.

Im Süden Englands eher nüchtern oder mit Ironie kommentiert, brach vor allem in Deutschland das Kornkreiszeichenfieber aus. Ganz besonders hatte die Krankheit den Verlag 2001 und seine Leser erwischt. Ein Verlag, bei dem man auch vernünftige Bücher bestellen kann. Niemand ist gegen Infektionen gefeit. In Wiltshire, dem druidischen Bermudadreieck, kam der Tourismus in Gang. Ufologen aus den verschiedensten Ländern reisten an, trafen sich mit den deutschen Kelten-Freaks. Die Kultgläubigen trampelten die Felder nieder, bis die Bauern begannen, Eintritt zu nehmen, ein Pfund pro Person und Kreis, damit es sich lohnte. Einige Jahre lief die Show, bis die Erfinder des Ganzen, zwei pensionierte englische Käuze, das Geheimnis lüfteten, mit dem sie sich die Langeweile ihres Rentnerdaseins versüßt hatten. Wie spannend war es jedes Mal gewesen, wenn eines ihrer Zeichen die Titelseiten der Zeitungen schmückte! Sie machten bereitwillig vor, wie man, ohne selbst Spuren zu hinterlassen, Zeichen und Figuren im Korn erzeugen kann. Jeder Bauer verrät einem, wie Kreise und Linien im Korn entstehen.

Alle hätten es wissen können: die Briten besitzen bekanntermaßen eine bestimmte Art von Humor. Aber was haben die Nebel von Avalon mit Wissen zu tun.

Wir verließen die granitenen Steine, Zeugen vergangener Zeiten, die uns nun doch eine Menge erzählt hatten. Mit dem Ungeheuer von Loch-Ness verhielt es sich natürlich ganz anders. Wir selbst könnten den Beweis antreten, dass ... Nein, nein, später!

Nicht nur Menhire ragen in Cornwall in den Himmel. Häufiger noch die Schornsteine und Gebäudereste ehemaliger Zinn- und Kupferminen.

Vorbei an wenig gepflegten Farmhäusern wanderten wir über schmale Wege und feuchte Wiesen zur Küste. Die Nebelfelder hatten sich gehoben, die Sonne ließ uns im hohen Gras sitzen, über Steinmauern auf kleine graue Häuser mit blauen Fensterrahmen blicken. Felder, Wiesen und Weiden wurden abgegrenzt durch Mauern, Hecken und Reihen verkrüppelter Bäume. Kühe und Pferde weideten, sich selbst überlassen. Heuduft vermischte sich mit der salzigen Würze des nahen Meeres, wir entdeckten blühenden Fingerhut an den Böschungen, Hummeln umkreisten uns.

Wir überstiegen Mauern und Gatter auf der Suche nach einem Foot-Path, doch alle Pfade verloren sich oder wir verloren sie; wir waren froh, als wir einen schmalen Schotterweg erreichten, der zur Felskante am Wasser führte.

Das Meer lag dunkelblau und ruhig unter uns, in der Ferne klagte ein Nebelhorn. Vielleicht das vom Longships Lighthouse, das sich vor Land's End auf einem winzigen Felsen im schäumenden Meer behauptete?

Der Wind war lau, die Luft warm, das Meer ein Halbkreis bis zum Horizont, mit dunklen, unruhigen Flecken an einigen Stellen. Ein Segelboot mit seinem weißen Dreieck schob sich wie von Kulissendrähten gezogen vorbei, begleitet vom sonoren Brummen eines Kleinflugzeuges, das wir nicht orten konnten. Wieder und wieder hörten wir die harten, auffordernden Schreie der Möwen.

An einen Felsen gelehnt die Malerin.

Trostlos ragten vor uns Mauerreste eines Gebäudes und ein halbzerfallener Belüftungsturm auf. Direkt am Meer waren schon in grauen Vorzeiten Kupfer und Zinn abgebaut worden. Zu Zeiten der Kelten boomte es in Cornwall gar. Verständlich, dass die Römer Begehrlichkeiten entwickelten. Im Mittelalter wechselte man vom Herausspülen der Erze aus der Erdoberfläche zum bergmännischen Betrieb. Die ersten Minen wurden von den steilen Atlantikklippen schräg nach oben in den Fels getrieben, damit das Grundwasser abfließen konnte. Nach der Erfindung von Pumpen bohrten sie auch im Inland nach Metall. Nachdem die Zinnvorkommen erschöpft waren, konzentrierten sich die cornischen Unternehmer auf Kupfer. Zu Zeiten der industriellen Revolution galten die Kupfervorkommen von Cornwall als die größten der Welt.

Umfangreiche Funde in Chile in der Mitte des vorigen Jahrhunderts bereiteten dem cornischen Kupfer-Bergbau zunächst ein Ende. Als es gelang, tiefer abzuteufen, stießen die Bergleute in Cornwall wieder auf Zinn. Ein neuer Boom entstand. Auch das Zinn war, trotz erheblicher Tiefen, Anfang dieses Jahrhunderts erschöpft.

Noch heute ist Chile eins der wichtigsten Länder der Erde mit reichhaltigen Kupfervorkommen. Nicht gutzuheißen, aber vorstellbar, dass die USA mehr oder weniger offen eingriffen, nachdem 1970 die Volksfront mit Salvador Allende Gossens die Wahlen gewonnen hatte. Allende ließ Alphabetisierungskampagnen durchführen und verstaatlichte die Kupferbergwerke, damit die Gewinne im Lande blieben und dem Volk zugute kamen. Nach dem Sturz Allendes und seiner Ermordung 1973 durch die von den USA und dem

übrigen Westen unterstützten chilenischen Militärs kam General Augusto Pinochet Ugarte als Diktator an die Macht. Kurz darauf konnte man auf den Anzeigenseiten einiger überregionaler deutscher Tageszeitungen lesen, Investitionen in Chile seien jetzt wieder möglich und lukrativ. Die Bundesrepublik Deutschland tat sich damals schwer, siebzig politische Flüchtlinge aus Chile aufzunehmen.

Mahnend und trostlos ragten die Schornsteine auf Cornwall's Felsen über dem Meer in die Luft. Erinnerten uns an das, was zurzeit in Chile geschieht. Die Kupferpreise sind bereits seit einiger Zeit erheblich gesunken, weil zu viel Erz auf die Weltmärkte geworfen wird. Wir können das auch in Deutschland erkennen: häufig werden Dachrinnen und Abflussrohre bei Neubauten nicht mehr aus verzinktem Blech, sondern aus Kupfer gefertigt. Kupfer ist paradoxerweise billiger. Die Asienkrise hat den Preisen endgültig den Garaus gemacht. In Chile schnellen die Arbeitslosenzahlen in die Höhe, die ausländischen Investitionen (hauptsächlich aus USA, Kanada und Australien) sacken herunter, die Handelsbilanz wird rapide negativ, die Altersversorgung der Bevölkerung ist in Gefahr. Die Gewinne werden überwiegend ins Ausland transferiert. Der Faschist Pinochet, verantwortlich für tausende von Toten und Verschwundenen, ist Senator auf Lebenszeit und kann sich an nichts erinnern.

Während er sich im Herbst 1998 zu einem Klinkaufenthalt in London befand, wurde er auf das Ersuchen eines spanischen Richters verhaftet. Ihm wird Mord an Spaniern, die sich seinerzeit in Chile aufhielten, vorgeworfen. Möglicherweise wird er nach Spanien ausgeliefert. Der Fall wäre weltweit beispielhaft.

Was kommt nach Chile? Oder anders gefragt: Wer ist nach Chile 'dran'?

Traurig wanderten wir zurück, ließen die ewig klagenden Schreie der Möwen hinter uns; nur der alte, bestens gepflegte Dampftraktor in der offenen Scheune einer Farm und der Reiz unseres Dorfes St. Just konnten uns trösten. Mit seinem dreieckigen Market-Square in der Ortsmitte, umgeben von ehrwürdigen dreistöckigen Häusern aus grauen Quadersteinen mit bunten Markisen, innerhalb deren bester Zeile das Hotel *Wellington* breit und behäbig thronte. Und wo wir im kleinen Fischladen beinahe Langustinen bekommen hätten, wenn wir nicht einen Tag zu spät gekommen wären. Wo uns am Abend im *Wellington* Porkchops mit Chips sowie zwei Smith Bitter-Beers wieder mit der Welt versöhnten.

Ein englisches Paar in unserem Alter sprach uns vom Nachbartisch aus an. Sie wanderten mit Rucksäcken auf dem National Foot-Path um Cornwall herum und hatten uns in der Nähe des Leuchtturms Tater Du gesehen.

Peter und Jennifer. Sie erzählten, dass sie für längere Zeit unterwegs seien, berichteten aus ihrem Leben und von ihren Berufen. Peter erwähnte, er sei *half-retired*, schmunzelte dabei geheimnisvoll und forderte unsere Fragen geradezu heraus. Ja, ein halber Rentner sei er; das verstanden wir, den Ernst, die Ironie und die Zufriedenheit, die diese Vokabel vermittelte und die uns Peter klarmachte. Das Weniger an Geld und materiellen Dingen, mit dem man sich das Mehr an Zeit erkaufte, um schwierige Fußpfade in Cornwall zu bewandern, um mit Fahrrädern auf Treidelpfaden an alten Kanälen entlang zu fahren oder sich auf den Hebriden am Rand Europas den Wind um die Nase wehen zu lassen. Als wir Peter und Jennifer erzählten, dass wir es seit einigen Jahren ebenso hielten, und dass wir gerade im Begriff waren, noch länger als sie auf Achse zu sein, holte Jennifer spontan eine neue Runde Bier.

Das Thema erinnerte mich an eine Entscheidung Theodor Fontanes, über die er in einem Brief an eine Freundin geschrieben hat. Es ging darum, eine Stelle als 1. Sekretär hinter den dicken Mauern der Berliner Akademie der Künste einzutauschen gegen Unabhängigkeit und materielle Ungewissheiten:

»Ja es ist so: Man kann nicht gegen seine innerste Natur und in jedes Menschen Herz gibt es ein Etwas, das sich, wo es mal Abneigung empfindet, weder beschwichtigen noch überwinden lässt. Ich hatte mich zu entscheiden, ob ich, um äußrer Sicherheit willen, ein stumpfes, licht- und freudeloses Leben führen oder, die alte Unsicherheit bevorzugend, mir wenigstens die Möglichkeit heitrer Stunden zurückerobern wollte. Ich wählte das letztre.«

Beeinflusst vielleicht vom 'Taugenichts' des Kollegen Eichendorff, zog der Dichter mit 57 Jahren - es wäre sein erster fester Job gewesen - *der Nachtigall Freiheit* dem *sicheren Gehalt* vor und begann, seine weltberühmten Romane zu schreiben.

Half-retired.

An diesem Abend wurde es spät.

Wo Poseidon das Meer bewegt

Poseidon in Porthcurno? Aber ja!

Poseidon, der griechische Gott des Meeres, der Neptun der Römer, einer der Brüder des Zeus, Sohn von Kronos und Rhea. Aber wo liegt Porthcurno?

Zunächst machten wir einen Tagesausflug nach Penzance, jene Hafenstadt an der Mounts Bay, die wir vor einigen Tagen durchfahren hatten, als das Leuchtturmmuseum geschlossen war.

Diesmal hatten wir Glück. Gleich am Eingang begrüßte uns ein freundliches Schild mit 'Welcome', was in diesem Land der englischen Sprache wohl angebracht und sinnvoll ist. Noch wurden Institutionen in England nicht als 'Event-Center' bezeichnet, das gab es nur in Deutschland. Ein Leuchtturmwärter, excuse me, natürlich ein Museumswärter, verkaufte die Eintrittskarten und vermittelte uns das Gefühl, ausnahmsweise eingelassen zu werden, eine große Ehre erwiesen zu bekommen. Kaum trauten wir uns, die Füße fest auf den Boden zu setzen, als wir ins schummrige Licht der Marine-Kathedrale traten. Große kreisrunde oder länglich runde Linsenkörper empfingen uns, die raffiniert geschliffenen Fresnel-Linsen waren zum Anfassen nahe, aber: don't touch the glasses! Ich fotografierte Ilse vor einem dieser übermenschengroßen Glaskörper, die ihren Lichtschein bis zu einhundert Kilometer weit werfen können. Und nur leise stellte ich meine alte Frage: Wann malst du einen Leuchtturm bei Nacht? Auch heute bekam ich nur ein Lächeln als Antwort.

Die Leuchtkörper blinkten und drehten sich, blakten nicht mehr, nein, der arme Henry Hall vom Eddystone-Leuchtturm müsste kein flüssiges Blei mehr schlucken, alles wird elektrisch betrieben und die Kabel sind - hoffentlich - stromschlagsicher verlegt.

Es wurde sehr technisch und historisch. Verschiedene Motoren waren zu sehen, die die Linsenkörper an den Öffnungen vorbeidrehten, um den speziellen Blinkeffekt, der jedem Leuchtturm zugewiesen ist, zu erzeugen. Zeichnungen und Fotos zeigten Querschnitte durch die Leuchttürme. Die geschichtlichen Entwicklungen von Bauweise und Technik konnten wir nachlesen. Welche Steinsorten wurden beim Bau verwandt? Und wie wurden die Steine geschnitten, damit sie gut ineinander griffen und mehr Stabilität erhielten? Wie sahen die Lastkähne im vorigen Jahrhundert aus? Wie hievte man die Steine hoch? Besonders problematisch war die Grundsteinlegung unter Wasser! Taucherglocken mussten her. Manchmal lagen die Fundamente bei Ebbe frei, dann ließ sich stundenweise im Trocknen arbeiten. Bis zu drei Tonnen konnte die Technik wiegen, die in der Leuchtturmkuppel in Position gebracht werden musste.

Heul- und Leuchttonnen blendeten in Leuchtfarben. Sie - oft fälschlicherweise als Bojen bezeichnet - zeigen den Seeleuten den Fahrweg in Küstennähe. Sie beeindruckten uns durch ihre Größe. Die manchmal über drei oder vier Meter hohen Gebilde sehen im Meer winzig aus.

Alte, druckluftbetriebene Nebelhörner waren aufgereiht, die dazu neigten, zu explodieren und natürlich moderne elektrische, jene in britischen Nebelküchen besonders wichtigen Geräte.

Höhepunkt der Ausstellung wurde für uns die Nachbildung eines Leuchtturmwärterzimmers mit Originalmöbeln. Möbel für ein rundes Zimmer, Spezialanfertigungen, die Stauraum auf engstem Platz anboten einschließlich einer gemütlichen Koje zum Schlafen. Auch ein heimeliger Küchenherd war integriert. »Die hatten ja Einbauküchen!«, murmelte Ilse, die keine hat. Das runde Zimmerchen sah sehr wohnlich aus, mit seinem Bücherbord und dem Schreibtisch, auf dem Messgeräte standen. Doch auf Leuchttürmen, das wussten wir inzwischen, konnte es sehr ungemütlich werden, und anstrengend war der Job obendrein.

Weil wir brav gewesen waren und nichts angefasst hatten, erlaubte mir der Museumswärter zum Schluss, eine große, siebzig Jahre alte Schiffsglocke anzuschlagen. Dumpf dröhnte der Hall durch das Museum, wie viel Glasen hatten wir wohl? Zum zweiten Mal hatte ich den Klöppel erhoben, als mich die missbilligenden Blicke Ilses und des Wärters trafen. Schade, gerade begann ich die schaukelnden Schiffsplanken unter mir zu spüren...

Durch den Kauf eines Messingbarometers gelang es mir, den Wärterkassierer versöhnlich zu stimmen. Freundlich wurden wir verabschiedet, wir sollten auf jeden Fall wiederkommen. Seitdem zeigt mir das englische Barometer über meinem Schreibtisch genau an, ob sich das Wetter stormy oder very dry verhält, ob Rain oder Fair vorherrscht oder ob es sich auf Change eingependelt hat, vielleicht bei normal, früher 760 Millimeter Quecksilbersäule, heute 1013 Millibar oder Hektopascal. (Während ich an diesem Text arbeite, Mitte September 1998, sackt der Zeiger ganz nach links, mitten auf stormy, auf 975 Hektopascal, draußen wiegen sich die Kastanien im Wind, Regen knallt auf die Dachpfannen, die Abflussrohre am Haus gegenüber zerren an ihren Verankerungen).

Ob ich mit diesem Wissen als Leuchtturmwärtersgehilfe anheuern könnte? Wohl kaum. Außerdem sind gerade in diesem Bereich die Ausbildungsplätze knapp.

Wir vertrödelten den Nachmittag im mediterran wirkenden Städtchen Penzance mit seinen Palmen und belle-epoque-Hotels, zogen Geld aus einem Automaten, kauften Lebensmittel und tranken irgendwo einen Cream-Tea. Jene besonders in Devon berühmte Köstlichkeit, bei der man zum Tee kleine Kuchen isst mit Rahm so süß und fett, dass wir uns wunderten, wieso ältere englische Damen, die sich fast jeden Tag zum Cream-Tea trafen, überhaupt ihr Alter erreichen konnten.

Scones, kleine feste Brötchen aus einer Art Stutenteig, die wir zum Cream-Tea bekamen und die wir manchmal auch zum Frühstück aßen, schmeckten gut. Deshalb sei das Rezept verraten, denn die englische Küche ist besser als ihr Ruf.

Devonshire-Scones *(nach Anne Wilson)*

450 g mit Backpulver vermischtes Mehl
2 EL Zucker
50 g Butter in Stücken
250 ml Milch
verquirltes Ei für die Glasur
Erdbeermarmelade und Schlagsahne
zum Servieren

Den elektrischen Backofen auf 210 Grad Celsius/Gasherd 190 Grad Celsius vorheizen. Ein Backblech mit zerlassener Butter oder Öl einfetten. Mehl in eine große Rührschüssel sieben, Zucker dazugeben. Mit den Fingerspitzen die Butterstückchen mit der Mischung verreiben, bis sie wieder wie Paniermehl aussieht.

In der Mitte eine Vertiefung eindrücken und Milch hineingeben. Miteinander zu einem weichen, leicht klebrigen Teig verarbeiten.

Auf eine bemehlte Arbeitsfläche geben und leicht verkneten. Zu einer zwei Zentimeter dicken Teigschicht ausklopfen oder ausrollen. Mit einem runden Ausstechförmchen von sechs Zentimetern Durchmesser Scones ausstechen und dicht nebeneinander auf das vorbereitete Backblech legen.

Mit dem verquirlten Ei bestreichen. 15 - 20 Minuten backen.

Heiß mit Marmelade und Schlagsahne servieren.

Wer nach dem Genuss von zwei, drei Scones noch laufen kann, darf mit uns einen Blick auf den Gewerbehafen von Penzance werfen, wo hochseetüchtige Fischkutter und kleine Frachter ihre Scheuerleisten am Kai reiben. Kaum heraushalten konnte mich Ilse aus der Hafenkneipe *Admiral Benbow*, die eigentlich in Bristol liegen müsste, wo es sicherlich auch eine gibt, denn dort tauchte damals, als das Abenteuer mit der *Schatzinsel* begann, der alte Seeräuber Bill auf, einer von John Flint's berüchtigter Seeräuberbande und sang, wenn er betrunken war - und er war oft betrunken -, sein Lieblingslied:

»Fünfzehn Mann auf des toten Kerls Kiste!
Jo ho ho und 'ne Buddel Rum!«

Wir blieben am Wasser; an diesem Tag waren das Meer und die Schifffahrt unser Thema.

Jason und die Argonauten lief im Minack Theater in Porthcurno an der Südküste, ein Stück, das dem alten Epos des Appolonius *Argonautica* nachempfunden war, und sie spielten es bei jedem Wetter, wie wir bei einem ersten kurzen Besuch festgestellt hatten, als bei strömendem Regen die Zuschauer klatschnass und mit triefenden Haaren das Gelände verließen. Das Minack ist ein Freiluft-Theater, eingebettet in einen Felsabhang mit einem grandiosen Blick über das weite Meer.

1929 gegründet, bietet es heute über 600 Plätze, die rasenbedeckten Sitzreihen sind steil hoch gestaffelt, Insider und wir (wir hatten uns bei Insidern informiert) brachten sich für die Abendvorstellungen Decken oder Schlafsäcke für die Beine mit, Regenjacken auf jeden Fall, und außerdem befand sich in unserer Thermoskanne Tee, der mit Whisky verschnitten war.

Auch das Theater verkaufte heiße Getränke und allerlei Leckereien - erst kommt der Bauch und dann die Kultur.

Wo Poseidon das Meer bewegt.

Vor Beginn der Aufführung liefen Jasons Mitstreiter, seine Kämpfer und Ruderer durch die Ränge, und während wir uns noch umsahen, die Felskulisse studierten und die hoch über uns Sitzenden beobachteten, auch immer wieder über die Wasserfläche blickten, begann unauffällig das Spiel.

Die Gründe für die Suche nach dem goldenen Vlies entstanden am Hof des Königs Pelias, dem diktatorischen Herrscher der griechischen Insel Iolkos. Die Götter hatten entschieden, die Terrorherrschaft des Königs mit Jasons Hilfe zu beenden. Und nun musste Jason mit seinen Helfern, den

Argonauten, nach langer Fahrt über das Meer das von bösen Ungeheuern (den Gegnern) bewachte goldene Vlies (das Gold, das sie für einen Aufstand brauchten) erbeuten, mit dessen Zauberkräften der alte König (die ungeliebte Regierung) besiegt werden sollte. Götter und Göttinnen tauchten persönlich in einer Parallelhandlung auf. Besonders Poseidon, der Gott des bösen Meeres und die in Jason verliebte Aphrodite, die Göttin der Liebe und des freundlichen Meeres, spiegelten in ihren Auseinandersetzungen die menschlichen Schicksale wider.

Raffiniert waren Felsen und künstliche Kulissen miteinander verbunden, das sinkende Tageslicht und das Meer machten das Spiel sehr authentisch.

Kaum konnte Jason seine erschöpften, hungernden und durstigen Ruderer zu letzten Leistungen animieren, Wind und Stürme machten ihnen das Leben schwer, die Wogen gingen hoch.

Es schien, als käme Bewegung in das Wasser unter uns.

Der Göttin Aphrodite gelang es, ihren Widersacher Poseidon zu besänftigen. Gebieterisch hob er seinen Dreizack und wies mit dem anderen Arm auf die Wellen.

Ich hatte das Gefühl, als müsse sich die See beruhigen. Der Blick auf Spiel und Meer gleichzeitig verwischte für einen Moment Wirklichkeit und Fantasie. Poseidon ließ den Arm sinken - der Ozean war ruhig!

Die *Argo* erreichte ihr Ziel. Das Vlies wurde geraubt, Jason floh mit Medea, der jungen Tochter des Widersachers Äetes.

Der römische Dichter Ovid schrieb dazu:

»Jason, der Fremde, zündet gewaltige Glut in der Brust der äetischen Jungfrau. Lange ringt sie mit sich, kann die rasende Leidenschaft durch Vernunft nicht überwinden. 'Mein Herz hat er ganz gewiss gerührt. Soll ich also das Reich des Vaters verraten?'«

Sie tat es, folgte Jason. Unterwegs heirateten sie, die Schiffe des wütenden Vaters auf den Fersen. Nur mit Hilfe befreundeter Schwarzmeervölker entkamen sie, gelangten über den Okeanos wieder in die Heimat und Jason wurde König. Wem die Göttinnen wohl gesonnen, dem wird wohlgetan und das Glück ist ihm hold.

Mit steifen Knien erhoben wir uns vom kühlen Rasen, es war dunkel geworden, schwarz dräute die Fläche des Meeres. Geregnet hatte es nicht, trotz Tee mit Whisky hatten wir eiskalte Füße.

Wo Poseidon das Meer bewegt.

Im Garten der Künstlerin

St. Ives - die Künstlerstadt. Am Scheitelpunkt Cornwalls gelegen, wo sich das Land nach Osten biegt, von wo aus wir nach Norden, nach Schottland fahren wollten. Wir campierten auf einer Farm am Rand der Stadt, wanderten durch sumpfige Wiesen und schmale Küstenpfade ins Zentrum.

In St. Just hatten wir für mehrere Tage das Zelt zusätzlich aufgebaut, jetzt lebten wir im Auto, das Wetter war zu gemischt und ungewiss.

Nach und nach hatten wir uns an das enge Innenleben unseres Kastenwagens, des kleinen Renault-Rapid-Kombis, gewöhnt, hatten unsere Sachen systematisch verstaut, damit wir nicht die Gepäckklappe anheben mussten, auf der wir gerade saßen. Zum Schlafen verlegten wir Regenzeug und alles andere, was sich lose in unserer Wohnkabine befand, auf den Fahrersitz. Wenn die beiden Sitze nach vorn geschoben wurden, entstand hinten eine Liegefläche von knapp einhundertachtzig Zentimetern Länge. Am Beifahrersitz vorbei, dessen Rücklehne wir bis zur Frontscheibe klappten, stiegen wir in unser Schlafzimmer, denn die beiden Hecktüren ließen sich von innen nicht verschließen und öffnen. Der hinten sonst freie u-förmige Bereich wurde zum Schlafen mit zwei Holzplatten abgedeckt. Die selbstaufblasbaren Luftmatratzen entrollten sich, wenn wir die Stöpsel zogen. Am anderen Morgen mussten wir uns anstrengen, sie durch Zusammenrollen wieder leer zu pumpen. Im Kasten des Wagens konnten wir aufrecht sitzen und hinausschauen. Die Belüftung durch die Schiebefenster, die sich stufenlos öffnen ließen, klappte gut. Über den beiden Vordersitzen befand sich eine große Ablage, die wir für Ilses Malmaterial und ihre Bilder nutzten.

Fahrräder, Campingtisch, Klappstühle und den Reservetank hatten wir auf dem Dachgepäckträger festgeschnallt.

Wir lernten die steilen Straßen von St. Ives kennen, einige waren wegen ihrer Steigung für Autos verboten, unsere Füße konnten bald ein Lied davon singen, die Stadt liegt am Hang. Zwei große Strände werden durch den Hafen getrennt, der mit einer heißen Touristenmeile aufwartete. Viel Kitsch und wenig Kunst waren dort im Angebot. Malmaterial gab es, und eine Kunstschule - The St. Ives School of Painting. 1883 entdeckte der amerikanische Maler James Whistler den kleinen Sardinenhafen und zog andere Künstler und Künstlerinnen nach. Der Begriff 'Künstlerstadt' hat sich bis heute erhalten.

Auf unserem Küstenpfad passierten wir sie, die Eleven und Elevinnen mit ihren tragbaren Staffeleien, vertieft in Fels- und Meermotive, die Zungen synchron bewegend zum Schwung der Pinsel. Was gibt es Friedlicheres? Vielleicht die älteren Herrschaften in Weiß, die am Rand der Stadt auf abgezäunten Flächen ruhig und bedächtig ihre Bowlingkugeln lautlos über den kurzgeschorenen Rasenteppich rollen ließen.

Die Sonne schien, gebadet wurde an den Stränden in Taucheranzügen, die am Kai ausgeliehen werden konnten. Wir verzichteten auf dieses Erlebnis.

Zwei Ereignisse ragten heraus, über die berichtet werden soll. Zunächst ein Abendessen im *Golden Lion* unten in der Stadt. Der goldene Löwe warb mit Sonderangeboten, von denen wir uns anlocken ließen. Die Kneipe war dunkel und voll. Die Türen standen offen, ständig kam jemand herein oder ging hinaus, manchmal waren es dieselben, die mal eben in der Stadt einige Dinge erledigt hatten und dann ihren Platz an der Theke wieder einnahmen. Die Tische waren niedrig wie in Irland. Der Wirt, ein irischer Typ mit wuchtiger Mähne, sah aus wie Harry Rowohlt, wenn den jemand kennen sollte. Er pfiff und sang, balancierte das volle Tablett wie ein Zirkuskünstler durch sein Publikum. Ohne anzuhalten fragte er im Vorbeigehen nach unseren Wünschen, hatte sie blitzschnell registriert und brachte unverzüglich das Bier, was man nach britischem Ritus eigentlich an der Theke abholen musste. Empfanden wir das als angenehm oder spürten wir die ersten Aufweichungstendenzen uralter Gepflogenheiten? Gehörte Cornwall wirklich zur Europäischen Union?

Der Meister empfahl uns eine Suppe - und auf jeden Fall hernach das selbst gemachte Apfelkompott! Solche Ratschläge sollten Reisende nicht in den Wind schlagen. Wir nickten brav und bestellten dazu Schwein mit Erbsen, Möhren und Kürbis. Das Menu schmeckte sehr apart, und später schwenkte Harry noch zwei Eis vor unserer Nase, die wir nicht ablehnen konnten. Zwei weitere Pints of Guinness rundeten die Sache ab. Wir stöhnten vor Wohlbehagen, Ilse öffnete verstohlen den obersten Knopf ihrer Hose und ich musste meinen Gürtel lockern.

Harry verabschiedete uns mit Handschlag, nachdem er für das Essen jeweils um die fünf Pfund kassierte hatte, ungefähr fünfzehn Mark. Wir sollten auf jeden Fall wiederkommen!

Erst kommt der Bauch, dann die Kunst. Das zweite Ereignis war am nächsten Tag ein Besuch des Barbara Hepworth Museums, das zum Ableger der weltberühmten Londoner Tate-Gallery in St. Ives gehört.

Beinahe wären wir vorbeigelaufen, genau wie es Barbara Hepworth, von den Einheimischen liebevoll Barbara Hep genannt, zehn Jahre lang ergangen war. Die Malerin lebte bereits in St. Ives und kam auf ihrem Weg zum Supermarkt an dem Haus vorbei, dessen Geheimnis sie nicht ahnte. Seit längerem war sie auf der Suche nach einem größeren Atelier mit Wohnung, und als dieses von der Straße aus unscheinbare Haus zum Verkauf stand, sah sie es sich als eines von mehreren Angeboten eher gelangweilt an.

Es war Liebe auf den ersten Blick.

Der von Palmen und anderen großen Bäumen beschattete Garten liegt uneinsehbar hinter dem Haus in Höhe des ersten Stockwerks. Rechtwinklig an einer Seite an das Haus gebaut, schmiegt sich das Künstleratelier an, scheunenartig, weißgestrichen, mit alten Toren und einem Glasdach. Es stand voller angefangener Skulpturen; Meißel, Hämmer und Schrapper lagen herum, an dem zweiflügeligen, hölzernen Rundbogentor zum Nachbarraum hingen die Arbeitskittel, als wäre sie nur mal eben fort, zum Supermarkt vielleicht.

Im Garten schlenderten wir auf schmalen Kieswegen unter dem Schatten der Bäume entlang, vorbei an den Skulpturen, an alabasterfarbenen Rundformen mit geschwungenen Öffnungen, an rechteckigen grünkupfernen hochformatigen Metallplastiken, in denen kreisrunde Löcher überraschende Durchblicke auf die Gartenpflanzen zuließen. Weiße und gelbe Margeriten blühten, Agaven reckten ihre Arme gruppenweise in die Höhe. Dann und wann eine kleine Bank, die zum Verweilen einlud. Drosseln sangen, wie auf Bestellung schien die Sonne, Kunst und Natur verschwammen zu einer Einheit, Friede zog in unsere Seelen. Die wenigen anderen Besucher wurden ebenso wie wir in den Bann des Künstlerin-Gartens gezogen, der ähnlich und doch ganz anders als Derek Jarman's Garten in Dungeness war.

Abgeschieden von der Welt, inmitten einer anderen Welt, beide Welten verbunden durch die Kunst dieser Frau, die dafür geadelt wurde und sich offiziell 'Dame Barbara Hepworth' nennen durfte. Es ist, als warte man darauf, dass sie endlich die Ateliertür öffnet, ruhig an ihren Werken vorbeischreitet, das milde Licht von St. Ives abschätzt, zu ihrem Gartenhäuschen geht, in dem sie häufig übernachtete, um der Natur näher zu sein.

Sie wird nicht kommen. Barbara Hepworth verunglückte 1975 bei einem Brand in ihrem Atelier tödlich. Wir konnten uns das in dieser friedlichen, heiteren Atmosphäre nicht vorstellen. Es war, als müsse sie gleich den roten Kittel vom Haken nehmen, den Meißel ergreifen, und den Block dort vorn am Eingang weiter bearbeiten - das Werk schrie nach Vollendung.

Traurig und nachdenklich wurden wir, empfanden dennoch Trost und Glück.

Polykrates auf dem Turm

Sanft abfallender Felsrücken
helles Grün violett durchbrochen
von letzten Sedumgewächsen
Davor die Kanten der rocks
und gekräuselt das blaue Meer

Weiß schäumt die Bugwelle des Kutters
der rausfährt zum Leuchtturm
Dahinter glänzt die Häuserreihe
der Stadt auf gelbem Sand
Bunte Punkte verstreut sonnen sich

Ruhig fliegt die Silbermöwe
ihre Schwester lacht dazu -
Mildes Licht schwebt im Äther
und Wind streichelt die Haut
Hier dauert das Glück Stunden

Schnell einen Penny hinunter

Die Schriftsteller liebten das Künstlerdorf an diesem Ende Englands ebenfalls. Daphne du Maurier schrieb ihre Geschichten über Schiffbrüchige, Schmuggler, säbelschwenkende Piraten und Gespensterhäuser. H.D. Lawrence ließ sich 1916 im Ort nieder, und auch Virginia Woolf kam:

»Schon damals ... ließ der fedrig-weiße Mond den Himmel nicht dunkel werden; die ganze Nacht waren die Kastanienblüten weiß im Grün, und matt war der Kerbel auf den Wiesen. Weder in die Tartarei noch nach Arabien zog der Wind..., sondern zögerte träumerisch inmitten grau-blauer Wolken über den Dächern...Wenn sie Platz brauchte zum Umherwandern, konnte sie ihn unter den Bäumen finden, dort, im Garten; ... Aber hier und da brannte noch ein Licht.«

Einen Wink des Himmels nannte Barbara Hepworth dieses Haus, das Atelier und den Garten.

2. Buch

Nach Schottland also!

Es fiel uns schwer, aus St. Ives abzufahren. Unser englischer Nachbar auf des Farmers Wiese, ein kauziger älterer Herr, war bereits fort. Ein angenehmer Gesprächpartner, mit dem wir über alles reden konnten. Nur die New-Age-Traveller konnte er nicht ausstehen.

An der Nordküste Cornwalls hielten uns bei Godrevy Island und Trevose Head noch zwei Leuchttürme auf, die gemalt werden mussten. Dann ging es bei Wellington endgültig auf die Autobahn, auf die *North-West,* danach auf die *North,* wir konnten uns nicht verfahren, das war deutlich, das ging nach Norden, und dort lag irgendwo Schottland.

Die *North* ist sechsspurig, wir nahmen auf unserer Seite ganz links die Bahn, hämmerten uns erneut das wichtige *keep left!* ein, das bei Autobahngeschwindigkeiten überlebenswichtig war. Irritiert waren wir einmal, als bei einem Autobahndreieck unsere Bahn von rechts auf die andere gefädelt wurde und wir als langsames Fahrzeug von der linken Seite plötzlich auf der Schnellspur rechts außen landeten.

Sehr unangenehm war, dass unser Auto damit anfing, im zweiten und dritten Gang bei Steigungen seltsame Heultöne von sich zu geben. Allerdings nicht immer. Als wir eine Werkstatt an der Autobahn aufsuchten, verhielt sich unser rollender Begleiter sanft wie ein Reh und tat auf der Probefahrt keinen Mucks. Zusammen mit dem Mechaniker drehte ich eine zweite Runde: nichts. Der Frontantriebler wurde vorn aufgebockt, der Motor heulte auf, das Störgeräusch meldete sich nicht. Der Mechaniker zuckte mit den Schultern. Weiterfahren und abwarten, meinte er. Ein schöner Rat. Aber was blieb uns übrig? Fünf Kilometer weiter fing das Übel wieder an.

An Bristol vorbei, am Industriegebiet von Birmingham. Auch die Industriegebiete von Manchester und Liverpool ließen wir rechts und links liegen. Wir übernachteten am Rand eines Dorfes, das sich Ashley nannte und bei Tiverton liegt, und wenn ich lange genug auf der Englandkarte suchen würde, fände ich den Ort. Zwischen Wald und Kuhweide landeten wir mit Glück nach langer Suche auf einem kleinen freien Platz vor einer Weide. Die Landschaft war umzäunt und eingehegt und gar viel 'private'. Neugierig wurden wir von den wenigen Leuten beäugt, die an uns vorbei zu ihren einsam gelegenen Farmen fuhren. Wir empfanden uns als unwillkommene Eindringlinge, als eine junge Frau in einem Volvo hielt und uns ansprach. Freundlich erkundigte sie sich nach unserem Woher und Wohin, zeigte auf die nächstgelegene Farm, deren Dach wir auf dem Hügel hinter Bäumen hervorlugen sahen. Ob wir bei ihr duschen möchten? Und frühstücken? Sie würde sich freuen. Sie müsse nur mal eben in die Stadt.

Schade, wir nahmen das Angebot nicht an, hatten unsere Weiterfahrt in der Nase, das blöde Autoproblem, und deshalb keine innere Ruhe für diese Gastfreundschaft. Trotzdem wiederholte sie ihr Angebot, fuhr freundlich winkend weiter. Wahrscheinlich war es ein Fehler. Wer weiß, wen wir kennen gelernt hätten, vielleicht einen Nothelfer für unseren bockigen Renault. Hinterher ist man schlauer, sagt der Volksmund.

Wir gingen wieder auf die *North*, fuhren schneller, denn im vierten und fünften Gang blieb das Auto ruhig. Noch. Geheuer war mir das nicht; wenn es sich um das Getriebe handelte, konnte ganz plötzlich auf freier Strecke Schluss sein.

An Blackpool vorbei, Lancaster. Richtung Carlisle. Rechts erstreckte sich der Yorkshire Nationalpark, links der Autobahn lag der Lake District. Er war uns empfohlen worden. Wir hielten uns hübsch weit entfernt von der Küste, denn dort treibt ein Monster sein Unwesen, dem wir nicht zu nahe kommen wollten: das Ungeheuer von Sellafield. Eine atomare Wiederaufbereitungsanlage, die seit den fünfziger Jahren durch Unfälle und Verseuchungen für Schlagzeilen sorgt. Ein sehr schwerer Unfall ereignete sich dort am 9. Oktober 1957, als die Anlage noch Windscale hieß. Ein Uran-Brennelement barst und geriet in Brand, große Strahlenmengen gelangten in die Luft. Mengen, die heute zur 'natürlichen' Strahlenbelastung gezählt werden... Um von der permanenten Katastrophe abzulenken, wurde das Atomwerk umbenannt. In der irischen See ist der Fischfang untersagt, ein vierzig Kilometer langes Strandstück bei Sellafield ist abgesperrt, jegliches tierische Leben ist dort ausgestorben. Im Normalbetrieb entlässt die Anlage radioaktiv belastete Abwässer, die nach deutschen Richtlinien über allen Grenzwerten liegen. Erst kürzlich wurden in der Nachbarschaft des Atomwerkes radioaktiv verseuchte Tauben gefunden, die als hochbrisanter Sondermüll gelten. Im Juni 1998 enthüllte der *Guardian* auf Grund vertraulicher Dokumente der britischen Atombehörde, dass die veraltete und zum Teil bereits baufällige Anlage jede Menge radioaktive Stoffe unkontrolliert in Luft und Wasser abgibt. Mehrmals im Laufe der letzten Jahre sei die Anlage in Gefahr gewesen zu explodieren. Im Juli 1998 sorgte ein neues Leck für die Schließung einer Teilanlage von Sellafield. Bodenproben aus dem Meer vor der Anlage wurden in Deutschland als Atom-Sondermüll beschlagnahmt.

An der Nordwestküste Kanadas haben Forscher Radioaktivität aus Sellafield nachgewiesen. Die Belastung sei zwei- bis dreimal höher als durch die Katastrophe von Tschernobyl.

Atommüll aus britischen und französischen Atomanlagen verseucht nach Ansicht von Greenpeace und der dänischen Regierung die Küsten Skandinaviens. Solange die Wiederaufbereitungsanlagen in Sellafield, Dounreay in Schottland und La Hague in Frankreich in Betrieb bleiben, muss man sich vor einem 'Tschernobyl' aus diesen Ländern fürchten. Deutschland ist zweitgrößter Lieferant von abgebrannten Brennstäben für diese lebensgefährlichen Werke.

Im Juli 1998 trafen sich in Sintra/Portugal die Vertreter 15 europäischer Länder, um über die Verminderung radioaktiver Einleitungen in das Meer zu beraten. Die deutsche Umweltministerin Angela Merkel glänzte durch Abwesenheit.

Das konnten wir noch nicht ahnen. Was wir wussten, reichte uns. Nicht nur Menschen reisen um die Welt, auch kleinste Partikeln.

Schnell vorbei an Sellafield.

Bei Carlisle erreichten wir die alte römische Grenze, den Hadrianswall, ein Stück weiter dann die schottische, bei Gretna Green, dem Ort, der früher auf sich aufmerksam machte, weil dort Jugendliche ohne Einwilligung der Eltern heiraten konnten. Besonders in den fünfziger und sechziger Jahren, als in der Bundesrepublik Deutschland noch der Muff unter den Talaren herrschte, die Restauration der Adenauer-Ära den gesellschaftlichen Fortschritt hemmte, zog es auch deutsche Liebespaare dorthin. Möglich machte das die alte schottische Rechtsprechung, die die Schotten nach der Union mit England beibehalten hatten. Die besagt, verheiratet sind die, die sich vor zwei Zeugen das Ja-Wort geben. Zeugen ließen sich in jeder Kneipe für eine Flasche Whisky finden und als Priester fungierten Wirte oder Schmiedemeister. Schon im vorigen Jahrhundert sah man besorgte Eltern in schnellen Kutschen ihren entlaufenen Kindern nachjagen, um sie vor der runaway marriage zu retten.

Wären wir nicht abgebogen in Richtung Hadrianswall und Ostküste, wären wir die *North* weitergefahren, hätte ein Ort auf unserem Weg gelegen, dessen Name sich wegen eines wenig erfreulichen Ereignisses gegen Ende unseres Jahrhunderts eingeprägt hat.

Lockerbie.

Der unscheinbare, unbekannte, harmlos vor sich hindämmernde Ort kam am 21. Dezember 1988 weltweit in die Schlagzeilen, als dort die Trümmer einer in der Luft explodierten US-Verkehrsmaschine herunterstürzten. Alle 259 Passagiere und Crewmitglieder sowie 11 Dorfbewohner kamen ums Leben. Es handelte sich um einen Bombenanschlag, dessen Urheber bis heute nicht genau bekannt sind. Die in einem Koffer, der in Frankfurt am Main zugeladen worden war, untergebrachte Sprengmasse explodierte anscheinend zu früh. Das Flugzeug hatte wohl über dem Atlantik zerfetzt werden sollen, um auf Nimmerwiedersehen mit allen Beweismitteln im Meer zu verschwinden. Die offiziellen Ermittlungen zielten nach Libyen, dessen Staatschef Ghaddafi sich mehrmals trotzig mit dem Westen angelegt und den politischen Unwillen besonders der USA erregt hatte. Noch heute besteht ein von der UNO verhängtes Embargo gegenüber Libyen, weil das Land sich weigert, zwei Agenten auszuliefern, die zu den Tätern gehören sollen.

Lockerbie.

Auf dem Friedhof befindet sich eine Gedenktafel mit den Namen aller Opfer. Menschen, die von anderen Menschen für deren politische Ambitionen geopfert wurden, ohne gefragt zu werden. Eine Handlungsweise, die auch durch die besten gesellschaftspolitischen Ziele nicht gerechtfertigt werden kann.

Am Eingang des Campingplatzes von Brampton in Cumbrien, in der Nähe des Hadrianwalles, verkündete ein Schild:

Come in, my friend!

Das ließen wir uns nicht zweimal sagen. Wir friedliche Zeitgenossen betrachteten das generell als Einladung, nach Schottland zu kommen. Unseretwegen musste kein Wächter auf dem Hadrianswall nervös werden, wo er Ausschau hielt nach Picten und Scoten, die dann im Jahr 383 trotz aller Wachsamkeit den Wall überrannten und in das Imperium des Römischen Reiches einbrachen. Der seit dem Jahr 122 auf Befehl des Kaisers Hadrian, zeitweise sogar unter seiner persönlichen Aufsicht, angelegte Wall war damals eine Vorsorgemaßnahme gegen Barbaren genannte Völker, die als Vorläufer der Picten und Scoten gelten.

Der 117 Kilometer lange Wall zog sich quer durch das Land, bestand zum Teil aus fünf Meter hohen Steinmauern, hauptsächlich aber aus bewachsenen Erdaufschichtungen. In Abständen von etwa einem Kilometer befand sich jeweils in Sicht- und Signalweite ein Beobachtungsturm. Dazwischen gab es in bestimmten Intervallen Wachtposten. Wehrgräben ließen zwar die zivile Bevölkerung nur die vorgesehenen Öffnungen passieren, hätten aber einen militärischen Ansturm nicht abhalten können. Der Wall war nicht als Bollwerk im Kampf gedacht, sondern als bewachte Grenze.

Die Grenzen des römischen Imperiums, so definiert man den Begriff heute, zeigten sich nicht in festen, klaren Grenzverläufen, wie wir sie überwiegend gewohnt sind. Das Imperium reichte so weit, wie die militärische Herrschaft der Römer faktisch ausgedehnt werden konnte. Deshalb mussten im Lauf ihrer Geschichte die südlichen Eindringlinge den Grenzverlauf durchaus korrigieren, sich zurückziehen und einen neuen Wall bauen.

Der Wall zwischen Wallsend-on-Tyne im Osten und Bowness-on-Solway im Westen, heute verkümmert, aber stellenweise in der Landschaft zu erkennen, markiert im Bewusstsein der Bewohner die Grenze zwischen England und Schottland, obwohl die politische Grenze einige Kilometer weiter nördlich verläuft.

Theodor Fontane berichtet:

»Die Lowlands und das Borderland sind das Gebiet südlich von Edinburgh bis zum Tweed und darüber hinaus bis zum Tyne, der in westöstlicher Richtung die vorgeschobene Grenze bildet. Parallel zu ihm läuft der Hadrianswall... Und in Berwick ist es, wo der Tweed ins Meer geht, und sein Bett, das mehr einer weiten Felskluft als einer Flachlandrinne gleicht, unterstützt die Vorstellung, dass wir hier an einem Grenzfluss stehen... Bei Dunbar gesellt sich noch ein anderer Gruß aus der Heimat hinzu, wir haben uns der Küste bis auf wenige tausend Schritt genähert und das deutsche Meer liegt leise schäumend zu unserer Rechten...«

Wo der Tweed ins Meer geht, das die Briten damals das Deutsche Meer nannten, die Nordsee.

Existiert überhaupt eine Grenze zwischen zwei Ländern eines Landes, das sich Großbritannien nennt? Die Labour Party mit Tony Blair gewann 1997 die Wahl unter anderem mit den Stimmen der Schotten, denen als Belohnung endlich ein eigenes Parlament zugestanden wurde, ähnlich dem eines Länderparlamentes in Deutschland. Die Grenze, die auf jeden Fall trotz aller Niederlagen gegen England in den schottischen Köpfen besteht, bekam dadurch ihren sichtbaren Ausdruck. Maria Stuart und Bonnie Prince Charlie hätten ihre helle Freude gehabt.

Dass es sich um zwei Länder handelt, konnte man bei der Fußballweltmeisterschaft wieder einmal deutlich erkennen, denn Großbritannien geht bei diesem Wettbewerb mit mehreren Mannschaften ins Rennen: mit England, Schottland, Wales und Nordirland. Warum Cornwall außen vor bleibt, ist nicht ersichtlich. Die schottischen Fußballer haben sich innerhalb Großbritanniens bisher mit Erfolg geweigert, um irgendeinen anderen als ihren eigenen schottischen Cup zu kämpfen. Die Souveränität ist in dieser Hinsicht seit längerem gesichert. Nach internationaler Regelung dürfen pro Mannschaft nicht mehr als drei ausländische Kicker mitspielen. Das bedeutet in der schottischen Nationalmannschaft durchaus den Ausschluss von Iren, Walisern und Engländern.

Beim Eröffnungsspiel 1998 besiegte Brasilien die Schotten, was den schottischen Mannschaftskapitän ausrufen ließ:

»Wir kämpfen gut, aber wir verlieren immer!«

Eine deutliche Anspielung auf die historischen Ereignisse. Mary Stuart und Bonnie Prince Charlie hätten Krokodilstränen geweint.

Wir standen auf dem Wall und schauten tief ins Land nach Süden. Abgeerntete Getreidefelder glänzten in hellem Gelb, das Stroh war wie spielerisch in großen gepressten Rollen auf den Flächen verteilt. Dahinter dehnten sich bis zu den im Dunst sich verlierenden Bergketten Wiesen und Weiden, umgrenzt von Baumgruppen und Büschen. Reste von Mauern der Beboachtungstürme, der Castelle und Militärforts sind nach bestem Wissen und Gewissen der Historiker und Archäologen an manchen Stellen wieder aufgebaut, Hinweistafeln geben Informationen in mehreren Sprachen.

Wie sich wohl die Wachmannschaften verständigt haben? Wir versuchten uns die Situation im schottischen Winter vorzustellen, noch nicht wissend, dass selbst der schottische Sommer seine Tücken haben würde. Die Römer hatten an ihrem nördlichsten Außenposten überwiegend 'Gastarbeiter' beschäftigt, besiegte Truppen aus Belgien, Germanien und den Ländern, die wir heute schon wieder nicht mehr Jugoslawien nennen können. Sicherlich war auch mancher Afrikaner dabei, mit Blick nach Süden und nichts als Sehnsucht nach seiner warmen Heimat im Herzen - die Barbaren, auf die er achten sollte, im Rücken.

Wir drehten uns um. Nach Schottland.

Durch die Southern Uplands, die Pentland und die Ochil Hills ging es nach Perth, an die Ostküste. Nach Perth, an den Firth of Tay, den fjordartigen Meereseinschnitt, an dem auch die Stadt Dundee liegt.

Wir durchquerten den Süden, die *Borders,* das Grenzland, dem man seine blutige Vergangenheit nicht ansieht. Wer den Kummer hat - die Lowland-Schotten, die hier wohnen, dürfen sich trotz harter und kämpferischer Geschichte des Spottes und der Verachtung der Highlander gewiss sein, denn diese halten sich für die eigentlichen Schotten. Die Lowlander gelten in ihren Augen bereits als Engländer, was durchaus als Schimpfwort aufgefasst werden kann.

Lang gezogene Steigungen ließen uns Zeit, die Bergwelt zu genießen, die Weite, die Blicke auf eine gewaltige, großzügige Landschaft vor uns, die angenehme Gefühle und eine ruhige Stimmung vermittelte; uns ergriff Zufriedenheit. Wenn nicht lediglich eine Sonne da gewesen wäre, die es nur selten schaffte, durch die dunklen, riesigen Wolken, die sich über die Bergkämme wälzten, zu dringen - und das Geräusch! Ein Heulen vom Getriebe, was jetzt sicher war, denn der dritte Gang sprang ab und zu heraus. Schlagartig packte

uns das Gefühl der Einsamkeit in der weiten, dünn besiedelten Landschaft. Vorbei war es mit der Hochstimmung, mein Magen schien ein hohler Fußball zu sein. Nach Edinburgh, wegen einer Werkstatt?

Wir überlegten. Nein, die Stadt war uns zu groß und zu schade, um sie nur wegen einer Reparatur aufzusuchen. Nach unserem Verzeichnis musste es auch in Perth eine Renault-Werkstatt geben.

Das heitere Mädchen

Nachdem uns in der Stadtmitte eine freundliche Dame in der Touristinformation auf einem kopierten Stadtplan die Lage der Werkstatt und den Campingplatz mit Rotstift gekennzeichnet hatte, begaben wir uns in die Höhle des Löwen. Wir wurden in der Rezeption der Werkstatt zuvorkommend behandelt, die Empfangsdame versuchte sogar ein *Guten Tag,* lachte und meinte, das *Bonjour* läge ihr besser, wenn es denn schon eine andere Sprache sein müsse. Trotz aller Witzchen gab es nach der Probefahrt, der Wagen heulte diesmal brav und sogar der Gang sprang einmal heraus, bedenkliche Mienen. The Gearbox, yes, das Getriebe, das vermuteten sie auch. Obwohl das Auftragsbuch voll sei: in unserem Fall wollten sie eine Ausnahme machen, wir könnten das Auto am nächsten Morgen, am Freitag, bringen. Dann würden sie nachsehen. Samstag und Sonntag sei natürlich geschlossen, wenn wir Glück hätten, käme am Montag das neue Getriebe und Dienstag könnten wir unser Gefährt zurückbekommen.

Ein neues Getriebe?

Uns wurden die Knie weich. Ja, wahrscheinlich. Sehr bedenkliche Mienen. Aber Perth sei eine schöne Stadt. Bye, bye.

Wir landeten einige Kilometer außerhalb der Stadt im Cleeve Caravan-Park, bauten auf einer Wiese unser Zelt auf und hockten uns noch einmal hinten ins Auto, in unsere Küche, denn es begann zu regnen. Vor der Camping-Site gab es eine Busstation, bei der sich selten ein Bus sehen ließ, so sollten wir die vier Kilometer in die Stadt und vier Kilometer zurück zu Fuß kennen lernen.

Was schrieb einer der Reiseführer?

Perth hätte ungefähr vierzigtausend Einwohner und enttäuschend wenig zu bieten. War noch im 15. Jahrhundert Schottlands Hauptstadt, wurde später unter Führung des Calvinisten John Knox seiner kirchlichen Kulturreichtümer beraubt. Die schottischen Bilderstürmer machten Kirchen und Klöster bis auf die Grundmauern nieder. Vorübergehend wurde die Stadt in St. John's Town umbenannt - die Kirche dieses wütenden Mannes blieb bis heute stehen.

Nun waren wir froh, dass Perth wieder Perth hieß. Eine schöne Stadt, hatten sie in der Garage gesagt.

Was hatte die Stadt zu bieten?

Ein anderer Reiseführer zählte auf: Museen, Viehmarkt, Handelshafen, Färbereien, Maschinenbau, Whiskybrennereien (aha!), Jute- und Leinenindustrie, Teppichherstellung, Glasbläserei.

Und dann gab es noch Perth, die Hauptstadt von West-Australien, oberhalb der Mündung des Swan River in den Indischen Ozean, mit über einer Million Einwohnern. Nein, die Stadt meinten wir nicht, wie wir auch nicht zu den Neuen Hebriden wollten, die seit ihrer Selbständigkeit 1980 Vanuatu heißen und im Pazifischen Ozean liegen, zwischen Australien und den Fidschi Inseln, und zu Melanesien gehören. Wir würden uns mit den 'alten' Hebriden begnügen, die in Europa liegen, ganz oben links außen.

Aber jetzt saßen wir erst einmal in Perth fest, an der Ostküste Schottlands. Kam es nicht auf uns an, was die Stadt zu bieten hatte?

Also los.

Vier Kilometer zu Fuß bis ins Zentrum. Zunächst ging es durch Vorortsiedlungen, die noch leidlich im Grünen lagen. Nachdem wir die Gewerbezone mit Autofirmen, Tankstellen und sonstiger Industrie überwunden hatten, empfingen uns sechstöckige Häuserschluchten aus der Jahrhundertwende. Gut, das mussten wir zugeben: nicht allzu sehr gepflegt, Putz bröckelte, und ein wenig Farbe hätte manchem Bau gut getan. Aber alles in allem kein schlechter Anblick, meist planquadratisch aufgebaut, wir fanden uns schnell zurecht. Die öffentliche Toilette kostete nur zehn Pence, und wer will es der ehemaligen schottischen Hauptstadt verübeln, dass sie heute auch eine Fußgängerzone hat?

Wir bestimmt nicht, denn wir kauften dort einiges, was wir brauchten. Auf einer Bank, auf der wir uns ausruhten, saß in natürlicher Größe eine Bronzeplastik der Fair Maid of Perth. Walter Scott - Sir Walter Scott - hatte 1828 die Stadt mit seinem Roman *The Fair Maid of Perth* europaweit bekannt gemacht. Seitdem heißt sie Fair City, die heitere Stadt. Das Mädchen saß da neben uns, blickte frech und neuzeitlich, wir konnten die Bronze streicheln. Wir aßen unser Butterbrot und dachten an das historische Vorbild dieses schönen Mädchens, das einige Ecken weiter in einem Haus aus dunklen rotgrauen Backsteinen gewohnt hatte, in dem sich jetzt ein Antiquitätenladen breit machte. Wer weiß, was den jungen Walter Scott - noch nicht Sir - mit seinem literarischen Vorbild verband, wer weiß. Unten am Fluss fanden wir, auf den farbigen Fenstern im ersten Stock der Handelskammer, Szenen dieses Romans dargestellt.

Und dann entdeckten wir ihn höchstpersönlich: am Rand des South Inch Parks stand Sir Walter auf hohem Dichtersockel, wie ein Feldherr über seine Stadt hinwegblickend.

An manchem Abend, im warmen Schlafsack, draußen mochte es stürmen oder schneien, mit der Taschenlampe in der Hand, hatte ich die Geschichte des Ritters Ivanhoe von Walter Scott erneut verschlungen! Das Buch, Leineneinband, nur vierzehn mal neun Zentimeter groß, war ein Erbstück. Lange Zeit hatte ich nicht mehr hineingeschaut. Jetzt nahmen mich Ritter Ivanhoe, Richard Löwenherz, Johann ohne Land und der weinselige, rauflustige Mönch wieder gefangen. Selbst die schwer lesbare gotische Fraktur und der manchmal ungewöhliche Stil machten mir nichts aus, denn der alte Roman war spannend wie ein Krimi.

»... Obwohl nämlich das allgemeine Turnier, bei welchem sämmtliche Ritter zugleich kämpften, gefährlicher war als die Einzelkämpfe, fand es doch mehr Anklang und Theilnehmer unter der Ritterschaft jener Zeit. Gar manche Ritter, die nicht genug Vertrauen zu ihrer persönlichen Geschicklichkeit hatten, es mit einem Gegner von großem Ruf aufnehmen zu können, trachteten doch danach, ihre Tapferkeit im allgemeinen Kampf zu zeigen, wo sie solchen gegenüber stehen konnten, mit denen sie sich messen durften ...

... schon glitzerten die blanken Waffen der Ritter, die beide Enden der Schranken mit ihren Reihen füllten, im hellen Sonnenlicht. Es war den Kämpen geboten, das Schwert nicht zum Stoß zu gebrauchen sondern nur zum Hieb. Die Streitaxt oder Keule durfte von den Rittern geführt werden, Dolche aber zählten zu den verbotenen Waffen. Ein aus dem Sattel gehobener Ritter durfte den Kampf zu Fuß mit Jedem der Gegenpartei weiter führen, der sich in derselben Lage befand; doch war den Berittenen verboten, sie in solchem Falle anzugreifen.

Als die Reihen der Kämpfenden sich jedoch zu lichten begannen, standen der Tempelherr und der enterbte Ritter sich endlich gegenüber und maßen sich mit Zornesblicken. So kamen sie - der Normanne von der einen, der Sachse von der andern Seite - gegen den enterbten Ritter angesprengt... Schnell that er einen kräftigen Hieb gegen den Tempelherrn und riß sein Roß zurück, um sich dem Angriff des anderen zu entziehen, so daß diese beiden Ritter beinahe gegeneinander geprallt wären. Doch hatten sie sich schnell gefaßt und vereinigten sich nun, um den enterbten Ritter zu Fall zu bringen. Nichts hätte ihn retten können, ohne die wunderbare Kraft und Gewandtheit des edlen Rosses, welches er Tags zuvor gewonnen hatte. - Unter den Anhängern des enterbten Ritters befand sich ein Kämpe in schwarzer Rüstung auf einem Rappen von großem, starken Bau, der dem Anschein nach eben so stark und kräftig war, wie sein Reiter. Dieser Ritter, dessen Schild jeder Devise baar war, hatte bisher wenig Interesse für den Erfolg des Kampfes an den Tag gelegt, indem er seine Angreifer gewandt zurückschlug, aber weder die Vortheile ausbeutete, die sich ihm boten, noch selbst Jemand angriff. Nur, er hatte bisher eher die Rolle eines Zuschauers, als eines Mitspielers übernommen, ein Umstand, der ihm bei der Menge den Namen le noir fainéant, der schwarze Müßigänger, eintrug. Plötzlich warf dieser Ritter seine Apathie ab, als er sah, daß der Führer seiner Partei so arg bedrängt wurde; denn er setzte seinem Pferde die Sporen ein und kam wie ein Blitzstrahl dem enterbten Ritter zu Hilfe, indem er mit schmetternder Stimme ausrief: 'Desdichado! Hilfe kommt!'

Der Tempelherr stürzte, und sein Fuß blieb im Steigbügel hängen, von dem er sich nicht loszumachen vermochte. Da sprang sein Gegner vom Pferde, schwang sein verderbenbringendes Schwert über dem Haupte seines Feindes, und gebot ihm sich zu ergeben; doch Prinz Johann, von des Templers gefahrvoller Lage mehr ergriffen, als er es von der seines Nebenbuhlers gewesen war, ersparte ihm die Beschämung, sich für besiegt zu erklären, indem er seinen Stab hinabwarf und so dem Kampf ein Ende machte.«

Und als dann noch ein geheimnisvoller, unscheinbarer Jäger auf diesem Turnier auftaucht, der den berühmtesten aller Bogenschüsse vollbringt, indem er einen bereits in der Zwölf steckenden Pfeil des besten aller anderen Bogenschützen durchteilt, seinem Gegner freundschaftlich zuraunt: Du hast den Wind nicht richtig berechnet, dann wissen alle Eingeweihten: das ist Robin Hood!

Solch spannende Geschichten bot mir das Büchlein aus Reclam's Universal-Bibliothek von 1903, aus der Serie Miniaturausgaben in eleganten Ganzleinenbänden zum damaligen Preis von 120 Pfennigen, während die normalen Heftchen nur 20 Pfennige kosteten. Das Buch überstand die herbe Schottlandreise per Auto und Zelt unbeschadet. Investieren musste ich lediglich eine neue Taschenlampenbatterie, weil ich abends oft zu lange gelesen hatte.

So hatte einer der größten Dichter Schottlands schon unterwegs, nicht erst in Perth, für Ablenkung gesorgt. Walter Scott, 1771 in Edingburgh geboren, 1832 in seinem Schlößchen Abbotsford, das er eingerichtet hatte wie es zur Zeit seiner Romane im Hochmittelalter üblich war, gestorben, schrieb auch noch anderes. Er gilt als der Begründer des historischen Romans. *Waverley* veröffentliche er noch anonym, dem Erfolg ließ er 27 Bände folgen, jeweils mit dem Hinweis: vom Verfasser des berühmten Waverley. Epische Versromanzen erschienen, zum Beispiel *The Lady of the Lake* mit der Schilderung der schottischen Highlands, der Lochs und der Moore, die Vorlage zu Donizettis tragischer Oper *Lucia di Lammermoor.* Nicht zu vergessen die Geschichten vom edlen Räuber und Retter *Rob Roy* oder *Robin der Rote.* Scott verdiente mit seinem Schreiben einen Haufen Geld. Er steckte alles in sein Schloss Abbotsford und in einen Verlag, der Pleite machte. Um seine Schulden bezahlen zu können, musste er schreiben und veröffentlichen. Sir Walter Scott, der berühmteste schottische Dichter, neben Robert Burns natürlich oder Robert Louis Stevenson, schrieb sich zu Tode.

Während Sir Walter Scott eher wie ein Ritter mit Jagdhund und Schreibrolle aufrecht auf seinem Sockel stand, hockte sein 1759 geborener Kollege Robert Burns zwar auch auf einem Sockel - früher wurden Dichter und Schriftsteller noch auf Sockel gehoben! - , aber er saß dort wie hingegossen, scheinbar jemanden anhimmelnd oder anflehend, den Kopf schräg gen Himmel gehoben, die Schreibfeder in der Hand, während die Papierrolle auf den Boden geflattert war. Natürlich himmelte Burns - er mochte die Frauen und sie ihn -

jemanden an, nämlich seine in Versen oft besungene 'Highland Mary', die im Gegensatz zu Dantes Beatrice, Bocaccios Fiametta oder Petrarcas Laura (alle Italien, zu hochmittelalterlichen Zeiten) konkret und körperlich vorhanden war. Eine der möglichen Highland-Maries war Mary Campbell, die als Milchmädchen arbeitete, mit der er sich verlobte, die aber früh, zu früh starb:

»O Mary, sollst am Fenster stehn,
Es ist die lang ersehnte Nacht;
Dein süßes Lächeln lass mich sehn,
Das allen Reichtum ärmlich macht.
Wie trüg ich gerne jede Fron,
Ein müder Sklav von Sonn zu Sonn,
Gewänn am Ende ich den Lohn,
Die süße Mary Morison!«

War es die?
Oder eher diese:

»Mein Mädchen ist fröhlich, ist munter und frei,
Ihr Atem ist süß wie die Blüten im Mai;
Berühr ihre Lippen, das macht dich verrückt.
Ist stets gutgelaut und sorgenfrei,
Sie tanzt und sie zwinkert und lächelt dabei,
Ihre Augen blitzen erfreut und beglückt.
Ihr schlanker Hals, die Taille adrett,
Ihr Haar gelockt, ein gutes Korsett,
Ihr schlank-weißes Bein, mit dem u, s und w
Für ihr B, e, t, t und die M, ö , s, e
Und Ah, für die Freuden einer langen Winternacht!!!«

Nein, das soll Betty Paton, eine Magd auf dem väterlichen Bauernhof Lochlie gewesen sein, die nach anderen Quellen Lizzie Paton genannt wird, mit der er sein erstes, uneheliches Kind hatte. Er heiratete dann die Maurerpolierstochter Jean Armour (amour?), mit der ihn bereits Zwillinge verbanden, als sie erneut schwanger war. Diese Frau gebar insgesamt neun Kinder, das Letzte kam am 21. Juli 1796 zur Welt, als der Vater zu Grabe getragen wurde. Sollte ein solcher Mann, der mit 37 Jahren starb, nicht unsterblich sein?

Wie kamen wir auf Robert Burns, dessen Denkmal gar nicht in Perth, sondern in Dundee steht?

Perth: nicht nur Scott-Stadt, auch Burns-Stadt. Denn wir trafen ihn. Auf einer unserer schier endlosen, Füße ermüdenden Wanderungen durch Straßen und Gassen fanden wir *The Robert Burns Lounge*. Wenn nicht hier, wo dann sollte er sein? Vielleicht hatten wir Glück. Also hinein!

Eine kleine Kneipe, einige niedrige Tische, kunstlederbezogene Bänke und Stühle. Ein Tisch war mit vier Leuten besetzt, die Wirtin beherrschte die Theke, die eine der Längswände in Beschlag nahm. Hinter der Theke, unterhalb eines langen Bords mit unzähligen Whisky- und Schnapssorten, zog sich über die ganze Wand ein Spiegel hin, der uns den Eindruck vermittelte, die Kneipe sei doppelt so groß.

Die Wirtin kam an unseren Ecktisch und nahm die Bestellung auf, was eine besondere Freundlichkeit bedeutete. Nachdem die schaumlosen braunen Bitter-Biere vor uns standen, begann sie ein Gespräch über unser Woher und Wohin und über Perth. Doch, Perth sei eine schöne Stadt, ganz sicher, ob wir schon die Gegend am Fluss erforscht hätten?

Nein, antworteten wir, das Wetter sei nicht danach.

Das müssten wir aber unbedingt tun, damit wir später gut über ihre Heimatstadt reden könnten. Hatten die Leute in Perth das Gefühl, dass ihre Stadt nicht den Eindruck auf Besucher machte, den sie sich wünschten?

Wir würden sehen.

»But I'm not so think as you drunk I am!«

Als das zweite Pint leer war, fragte ich sie nach Robert Burns.

Ach, der Robert? Ja, der sei Stammgast, klar, wenn schon die Kneipe nach ihm benannt sei, einmal in der Woche käme er meistens, oft auch am Wochenende. Wenn wir Glück hätten, sie schaute auf ihre Uhr, heute sei Samstag, wenn wir

Glück hätten, könnte es sein, dass er noch käme, wenn er nicht eine andere seiner Lieblingskneipen, nämlich die *Poosie Nansie's Tavern* in Mauchline bevorzuge.

Wir hatten Glück. Nach dem dritten Pint kam er. Ich erkannte ihn sofort. Er sah nicht aus wie auf dem Denkmal in Dundee, natürlich nicht, das war wohl künstlerisch überhöht, so sehen keine Dichter aus, so stellen wir uns sie vor! Robert Burns sah aus wie damals, enge graue Beinkleider, über den Knien dunkle Lederflicken, ein dunkelgrauer langer Rock mit abgerundeten Rockschößen, ein wenig wie ein Frack, ein üppiges grünblaues Tuch um Hals und Brust, das den hohen Kragen des weißen Hemdes verdeckte. Und ein leicht lockiger, moderner Haarschnitt, nicht zu lang, mit buschigen Koteletten, die Haare in die Stirn gekämmt. Weiche, eher runde, ansprechende Gesichtszüge, nein, das war kein Bauer, dazu war der nicht geboren, das war ein Dichter, ein träumender, kein verträumter!

Er schien sich für das Wochenende fein gemacht zu haben, hatte nur vergessen, andere Schuhe anzuziehen. Die halbhohen, weichen Lederstiefel sahen zwar flott aus, eigneten sich sogar zum Tanzen, waren jedoch völlig lehmverdreckt.

Er bemerkte meinen Blick auf seine Schuhe, als er, mit dem Pint in der Hand, von der Theke kam und sich suchend im Raum umsah. Ohne zu fragen setzte er sich zu uns.

»Somethin' wrong with my shoes?«

Frech gefragt, aber mit symphatischer Stimme.

Bevor wir antworten konnten, legte er los:

»Ja, so ist das, wenn man als Bauer aufwächst, als Sohn eines erfolglosen Bauern, damned, und selber nicht viel davon abbringt, diese Ellisfarm in Dumfries gibt einfach nicht genug her.«

Ich schaute mir seine Handgelenke an, wirklich, das waren keine Bauernarme, obwohl die zarten Hände voller Schwielen waren und sehr nach harter Arbeit aussahen.

»Aber jetzt haben sie ein paar Sachen von mir gedruckt, und die Laffen da in Edinburgh sind ganz davon angetan. Willst' mal 'was hör'n? Hab' ich vor paar Tagen im Globe Inn in Dumfries den Bauerndickköppen vorgetragen, und sogar die fanden's ganz gut. Irre, was?«

Und wie ein richtiger Dichter wartete er gar nicht erst unsere Zustimmung ab, sondern legte lautstark los, unbekümmert um den Rest der Gäste:

»To a Mouse -
(An eine Maus, die ich mit ihrem Neste aufgepflügt hatte, im November 1785)
Klein furchtsam Tierchen! Welch ein Schrecken
Erfüllt dein Brüstchen, so durch Hecken
Und Furchen dich zum Lauf zu strecken?
Bleib! Nicht so jach!
Nicht setz' ich mit dem Pflügerstecken
Grausam dir nach!«

Er hub gerade zur zweiten Strophe an, als die anderen Gäste mit ihren Stühlen zu unserem Tisch kamen und sich niederließen. Nachdem die Wirtin eine Runde Pints gebracht hatte, setzte sie sich ebenfalls zu uns.

»To a Louse?« fragte eine der Frauen.
»Oh«, rief der Dichter, »das gibt es auch.«
Er blätterte.

»An eine Laus - beim Anblick einer solchen auf dem Hut einer Dame in der Kirche.
Wo willst du hin, du krabbelnder Wicht?
Nun wirklich, du stolzierst nicht schlecht
Über Flor und Litze!
Doch Nahrung, fürcht ich, findst du nicht
Auf feiner Spitze.«

Er brach ab, hob das Glas.
»Prost! Das Ding hat noch sieben Strophen, geschenkt! Ja, ja«, er summte leise vor sich hin, »to a Louse, to a Mouse and to a Mountain Daisy...«

Ein verrückter Mensch, dachte ich. Dieser verrückte Mensch unterhielt sich jetzt mit der Wirtin, die seine Geschichten schon zu kennen schien, ihnen aber nicht entgehen konnte. Das gehörte zum Geschäft, allerdings waren diese Geschichten in Versform nicht die schlechtesten.
Wir lauschten.
Der wilden Geschichte vom trunkenen Tam O'Shanter (Markttag Nacht - / Tam hat es sich bequem gemacht, / Saß nah beim prasselnden Feuer hier / Und trank das göttlich schäumende Bier). Wie er spät durch die Nacht heimreitet (das erinnert an: Wer reitet so spät durch Nacht und Wind ...) und auf Teufel und Hexen trifft (Bis alle Hexen schwitzten, dampften, / Und rissen sich vom Leib die Fetzen, / Bis sie im

Hemdchen weiterhetzten). Und eine, eine ganz junge, hatte ein besonders kurzes Hemdchen an!

Wie soll der arme Tam O'Shanter seiner Frau bloß erklären, dass er kein Geld mehr mitbringt vom Markttag, dass es ihm vom Bier grauslich geht und Maggie, der arme Gaul, durch irgendeinen Schabernack den Schwanz lassen musste?

Das konnten nur der Teufel und die Hexen gewesen sein! Well done, cutty sark!, sagte der Dichter.

Nicht nur über Mäuse und Läuse hatte Burns geschrieben, auch über den Haggis.

Was ist Haggis?

Die Frage besteht zu Recht. Gesehen hatten wir das Ding schon im Schaufenster einer Metzgerei, es hatte uns weder zum Kauf geschweige denn zum Essen animiert. Haggis besteht aus Schafsmagen gefüllt mit Hafermehl und Innereien. Man behauptet, es handele sich dabei um das schottische Nationalgericht. Die Begründung dafür lautet, Haferschleim sei seit Jahrhunderten die schottische Hauptspeise gewesen. Daraus etwas Besonderes zu machen, sei typisch schottisch. Auch an diesem Beispiel ist zu erkennen, dass die den Schotten nachgesagte übertriebene Sparsamkeit eindeutig aus ökonomisch schwierigen Bedingungen herrührt, sprich: Armut. Weiterhin soll Haggis ein sehr demokratisches Gericht sein, sein Genuss sei in allen Bevölkerungsschichten verbreitet. Vorstellen kann ich mir das nur aus einem speziellen Anlass:

Weltweit feiern Schotten am 25. Januar den Geburtstag des Haggis-Dichters, um ihn und seinen Würste-Text zu würdigen:

To a Haggis

Fair fa' your honest, sonsie face,
Great Chieftain o' the Puddin-race!
...
Dein feines Gesicht sei von Glück erhellt,
Du Häuptling in der Würste-Welt!
...

Jackie Blackwood schreibt dazu:

»Höhepunkt des Burns Supper ist das von Dudelsäcken begleitete Auftragen des 'Häuptlings der Puddingrasse' (Haggis). Und jede Menge Whisky zum Runterspülen. 500.000 dieser Gelage soll es weltweit geben. Selbst im Kreml finden sich bis zu 800 Besucher ein, dort ist Burns anscheinend nach Puschkin der populärste Dichter.«

Zu erwähnen sei noch, dass Haggis nicht nur eine historisch bedingte, demokratische Nationalspeise ist, sondern ihm auch noch, durch den Gebrauch des Tiermagens als Behälter, ein Zug zum Barbarischen aneignet, das den Schotten eh am Herzen liegt (man denke nur an den Sport, Baumstämme auf bloßen Händen so weit wie möglich zu tragen...). Wir hatten uns das Ding im Schaufenster angesehen: da würde man sicher jede Menge Whisky zum Runterspülen brauchen!

Besser hatten uns auf jeden Fall *Schottische Eier* geschmeckt. Wer dem Haggis entgehen und weniger Whisky trinken möchte, sollte sich mit diesem Rezept beschäftigen, das wir aus eigener Erfahrung empfehlen können:

Schottische Eier *(nach Anne Wilson)*
gut geeignet für ein Picknick

250 g Wurstbrät
1 kleine geriebene Zwiebel
2 EL Paniermehl
1 Ei, getrennt
1 EL gehackte frische Petersilie
Salz, Pfeffer
1 Msp. Muskatnuss
4 hartgekochte Eier
75 g Paniermehl, zusätzlich
Öl zum Frittieren

Zunächst Wurstbrät, Zwiebel, Paniermehl, Eigelb, Petersilie, Salz, Pfeffer und Muskat in eine Schüssel geben und verrühren.

Die Mischung in vier Portionen teilen. Jede Portion mit nassen Händen so flachdrücken, dass man damit ein Ei umhüllen kann. Den Fleischteig um das Ei festdrücken. Mit den restlichen Portionen wiederholen.

Dann die Eier mit leicht geschlagenem Eiweiß bestreichen und in Paniermehl wälzen.

Das Öl in einer tiefen, schweren Pfanne erhitzen. Die Eier in das Öl legen und bei mittlerer Hitze in acht Minuten knusprig frittieren. Aus dem Öl nehmen. Abtropfen lassen.

Dazu tranken wir schottisches Bier. Man kann aber auch frische Milch nehmen oder glasklares Wasser aus schottischen Bächen.

Zurück vom Bauch zum Kopf. Es gab auch den politischen Burns, der Adel und Kirche in seinen Versen kritisierte. Und eins seiner Gedichte mit einem Aufruf zur Revolution wurde zum Kampflied der Arbeiterklasse zu Beginn des 19. Jahrhunderts. Von Ferdinand Freiligrath übersetzt, einem Verfechter der Revolution von 1848, erschienen solche Texte in Deutschland.

»Kennt ihr die Ode an den Frühling?«

Burns holte ein zerknittertes Blatt aus der Innentasche seines Rockes.

»Ganz neu, Leute - und kaum zu glauben, das kommt an. Wenn das so weitergeht, kann ich den verfluchten Bauernhof endlich aufgeben. Also hier«, er knallte das Papier auf den Tisch wie den Pikbuben beim Skat, »lest selbst. Jenny, wo bleibt das Bier?«

Ächzend erhob sich die Wirtin, um ihren Pflichten zu genügen. Als ich ihr halblaut nachrief, die neue Runde käme auf mein Konto, war das dem Ohr des Dichters nicht entgangen. Dafür dürfe ich es auch als Erster lesen, er schob mir das Blatt zu.

Zierliche Buchstaben, mit spitzer Feder, in lateinischer Schreibschrift, das war gut zu erkennen.

Ich las.

Ode an den Frühling.

Wenn niedliche Hasen auf taufrischem Rasen
Sind früh schon beim Rammeln zu sehn, Sir;
Wenn Vöglein auf Zweigen in fröhlichem Reigen
Frei vögeln im Blattwerk so grün, Sir;

Sieht Letos Sohn gar lüstern an
Der Frau Natur Impülse,
Bis sein Pimmel siegt, und westwärts er fliegt
Zu Madame Thetis' Hülse.

Das Tal herunter ein Bächlein so munter
Springt plätschernd durch den Hag, Sir;
Umspielt ein Beet, das voll Blümelein steht,
Die mit Blütenduft füllen den Tag, Sir.
Einst Damon lag da mit Sylvia,
Sie liebten sich herzlich und nackt, Sir,
Bei Vogelsang und Echoklang
Und Damons Arsch schlug den Takt, Sir.

Mit langem Hub und tiefem Schub
Folgt' erst er der Drossel, 's wahr, Sir;
Die Amsel kam nächst, ihr klangvoller Text
War kräftiger, stark und klar, Sir;
Des Hänflings Lied fuhr ihm dann ins Glied,
Und die Lerche stieg wie toll, Sir,
Bis Damons Arsch den Takt vergaß
Und fickte ganz falsch in Moll, Sir.

Nur gut, dass Queen Victoria noch nicht lebte, sonst wären solche Texte sicher nicht zu veröffentlichen gewesen. Aber selbst Queen Victoria ..., da gab es einen Mr. Brown, nicht erst die verunglückte Prinzessin Diana hatte ihren Rittmeister ..., doch die Gazetten, die sie schon als 'Mrs. Brown' bezeichneten, taten ihr sicher Unrecht. Die eher platonische

Beziehung zu ihrem Privatsekretär führte die Königin nach dem Tode ihres Mannes aus Depressionen zurück und machte ihr wieder Lust zum Regieren. So berichten wohlmeinende Stimmen. Was Queen Victoria ihrem Wildhüter wirklich schrieb - und vielleicht mit ihm trieb - , ist neueren Presseberichten zufolge den Liebesbriefen zu entnehmen, die jüngst in einer Truhe auf dem Dachboden eines Hauses in der Nähe des Schlosses Balmoral gefunden worden sein sollen. Eine Nachfahrin Mr. Browns machte die Papiere Filmemachern zugänglich. Wir werden die Kinolandschaft in nächster Zeit beobachten müssen!

Burns hatte sich inzwischen den anderen Leuten zugewandt, sie redeten über irgendwelche Leute aus Perth, über die sie sich herzlich zu amüsieren schienen.

Langsam spürte ich das Bier, von dem man, deutschen Gerstensaft gewohnt, meint, einiges vertragen zu können. Auf dem Weg zur Toilette sah ich zwangsläufig in den großen Spiegel hinter der Theke. An mir vorbei blickte ich in die Tiefe des scheinbaren Raumes, sah die südschottische Landscape, den ärmlichen Bauernhof, die schuftenden Eltern, Robert und seinen Bruder bei der Landarbeit, sah die Brauereien und landwirtschaftlichen Brennereien und Whiskydestillen, die der spätere Zoll- und Steuerinspektor Robert Burns berufsmäßig aufsuchen musste. Ach, die Dichtung allein war zwar nicht ganz brotlos, aber oft fehlten das Fett und der Aufschnitt...

Als ich zurückkam, war er fort.

Jenny, die Wirtin, murmelte etwas von einer favourite

woff, einer weiteren Stammkneipe, wohin es den Dichter getrieben hatte.

Auch wir verabschiedeten uns, Jenny und die restlichen Gäste wünschten uns lautstark happy holidays, und als wir aus der Tür wankten, sagte Jenny noch einmal schnell:

»Und denkt dran, Perth ist eine schöne Stadt. Denkt an den Fluss!«

Wir waren inzwischen völlig überzeugt, in der schönsten Stadt Schottlands zu weilen, ohne Zweifel. Auf der anderen Straßenseite stieß Ilse mich an.

»Guck mal, der Kneipenname!«

Ich schaute auf.

Über der Burns-Lounge stand jetzt in hölzernenLettern:

Hole i' the Wa.

Loch in der Wand, der Name von Robert Burns' Lieblingskneipe am Queensferry Square in Dumfries, wo heute noch Erinnerungsstücke an den Dichter gezeigt werden.

»Hole i' the Wa, hol's der Teufel«, murmelte ich.

Wir hatten noch vier Kilometer zu Fuß bergauf bis zu unserer Camping-Site vor uns, und wir waren ganz schön fou and unco happy. Jenny hätte gesagt: drunk!

Es regnete sacht.

Der nächste Tag brachte Sonne, wir erwischten ausnahmsweise den Bus in die Stadt, die schöne Stadt Perth am behäbig dahinfließenden Tay, der sich der Stadt Dundee zuwälzt, dem Meer entgegen.

Ein Spaziergang in westlicher Richtung am stadtseitigen Ufer entlang. Riesige Rasenflächen waren freigegeben für vereinslose Golfer, die ihre Ausstattung gleich von der Arbeit mitbrachten. Nach Feierabend golfte man ein Stündchen, traf sich mit Freunden auf dem *link*, um ein paar Schläge zu tun. Dort war auch genügend Platz für Spaziergänger, die keine Angst zu haben brauchten, dass ihnen die weißen Bällchen an die Köpfe flogen. Angler saßen am Ufer, nur wenige Menschen begegneten uns auf dem Pfad, der enger und wilder wurde. Am gegenüberliegenden Ufer lagen vereinzelt Villen, gepflegte Gärten waren zu sehen, dann ein Bauernhof, eine Entenschar pusselte an der Flussböschung.

Wolkenballen jagten am Himmel, sorgten für den Wechsel von Licht und Schatten. Der Wind trieb uns zurück, bei einer Golfergruppe blieben wir hängen. Das handicap für das nächste *hole* war ein Teich. Ball auf Ball landete im Wasser, als die Spieler erfolglos weiterzogen, blickte ich genauer hin: der Teichgrund war übersät mit weißen Kugeln. Nicht nur diese Gruppe hatte wohl ihre Schwierigkeiten an dieser Stelle. In einem Schaufenster hatte ich Golfbälle für drei bis sechs Mark gesehen. Sonderanfertigungen kosteten mehr. Einen Moment lang überlegte ich, mir einen Käscher zu kaufen und Golfbälle zu angeln.

»Lass es«, sagte Ilse, »wir sind auf Tour!«

»Wir sind gar nicht auf Tour«, erwiderte ich, »wir stagnieren. Die Karre ist in der Werkstatt. Und teuer wird das. Wäre nicht verkehrt, Geld zu verdienen.«

Ich gab nach. Wir besuchten den Bellwood Riverside Park mit den Branklyn Gardens, der in östlicher Richtung auf der anderen Flussseite lag. Eine heitere, besinnliche Stimmung herrschte dort - the fair town! - , wenige Besucher, freie Bänke zum Ausruhen. Die Gärten waren früher einmal durch eine Art Arbeitsbeschaffungsmaßnahme angelegt worden. Einige kleine Villen der *belle epoque* hatten es mir angetan, mit ihren Holzvorbauten, dem rosafarbenen Verputz. Verwinkelte, zweigeschossige Gebäude, die über dichtes Buschwerk hinweg auf den Fluss lugten.

Als wir auf einer Bank unser Picknick machten, fuhr langsam der Zug nach Dundee über eine schmale Hängebrücke. Den würden wir morgen nehmen. Dann sollte es zum Firth of Tay und zur Brücke am Tay gehen.

Vergessen war die regnerische Stimmung, die den Schotten nichts ausmachte, die ohne Regenkleidung durch die Stadt liefen, manche der jungen Männer in T-Shirts. Vergessen die langsam weich und schlammig werdende Wiese vor unserem Zelt, wo wir eine dicke Tageszeitung in den Eingang gelegt hatten, um den Matsch aufzusaugen. Verdrängt auch für Augenblicke die auf uns zu kommende Rechnung der Werkstatt.

Perth war eine schöne Stadt.

Die Brücke am Tay

(Ein freier Platz. Donner und Blitz. Drei Hexen treten auf.)

Erste Hexe:
Sagt, wann ich euch treffen muss:
In Donner, Blitz oder Regenguss?
Zweite Hexe:
Wann der Wirrwarr ist zeronnen,
Schlacht verloren und gewonnen.
Dritte Hexe:
Noch vor Untergang der Sonnen.
Erste Hexe:
Wo der Platz?
Zweite Hexe:
Der Heide Plan.
Dritte Hexe:
Da wolln wir dem Macbeth nahn.
Erste Hexe:
Ich komme, Murner.
Alle:
Molch ruft auch; - sogleich!
Schön ist wüst, und wüst ist schön,
Wirbelt durch Nebel und Wolkenhöhn!

(Sie verschwinden)

So beginnt die erste Szene im ersten Akt des *Macbeth* vom großen William Shakespeare aus Stratford upon Avon. Nun liegt dieser Ort im tiefsten ureigentlichen England, was hat das mit Schottland zu tun?

Schuld hat mal wieder ein Dichter, ich kann es nicht ändern. In diesem Fall ein deutscher:

Theodor Fontane. Der reiste im August 1858 mit seinem Malerfreund Bernhard von Lepel von London aus nach und durch Schottland und hinterließ uns das köstliche Reisebuch *Jenseit des Tweed*. Aber auch das ist noch nicht des Rätsels Lösung. Nach Jahren, längst wieder daheim in Berlin, las Fontane in seiner geliebten Vossischen Zeitung über ein Unglück am Firth of Tay.

Die Katastrophe berührte ihn tief - und eine Ballade entstand: Die Brück am Tay. Am Anfang lässt Fontane in Anlehnung an sein Vorbild drei Hexen auftreten.

Ich gehöre zu der Generation, die diesen Text in der Schule auswendig lernen mussten. Im Gegensatz zu manchen anderen Gedichten fanden wir Schüler die Fontane-Balladen recht interessant.

Dies ging mir durch den Kopf, während uns am nächsten Tag der *Diesel-Sprinter* der schottischen Eisenbahnen von Perth nach Dundee schaukelte. Links der Eisenbahnlinie konnten wir die Ausläufer der Sidlaw Hills erkennen, dunkelgrün bewachsen, wolkenverhangen. Auf der anderen Seite erstreckte sich eine flache Ebene mit Wiesen und Weiden im Tay-Tal, bis wir kurz vor Dundee die ersten Blicke auf die grauschwarzen Wasser des Firth werfen konnten. Es regnete.

Schräg schlugen die Wasserspritzer gegen die Fensterscheiben, dann und wann durchzog der Duft der Auspuffgase das Abteil. Abgesehen davon war es gemütlich im gutgeheizten Zug, uns fröstelte nur, wenn wir daran dachten, gleich hinaus zu müssen in die graue Stadt am Meer.

Hinaus und zu Fuß durch die Stadt. Wir zogen die Reißverschlüsse der Regenjacken und die Schnüre der Kapuzen zu. Ich steckte zum ersten Mal auf der Reise in der dickeren meiner beiden Wetterjacken, in der mit dem eingeknöpften Futter.

Dundee war wesentlich größer als Perth, industrieller, unpersönlicher, aber auch großzügiger, was die Platzgestaltung betraf. Die viertgrößte Stadt Schottlands, von verblassendem Glanz. Auf einem der Plätze machten wir unsere Picknick-Pause, im Regen auf Steinstufen sitzend, nur unzulänglich geschützt durch die Andeutung von Arkaden. Wegen seiner drei 'J' soll Dundee berühmt gewesen sein: Jute, Jam und Journalism. Juteindustrie tauchte auch in der Beschreibung von Perth auf. Spötter sagten dazu: Die Tage der Jute seien vorbei, Marmelade würde nur noch in kleinen Mengen gekocht und Dundees Beiträge zum Journalismus beschränkten sich auf Comicstrips im Sunday Express...

Am freien Hafengelände peitschte uns der Regen entgegen, so dass wir uns nur kurz einige Schiffe ansahen. Fest vertäut rieb sich am Kai der Rest des ehemaligen hölzernen Kriegsschiffes *Unicorn* von 1824, ohne Masten, ohne Aufbauten, ein trauriger Anblick. Ein Schild lud zur Besichtigung ein, wir verzichteten. Stärker interessierte uns ein kleiner Dreimaster aus heutiger Zeit, die *Winston Churchill*, schoner-rah-getakelt, auf dem interessierte junge Leute mitsegeln durften. Leere Bierkästen in der Plicht deuteten auf ein paar Tage Hafenaufenthalt hin. Dahinter, auch für immer vertäut wie die Unicorn und Teil des maritimen Museums, lag die *North Carr*, ein Feuerschiff. Knallrot mit weißer Beschriftung, wie sich das gehörte. Ein schwimmender Leuchtturm. Das war *die* Gelegenheit!

Doch die Leuchtturmmalerin schüttelte traurig den Kopf.

»Aquarellmalen bei Regen? Das hat noch keiner erfunden. Ich mach' nur eine Skizze.«

In einem Nebenhafen lag das Versorgungsschiff *Discovery* des Südpolarforschers Robert Scott, eine hölzerne Dreimastbark, die heute noch anklagend ihre Masten und Rahen in den grauen Himmel erhebt, denn nach Erreichen des Südpols im März 1912 starben Scott und seine Mannschaft auf dem Rückweg an Entkräftung. Im Bewusstsein zu spät gekommen zu sein! Einige Wochen vorher hatten Roald Amundsen und seine Leute den Südpol mit der norwegischen Flagge markiert. Die schlauen Norweger hatten ihre Lebensmitteldepots für den Rückweg dreifach angelegt, jeweils auf gleicher Höhe in mehreren Kilometern Abstand. So konnten sie, wenn sie ein Depot verfehlten, immer noch eins der anderen finden. Die technikbegeisterten Schotten dagegen hatten sogar versucht, mit nicht ausgereiften Motorschlitten auf Tempo zu setzen, was misslungen war und unnötig Kräfte und Zeit gekostet hatte.

Der Eintrittspreis von 4,50 Pfund pro Person im benachbarten Museum 'Discovery-Centre' schreckte uns ab, so dass wir lieber - Eintritt frei - ins städtische Museum gingen und uns eine Ausstellung des heimischen Künstlers Tom McKendrick mit dem Titel 'Iron' ansahen. Die Kunstwerke zeigten anschaulich die geschichtliche Entwicklung der Eisenverhüttung, scheinbar seltsame Maschinen und Geräte oder Teile davon starrten uns an, in und hinter manchen Kunstwerken glühte es rötlich, fast meinten wir den Geruch von Kohlenfeuer und die Nässe von heißem Wasserdampf zu spüren.

Die Kunst wärmte, erinnerte uns an die Heimat, an das Ruhrgebiet, ließ die schaudernden Gedanken an antarktische Kälte in den Hintergrund treten. Angenehmer noch empfanden wir den anschließenden Aufenthalt in der Museumscafeteria, wo uns heißer Tee weiter aufheizte.

Hinter dem Museum öffneten sich zwei Plätze mit Standbildern.

Auf dem ersten Sockel lag mehr als er saß - wie schon erwähnt - unser geliebter Robert Burns, der sich auch durch den Regen nicht davon abhalten ließ, seine Highland-Mary anzuhimmeln. Gerade und korrekt saß, nein, thronte dagegen ein Stück weiter Queen Victoria. Wie eine große Pyramide erhob sie sich auf breitem Sockel mit umlaufendem Fries, auf dem ihr von den Untergebenen gehuldigt wurde, wie es schon seit den Zeiten der ägyptischen Könige gern dargestellt wird. Die Pyramide begann oben mit der Krone, setzte sich mit den Haaren, einem Umhang über den Armen und in einem weit auslaufenden Kleid fort, das ihre Füße unsichtbar machte. In den Händen trug sie die Kroninsignien, schräg über der Brust eine Schärpe. Ein strenger und ernster Blick traf uns. Nun ja, schließlich war sie Königin von Großbritannien und Irland gewesen, Kaiserin von Indien. Man nannte sie (1819 - 1901) die Großmutter Europas, weil sie durch eheliche Bindungen ihrer neun Kinder mit nahezu allen europäischen Fürstenhöfen verwandt war. So auch mit dem deutschen Kaiser Wilhelm II., einem ihrer Enkel.

Das nach ihr benannte Viktorianische Zeitalter prosperierte nicht nur in wirtschaftlicher und kolonialer Hinsicht, sondern gilt heute noch als besonders prüde. Wie so oft, wenn eine Sache nach jemandem benannt ist, verhält sich die Wirklichkeit ganz anders. Oder die Person.

Nach neuesten historischen Erkenntnissen hatte die kluge Queen nicht nur engen Kontakt zu ihrem Vetter-Ehemann Albert von Sachsen-Coburg-Gotha. Vielleicht hätten die derben Liebesgedichte des Robert Burns doch gedruckt werden können. Es musste einen Grund haben, dass ausgerechnet diese beiden in enger Nachbarschaft in Dundee gegen die graue Wolkendecke blickten - oder durch sie hindurch in irgendwelche nur ihnen bekannte Himmel.

Wir verließen sie, wanderten weit hinaus aus der Stadt, landeinwärts, zum Schlund des Firth of Tay, an endlosen Kaimauern vorbei, kämpften gegen den Strichregen, gegen das Grau, gegen das Wetter, das ähnlich war wie damals.

Damals, als der Zug über die neue Brücke kam. Die Brücke über den Tay, die Brück am Tay.

Die mit 3.155 Metern damals längste Eisenbahnbrücke der Welt, 1878 eingeweiht, wurde hochgelobt. Auf 86 verstrebten Stützpfeilern schob sich das Bauwerk in elegantem Bogen über das Wasser, den Bauch gegen das Meer gestreckt, dessen stürmischen Winden damit getrotzt werden sollte, ähnlich wie die Bögen von Staumauern sich dem Wasserdruck entgegenstemmen. Das dritte 'J', der Journalism, überschlug sich mal wieder im Lob der Technik. Ähnlich wie im Eisenbahnbau lag Großbritannien auch im Brückenbau weltweit vorn. Die erste Eisenbrücke der Welt wurde in Coalbrookdale in Wales gebaut. Eine der ersten Hängebrücken war die Menai Bridge in Wales, über die wir - sie hält immer noch - im Sommer 1990 mit den Fahrrädern gefahren waren und deren Drahtseile uns an überdimensionierte Fahrradketten erinnert hatten. Die 1883 mit einer neuen Technik gebaute Brücke über den Firth of Forth bei Edinburgh war die größte der Welt. Ihre Ästhetik, ihre Formen und Maße trotzen uns heute noch Bewunderung ab.

Von hier, von Edinburgh, kommt in einer Nacht der Weihnachtstage 1879 der fahrplanmäßige Zug. Der stürmische Wind hat zugenommen und erreicht nach und nach Orkanstärke. Die 75 Passagiere wollen schnell nach Hause, um mit ihren Angehörigen zu feiern.

Langsam nähert sich der Zug der Brücke, durch das Dunkel blitzen schwach einzelne Lichter der Stadt Dundee. Nur dreieinhalb Kilometer, die Brücke noch, dann ist wieder Festland erreicht, kurz darauf der Bahnhof. Dann kann man die Kutsche nehmen.

Von der Nordsee, dem deutschen Meer, drückt der Sturm in den enger werdenden Schlund des Firth of Tay. Der Trichter erhöht die Geschwindigkeit des Windes, die höher ist als die des Zuges. Zu jener Zeit ist die Eisenbahn das schnellste und modernste Verkehrsmittel.

Und die Brücke, die moderne Brücke, eine grandiose Ingenieurleistung! Viel Vertrauen setzen die Menschen in die Technik. Auch in dieser Nacht. Niemand kommt auf die Idee, den Zug zu stoppen. Kein vorgesetztes Bahnpersonal erteilt eine Weisung. Der Brückenwärter lässt den Zug fahren, beobachtet, wie die roten Schlusslichter in Sturm und Dunst langsam verblassen. Sieht sie plötzlich, zu früh, ganz und abrupt verschwinden. Wittert Gefahr, läuft über die Schwellen, läuft in das Dunkel der Nacht hinaus, tief unter sich das tobende Meer, zwischen den Schwellen Leerraum, tagsüber könnte er bis auf das Wasser schauen. Todesmutig kämpft der Brückenwärter gegen den Sturm, gegen die Gefahr, vom Wind in die Tiefe geschleudert zu werden.

Und dann - ist Schluss. Der nächste Schritt ginge ins Leere. Die Brücke ist weg! Ein ganzes Brückenteil hat der Orkan mitsamt Zug und Passagieren in die Tiefe gerissen.

Und wieder hatte das dritte 'J', hatten die Zeitungen zu tun. Europa- und weltweit wurde berichtet. Auch in Berlin in der *Vossischen*. Ein Unglück war geschehen, das einen Vorgeschmack auf ein späteres noch größeres gab, das im Nordatlantik stattfand. Im Gegensatz zur versunkenen *Titanic* konnte die Lok des Unglückszuges geborgen werden und tat nach einer Generalüberholung erneut ihren Dienst. Es wurde nie ganz geklärt, ob Material- oder Konstruktionsfehler das Unglück verursacht hatten. Schlampereien beim Bau der Brücke wurden im Nachhinein entdeckt, an etlichen Stellen fehlte ein Teil der Bolzen, schlecht verarbeitete Stellen waren mit Ruß überschmiert worden. Möglicherweise hatte der Konstrukteur die Kräfte des Windes nicht richtig berechnet und die Statik der Brücke zu schwach ausgelegt. Er wurde zum Schuldigen gebrandmarkt und setzte, als er die öffentlichen Kampagnen nicht mehr aushielt, seinem Leben ein Ende.

Das Bauwerk wurde abgerissen. Knapp zehn Jahre später schwang sich in Sichtweite der noch aus dem Wasser ragenden alten Grundpfeiler eine neue Brücke über den Firth.

Sie steht noch.

Langsam kamen wir ihr näher. Auf den im Wasser verankerten Steinpfeilern erhoben sich durchbrochene Stahlpfosten, die das Kreuzgeflecht der Brückenteile trugen. Weit, weit in der Mitte des Meereseinschnittes sahen wir höhere, hängende Brückenteile, danach wieder zwischen den Pfeilern tragende Elemente. Unendlich lang zog sich das hin, verschwand irgendwo im Dunst, das andere Ufer war nicht zu sehen, das schien uns weiter entfernt zu sein als drei oder vier Kilometer. Dahinten, nach Süden zu, lag irgendwo Edinburgh, von dort nahte damals der Zug, musste er auch heute kommen, trotz Wind und Wetter, wenn nichts dazwischen kam. In regelmäßigen Abständen waren am Uferzaun Rettungsringe angebracht; ob die wohl nützen würden? Wir lehnten uns an das Drahtgitter, versuchten den Dunst mit den Augen zu durchdringen. Auch die schwarzen Punkte der alten Pfeilerreste im Wasser konnten die Stimmung nicht verbessern. Unwillkürlich versuchten wir uns die in die Tiefe stürzenden Waggons vorzustellen. Die Wellen des Firth platschten gegen das Ufer, der graue Regen rann, der Wind stand landeinwärts, alles war bereit.

Auch ich hatte mich vorbereitet. Zog, wie Robert Burns in der Kneipe, einen Zettel mit einem Text aus der Jackentasche. Doch nicht meinen eigenen.

Nein, hier schien es mir angebracht, die Ballade des altvorderen Dichters, der jetzt 99 Jahre tot war, zu deklamieren.

Jenseit des Tweed, jenseit des Tay!

Ilse hatte es bis zuletzt nicht geglaubt, wollte sich ausschütten vor Lachen. Immerhin verbesserte das ein wenig ihre Laune. Mir war das ernst, wie ich ihr versicherte.

»Eigentlich ...«, deutete ich an.

»Was eigentlich?«

»Eigentlich hatte ich die Idee, in Dundee in den Zug Richtung Edinburgh zu steigen und auf dem Rückweg genau über der Stelle, wo es passiert ist, den Passagieren die Ballade vorzulesen.«

Einen Moment lang verschlug es ihr die Sprache.

Dann kam *das* Argument, ich hätte es wissen müssen.

»Hast du das Ding denn in Englisch da?«

»Hm, 'türlich nicht. Schon gut, ich lass es. Aber auf Deutsch, in meiner Heimatsprache, das darf ich, oder?«

Die Antwort verwehte der Wind.

Da sich kein Mensch, kein Fußgänger und sonst niemand bei diesem Wetter an diese windige Stelle unter den Pfeilern der Brücke am Tay verirrt hatte, begann ich:

Theodor Fontane

DIE BRÜCK AM TAY
(Dezember 1879)

When shall we three meet again?
(Macbeth)

»Wann treffen wir drei wieder zusamm?«
»Um die siebente Stund, am Brückendamm.«
»Am Mittelpfeiler.«
»Ich lösche die Flamm.«
»Ich mit.«
»Ich komme von Norden her.«
»Und ich von Süden.«
»Und ich vom Meer.«
»Hei, das gibt einen Ringelreihn,
Und die Brücke muss in den Grund hinein.«
»Und der Zug, der in die Brücke tritt
Um die siebente Stund?«

»Ei, der muss mit.«
»Muss mit.«
»Tand, Tand
Ist das Gebilde von Menschenhand.«

Auf der Norderseite das Brückenhaus -
Alle Fenster sehen nach Süden aus,
Und die Brücknersleut ohne Rast und Ruh
Und in Bangen sehen nach Süden zu,

Sehen und warten, ob nicht ein Licht
Übers Wasser hin 'Ich komme' spricht,
'Ich komme, trotz Nacht und Sturmesflug,
Ich, der Edinburger Zug.'

Und der Brückner jetzt: 'Ich seh einen Schein
Am anderen Ufer. Das muss er sein.
Nun, Mutter, weg mit dem bangen Traum,
Unser Johnie kommt und will seinen Baum,
Und was noch am Baume von Lichtern ist,
Zünd alles an wie zum Heiligen Christ,
Der will heuer z w e i m a l mit uns sein -
Und in elf Minuten ist er herein.'

Und es war der Zug. Am Süderturm
Keucht er vorbei jetzt gegen den Sturm,
Und Johnie spricht: 'Die Brücke noch!
Aber was tut es, wir zwingen es doch.
Ein fester Kessel, ein doppelter Dampf,
Die bleiben Sieger in solchem Kampf,
Und wie's auch rast und ringt und rennt,
Wir kriegen es unter, das Element.

Und unser Stolz ist unsre Brück;
Ich lache, denk ich an früher zurück,
An all den Jammer und all die Not
Mit dem elend alten Schifferboot;
Wie manche liebe Christfestnacht
Hab ich im Fährhaus zugebracht
Und sah unsrer Fenster lichten Schein

Und zählte und konnte nicht drüben sein.'
Auf der Norderseite das Brückenhaus -
Alle Fenster sehen nach Süden aus,
Und die Brücknersleut ohne Rast und Ruh
Und in Bangen sehen nach Süden zu;
Denn wütender wurde der Winde Spiel,
Und jetzt, als ob Feuer vom Himmel fiel,
Erglüht es in niederschießender Pracht
Überm Wasser unten... Und wieder ist Nacht.

»Wann treffen wir drei wieder zusamm?«
»Um Mitternacht, am Bergeskamm.«
»Auf dem hohen Moor, am Erlenstamm.«
»Ich komme.«
»Ich mit.«
»Ich nenn euch die Zahl.«
»Und ich die Namen.«
»Und ich die Qual.«
»Hei!
Wie Splitter brach das Gebälk entzwei.«
»Tand, Tand
Ist das Gebilde von Menschenhand.«

Noch plastischer stand uns jetzt das Geschehen zur Weihnachtszeit 1879 vor Augen - und dann kam der Zug.

Ein Punkt, ein kriechendes Etwas, die Augen schienen sich getäuscht zu haben, das bewegte sich, kam auf uns zu, das kroch da entlang, langsam, unendlich langsam, kam näher, hatte jetzt die halbe Strecke hinter sich, erreichte die

Mitte der Brücke mit den höheren Tragebögen, der Zug verschwand hinter den Streben, nichts, nichts sahen wir mehr, die Brücke stand, sie hielt, der Wind hatte nicht nachgelassen, blies aber nicht in Orkanstärke, da, der Zug tauchte wieder auf, schob sich weiter über die flacheren Brückenteile, von Pfeiler zu Pfeiler, waren es wieder sechsundachtzig, oder hatte man aus Sicherheitsgründen mehr in den schlammigen Meeresboden gerammt, der Zug kam, es war ein Dieseltriebwagen, ein Sprinter, wie wir ihn genommen hatten von Perth nach Dundee, da war der Zug aus Edingburgh, fahrplanmäßig, wahrscheinlich sogar pünktlich, plötzlich ganz nah, wir erkannten die Fenster, dahinter Passagiere, ein leichtes Abgaswölkchen schwebte über dem Dach des Motorwagens, dann rauschte er vorbei, über die farbenfroh gestrichene Straßenbrücke, Eisenräder klapperten durch Weichen, klangen, quietschten, nur schwach noch hörten wir die Bremsen bei der Einfahrt in Dundee-Station.

Langsam wandten wir uns um. Immer noch wehte der Wind von der Nordsee herein, trieb uns den Regen wie Nadelstiche in die Gesichter. Heute war der 21. Juni, Sommersonnenwende, der längste Tag des Jahres. Heute würde es lange hell bleiben.

Über den Wolken.

Zu Fischerhäfen und Schatzinseln

Wir schwebten in keiner Weise über den Wolken, im Gegenteil, wir wurden recht unsanft auf den Boden der Tatsachen geholt, als uns in der Werkstatt vom Chef selbst mit sehr freundlichen und ausgewählten Worten die Rechnung überreicht wurde. Zwei Sessel waren anscheinend für solche Fälle in die Nähe gestellt worden, doch blieben wir standhaft wie Ivanhoe oder der enterbte Ritter. Als ich die Endsumme las, hätte ich gern einen Kreuzzug gegen die Firma Renault auf den Weg gebracht, mit der Vorhut aus Mitgliedern eines schottischen Highland-Clans.

Heute wurde das anders geregelt. Wir zückten unsere Kreditkarte, unterschrieben zweimal irgendwelche Papiere, erhielten das Wunderkärtchen zurück und mit einem unwiderstehlichen schottischen Lächeln den Autoschlüssel überreicht.

Die besten Wünsche für unsere Weiterfahrt sollten uns begleiten - und ob denn Perth nicht wirklich eine schöne Stadt sei?

Ja, auf jeden Fall, wir konnten es inzwischen guten Gewissens bestätigen.

Ungefähr zwei Monate lang waren wir nun unterwegs. Welcher Tag war heute? Wir kamen schnell damit durcheinander, weil das genaue Datum nach und nach seine Bedeutung verlor. Wichtig waren die Wochentage zum Einkaufen, Samstage und Sonntage störten uns nur. Als besonders gefährlich hatten sich so genannte Bankfeiertage herausgestellt, weil sie in jedem Land besonders geregelt und über das Jahr verteilt sind. Von ihnen konnte man böse überrascht werden, denn nicht nur die Banken hatten an solchen Tagen geschlossen. Die Pubs waren davon ausgenommen.

Wir verließen Perth, hielten nach Norden zu, an der Ostkünste entlang in Richtung Fraserburgh.

Auf dem Weg zu den Hebriden reisten im Jahr 1771 zwei Männer an dieser Küste entlang, von Dundee nach Abroath, Montrose und Aberdeen, über die es sich lohnt nachzudenken. Wir erwähnten sie bereits am Anfang unseres Berichtes: jenen schottischen Reiseschriftsteller James Boswell und seinen Gefährten Dr. Samuel Johnson. Die Reise war sehr ergiebig, denn es liegen uns heute nicht nur das Tagebuch einer Reise nach den Hebriden mit Dr. Johnson von Boswell vor, wozu er als Reiseschriftsteller wohl verpflichtet war, sondern auch das Tagebuch des Schriftstellers und Sprachwissenschaftlers Dr. Johnson, der allein ein englisches Wörterbuch geschaffen hat, vergleichbar mit der Leistung der Brüder Jakob und Wilhelm Grimm. Boswell und Johnson reisten mit Postkutsche, Pferd und Esel über Land und zu den Inseln mit kleinen Segelbooten. Wenn es ihnen unterwegs schlecht erging oder sie sich langweilten, was einige Male wohl vorkam, pflegten sie sich über irgendwelche Themen philosophischer Art zu unterhalten. Besonders wichtig wurde dieser Zeitvertreib in einsamen Gasthöfen, die zwar eine Bettstatt für die Nacht, aber kein Essen zu bieten hatten.

So plauderten sie zum Beispiel über den in London angeklagten Eustace Budgells, der sich in die Themse stürzte, bevor es zur Gerichtsverhandlung kam.

Boswell:
»Gesetzt den Fall, es muss einer, falls er noch ein paar Tage länger lebt, damit rechnen, eines Betrugs überführt zu werden, was für ihn Schande und gesellschaftliche Ächtung zur Folge hätte.«
Johnson:
»Dann soll er lieber ins Ausland gehen, irgendwohin, wo er unbekannt ist; nicht zum Teufel, wo er bekannt ist.«
So vergingen die Reiseetappen beim munteren Geplauder sicherlich im Nu.

Weil beim Regen in Dundee das Feuerschiff nicht zu malen gewesen war, hielt Ilse auf unserer Küstenfahrt besonders intensiv Ausschau nach Leuchttürmen. Dieser Teil der Reise wurde überwiegend unter maritimen Gesichtspunkten absolviert, zumal mich ebenfalls alles interessierte, was mit Seefahrt zu tun hatte - soweit ich das von Land aus begutachten konnte. Auf's Wasser hatte ich mich bisher mittels Segelboot nur auf das holländische Ijsselmeer getraut - und unsere abenteuerlichste Schiffsreise ging mit einem winzigen Motorboot von Guadeloupe über das Karibische Meer zu den Inseln der Heiligen. Ansonsten befuhr ich die Weltmeere mit dem Finger auf der Landkarte, oder besser Meereskarte, und las die Berichte über Weltumsegler, von Maghellan und James Cook über Joshua Slocum und Bernard Moitessier bis zu Winfried Erdmann oder Rollo Gebhard. Burkhard Pieske mit seinem Wikinger-Boot nicht zu vergessen.
Wir kamen uns vor, als stammten wir von Amphibien ab, die gerade die Evolutionsstufe des Anlandkriechens hinter sich gebracht hatten und noch in einer Art Zwischenzustand

lebten: nicht mehr im Wasser, aber auch noch nicht als echte Landratten. Deshalb entging uns der fünfzehn Kilometer vor Arbroath im Meer auf dem Bell Rock stehende Leuchtturm, der 1810 vom Großvater des Schriftstellers Robert Louis Stevenson entworfen worden war.

Der Ort Arbroath entging uns nicht. Ein Fischerhafen mit malerischer Klippenküste. Das Wetter zeigte sich endlich von besserer Seite, Hafen und Altstadt glänzten im Sonnenschein. In den Ruinen der Arbroath-Abbey wird jährlich ein Festspiel aus Anlass der schottischen Unabhängigkeitserklärung von 1310 veranstaltet.

Über diesen Ort hatte sich Dr. Johnson wohlwollend geäußert, obwohl er nicht leicht zufrieden zu stellen war (was seinem Begleiter Boswell oft Kummer bereitete, weil er sich für die Reise verantwortlich fühlte): Wäre ihm, Johnson, auch kein weiteres Vergnügen gewährt worden als der Anblick von Arbroath, so hätte er seine Reise nicht bereut.

Dem konnten wir beipflichten. In der Nähe der Lifeboat-Station ließen wir die Beine über die Kaimauer baumeln, beobachteten, wie Boote nach dem Winterschlaf mit dem Kran ins Wasser gelassen wurden, blickten über das Hafenwasser auf die Stadtzeile am anderen Ufer, die aus niedrigen grauen, weißen und einigen farbenfroh gestrichenen Häusern mit Schieferdächern bestand, deren blasses Blau oder zartes Rosa sich schon einmal dazwischenschlichen; wir hatten heute nicht den Eindruck einer grauen Stadt am Meer. Ruhe lag über dem Ort, Menschen bewegten sich ohne Hektik, alles ging seinen gewohnten Gang, der vorgegeben war, nicht angezweifelt wurde und natürlich schien. Selbst die

Autos fuhren bedächtiger als anderswo.

Das Leuchtzeichen an der Hafeneinfahrt sah von weitem aus wie ein kleiner Leuchtturm. Die Malerin schüttelte den Kopf. Ein richtiges Lighthouse sollte es sein.

Ich setzte mich wieder hinter das Lenkrad, obwohl ich mich in Gedanken fragte, warum wir weiterfuhren, nicht blieben, wo es ruhig und friedlich war, wo wir nicht nur die Beine über die Kaimauer baumeln lassen konnten, sondern auch das, was wir Seele nennen. Wo sie sich hinaufschwingen konnte über die Küstenfelsen auf der Suche nach dem inneren Frieden und nach der Sonne, die vorsichtig durch die stellenweise aufgerissene Wolkendecke lugte.

Das Auto fuhr übrigens wieder ausgezeichnet. Aber nun hatte ich die Highlander losgeschickt, nach Paris zur Renault-Zentrale. Ob die noch aufzuhalten waren?

Der Fischerhafen Abercroag ist zu empfehlen. Wir ließen ihn aus, ebenso wie Montrose, das uns zu groß und zu gewerblich schien, um dort unseren Träumen nachzuhängen.

Das gelang in Stonehaven besser, wo sich die Bruchsteinhäuser nah an den Hafen drängten, die Sonne leuchtender war, der Rotwein auf Trinktemperatur, eine warme Holzbank in einer offenen Schutzhütte sich anbot, von der aus ich alles im Blick hatte. Fischkutter, Segeljachten und Boote dümpelten im leicht bewegten Wasser, jenseits der Hafenmauer brandeten die Wellen der Nordsee an, nicht ohne Grund hatten sie hier eine beeindruckende Seenotstation. Eine Gruppe Retter in kräftig orangefarbenen Schutzanzügen und roten Schwimmwesten übte gerade Rettungsbootfahren, Anlege- und Mann-über-Bord-Manöver.

Ilse seufzte wohlig. Wie schön war es doch an Land! Auf

ihrem Block entstand mit Ölkreide die Hafenzeile im Sonnenlicht mit dem Harbour Inn. Ein alter Mann mit Stock schlurfte heran, ließ sich ebenfalls auf der Bank nieder. Nachdem wir uns über das Wetter ausgetauscht hatten, schwiegen wir. Hier würde ich gern jeden Tag ein Stündchen sitzen, Tagebuch schreiben oder schauen; beobachten, was geschieht, was nicht geschieht.

Die Sonne tat gut, machte träge. Wohin würde es mich in meiner Heimatstadt ziehen, wo wäre meine Lieblingsstelle? Die schottischen Literaten hatten ihre bevorzugten Plätze gehabt, Scott in Abbotsford View, 'my honest grey hills', oder Stevenson, der von der Gegend um Queensferry, einer Stadt am Firth of Forth, sehr angetan war: 'Diesen ganzen wundervollen, ruhigen, sonnendurchfluteten Tag verbrachte ich auf dem Lande, am Meer, an meinem Lieblingsplatz zwischen Granton und Queensferry. Eine feine, köstliche Brise strich über die Sände des Firth auf dem diesseitigen Ufer, während auf dem jenseitigen die kühlen Wälder in Kaskaden von Sonnenlicht getaucht waren...'.

Kaskaden von Sonnenlicht erwarteten uns in Stonehaven nicht, immerhin zeigte sich das Gestirn.

Der Verkehrslärm unserer Heimatstadt drängte sich in meine Träume, der Lärm der Autobahn, der Bundesstraße, der Stadtteilhauptstraße, der Lärm der Großflugzeuge im Landeanflug nach Düsseldorf, der Lärm der Sportflugzeuge am Wochenende. Die zugebauten Flächen, der übertriebene Straßenbau, der Autoverkehr, die Abgase. Wo war mein Lieblingsplatz? Es gab eine Stelle unter Robinien in einem der Restwälder, doch dort rauschte die S-Bahn vorbei und die Flugzeuge waren nicht zu überhören. Ich schüttelte den Kopf, blickte auf. Nein, ich hörte nur den Motor des Rettungsbootes, das durch die Hafeneinfahrt Stonehavens schäumte.

Ich durfte weiter träumen.

Hier war auch Fontane gereist, knapp einhundert Jahre später als die beiden Vorgänger Boswell und Johnson. Zusammen mit seinem Freund Lepel wollte er von Perth nach Inverness, bestieg das Dach der Stage-Coach, des Kutschwagens, der zweimal wöchentlich verkehrte. Sie wurden über Forfar, Montrose und Aberdeen an der Küste entlang geschaukelt. Die Kutschen waren manchmal so voll, dass Beine und Gepäck kaum noch zu entwirren waren, wie Fontane erzählt, die Leute klebten sozusagen am Kutschwagen. Und wären nicht die Flügelmänner gewesen, die außen saßen, die von Station zu Station auf jeder Bank die Plätze getauscht und, zwischen links und rechts beständig wechselnd, die ausgeruhten Hälften wie eine immer frische Reserve ins Feuer geschickt hätten, wäre es wohl unerträglich geworden.

Einen Augenblick lang dachte ich mit Wohlwollen an unser Fahrzeug. Ich musste unbedingt ein Fax losjagen, die schottische Vorhut noch vor dem Übersetzen nach Roscoff oder Calais abfangen...

Von Aberdeen aus waren die beiden damals quer durchs Land über den Kamm der Grampians gezogen. Das würden wir nicht tun, wir würden die nördliche Küstenstraße nehmen und uns in Inverness wieder mit ihnen treffen.

Dann wurde die Malerin fündig. Am Todhead Point gab es einen weißen Leuchtturm mit gelben Verzierungen und einem schwarzen Kopf. Lange, sehr lange mussten wir schmale Feldwege zwischen Stacheldrahtzäunen entlang fahren, immer wieder die Spitze des Turms aus den Augen verlierend, bis er endlich tief unten am Wasser aufragte, wo der holprige Schotterweg endete. Während der drei Stunden, die Ilse für ihr Aquarell brauchte, auf einem Rasenstreifen hockend, die Regenjacke untergelegt, schrieb ich Tagebuch und versuchte, mir das Bild einzuprägen.

Die auf den Leuchtturm zulaufenden Zäune beiderseits des Weges, sich wie Parallelen im Unendlichen treffend; den Leuchtturm, der den Weg abschloss, wenn ich mich in die entsprechende Positur stellte; die flachen Nebengebäude links vom Turm, anschließend ein höheres Haus mit Flachdach und zwei Schornsteinen; alles weiß gestrichen mit gelben Rändern, eine Farbgebung, wie sie in Portugal bei

Leuchttürmen üblich ist. In Großbritannien jedoch hatte jeder Leuchtturm seine eigene Note, vom Bau her und auch von den Farben. Das lag wohl daran, dass es zwei oder drei halbstaatliche Gesellschaften gibt, die sich die Betreuung der Leuchttürme untereinander aufgeteilt haben. Eine davon ist der *Trinity House Lighthouse Service*, zu dessen Objekten auch der Leuchtturm *Portland Bill* in Südengland gehörte. Die Schotten hatten natürlich ihre eigene Gesellschaft, das war klar.

Wenn ich in die Knie ging, durchschnitt die Horizontlinie des türkis getönten Meeres die Leuchtturmkuppel, waagerecht darüber hatte sich die gelockerte Wolkenschicht geöffnet und bildete eine blaue Linie. Über meinem Kopf befand sich ein Stromkabel, das sich an Holzpfosten entlang auf den Leuchtturm zuschwang, eine weitere Parallele zu den Linien des Weges und des Zaunes, die dort zusammentrafen. Der graubraune Schotter des Weges wurde auf beiden Seiten von grünen Wiesen begleitet. Vor dem Weiß des Leuchtturms bewegte sich ein schwarzer Punkt: ein Mensch. Stille, völlige Stille, bis auf das schwach in der Ferne ertönende Geblöke von Schafen, das nicht störte und ein Teil der Ruhe war.

»Fertig!« rief Ilse irgendwann.

Schade, sie hätte weitermalen können, mir wurde die Zeit nicht lang. Wir liefen den Weg hinunter zum Leuchtturm, ließen uns an der niedrigen Felsküste auf den Steinen nieder, packten Wurst, Käse und Brot aus.

Heute war für die Malerin ein guter Tag. Das Wetter gewährte weiterhin weiße Cumulusballen und Sonnenschein. Den Moloch Aberdeen umgingen wir, trotzdem gerieten wir in den Nachmittagsstau. Gewiss, Aberdeen hatte einiges zu bieten, vor allem kulturell und maritim: die Stadt war in diesem Jahr die City of Sail, Mitte Juli würde hier das internationale Windjammertreffen stattfinden. Leider passte es nicht in unseren Reiseplan. Nördlich von Aberdeen stießen wir auf geheimnisvoll klingende Namen: Buchan Ness bei Boddam und die Bullers of Buchan.

Boddam liegt südlich Peterheads, das als langweiliger Weißfisch- und Ölhafen beschrieben wird. Wir ließen uns gern auf einen anderen Ort ein.

Eine zerklüftete Felsküste begann bei den Bullers of Buchan; Buchan, ein Name, der die ganze Provinz bezeichnete, als deren spannendstes Merkmal wir die Küste empfanden. Im Rücken, nach Westen zu, erhoben sich die wüsten Grampian Mountains, durch die Fontanes Postkutsche gezogen war. Davor erstreckte sich eine landwirtschaftlich genutzte Ebene ohne Bäume, mit nur wenigen Büschen an den Straßenrändern. Eine Gegend, über die Dr. Johnson, gerade auch wegen der fehlenden Bäume, eine abfällige Bemerkung machte, wie sein Eckermann, James Boswell, zu berichten weiß.

Wir parkten am Dorfrand von Boddam, zum Leuchtzeichen gelangten wir durch wenige Gassen zu Fuß. Auf einer vorgelagerten kleinen Halbinsel thronte ein weißer Turm mit breiter, roter Bauchbinde. Ein Gebäude mit ziegelgedecktem Satteldach duckte sich davor. Die Anlage, umgeben von einer weißen Mauer, war nur über eine Brücke erreichbar. Die war gesperrt. Das Gittertor, mit einer dicken Kette verschlossen, signalisierte deutlich *Private*.

James MacCullen, der seine Gartenarbeit aufgab, zu uns auf die Straße trat, erzählte einiges über das Buchaness Lighthouse. Turm und Nebengebäude waren vermietet, das hieß, sie wurden von mehreren reichen Auswärtigen bewohnt, die Betonung lag geringschätzig auf 'Auswärtigen', einer sogar aus Lockerbie, you know, Lockerbie? Ja, die Katastrophe, wir nickten. Der Leuchtturm war noch in Betrieb, inzwischen allerdings voll automatisiert. In der Kuppel mit ihrem schwarzen Helm und den Fresnellinsen arbeitete kein Wärter mehr, noch wohnte dort niemand.

Als herausragendes Ereignis galt im Ort die Sturmflut von 1953. Als MacCullen sie erwähnte, schwangen in seiner Stimme immer noch Angst und Respekt vor dem Meer mit. Die Jahrhundertsturmflut, an die ich mich im Zusammenhang mit den in Holland gebrochenen Deichen erinnerte. Damals waren bei unseren Nachbarn, als das Meer riesige Teile des Landes überschwemmte, über dreitausend Menschen umgekommen. Viele mussten auf den Dächern ihrer Häuser, die soeben noch aus der Wasserwüste ragten, tagelang ausharren, bis sie gerettet werden konnten. Das alles wusste James MacCullen noch, und diese Sturmflut hatte auch an der schottischen Ostküste viel Unheil angerichtet, hatte bei Buchan Ness einen Teil des Ortes weggerissen und die Halbinsel geschaffen, wo der Leuchtturm wie durch ein Wunder stehen geblieben war.

Vielleicht musste man solch eine Sturmflut einmal erlebt haben, um die Angst vor der biblischen Sintflut nachvollziehen zu können, einem Ereignis, das derart umfassend und ungeheuerlich gewesen sein muss, dass es sich in das Kollektivgedächtnis der Menschheit für immer eingegraben hat.

Sturmfluten, die möglicherweise in einer Intensität und einem Ausmaß auf die Menschheit zukommen können, wie es bisher historisch nicht bekannt ist. Selbst wenn vorsichtige Aussagen zutreffen, die sich mit den Folgen der menschengemachten Klimaprobleme beschäftigen.

Immer noch erzählte der Mann.

Wir spürten den Stolz heraus, mit dem er den Fremdenführer für uns spielte, wir hörten gern und gebannt zu. Sein anerkennendes Nicken, als er hörte, von wie weit her wir gekommen waren, in sein Dorf, wo doch alle Welt nach Aberdeen oder Peterhead reiste, tat uns gut.

Sich auf einen Ort einlassen. Meine Gedanken und meine Fantasie ließen andere Ereignisse auftauchen. Während das gut verständliche Englisch des Schotten an mein Ohr drang, arbeitete mein Gehirn in deutscher Sprache. Sturmfluten und Unwetter kamen mir in den Sinn, wie die folgende Katastrophe, die eine Ahnung davon vermittelt.

»... von dem höher gelegenen Gelände hinab in die Marschebene, die sich von Walberswick südwärts erstreckt bis nach Dunwich, einer nur mehr aus wenigen Häusern bestehenden Ortschaft. Derart leer und verlassen ist diese Gegend, dass einer, der ausgesetzt würde in ihr, kaum zu sagen vermöchte, ob er an der Küste der Nordsee sich befindet oder nicht vielleicht am Ufer des Kaspischen Meers... Das heutige Dunwich ist der letzte Überrest einer im Mittelalter zu den bedeutendsten Hafenplätzen Europas zählenden Stadt ... Und dann, nach wenigen Jahrzehnten des Wiederaufbaus, am 13. Januar 1328, nach einer ungewöhnlich stillen Herbst- und Weihnachtszeit, eine womöglich noch furchtbarere Heimsuchung. Wiederum trifft ein orkanartiger Nordoststurm zusammen mit der höchsten Flut des Monats. Die ganze Nacht hindurch reißen die Wogen eine Häuserreihe ein um die andere. Wie schwere Rammböcke fahren die im Wasser treibenden Dach- und Stützbalken in die noch nicht niedergelegten Mauern und Wände ... Im Morgengrauen steht die Schar der Überlebenden, gegen den Sturm gelehnt droben am Rande des Abgrunds und starrt voller Entsetzen durch die Schwaden der salzigen Gischt hinab in die Tiefe, wo wie in einem Mahlwerk der Zerstörung Warenballen und Fässer, zerschmetterte Krane, zerfetzte Windmühlensegel, Truhen und Tische, Kästen, Federbetten, Feuerholz, Stroh und ertrunkenes Vieh in den weißbraunen Wassern sich drehen ...«

W. G. Sebald: Die Ringe des Saturn

In demselben Buch berichtet der Autor von einem eigenen Erlebnis in England:

»... Als ich, unweit von Orford und müde schon von dem langen Weg, in einen Sandsturm geriet, drängte sich diese Vorstellung mir auf. Ich näherte mich dem östlichen Rand des über mehrere Quadratmeilen sich ausdehnenden, in der furchtbaren Orkannacht vom 15. auf den 17. Oktober 1987 größtenteils zu Bruchholz geschlagenen Waldes von Rendelsham, da verdunkelte sich innerhalb weniger Minuten der gerade noch strahlend hell gewesene Himmel, und es erhob sich ein Wind, der in gespenstisch sich drehenden Wirbeln den Staub über die ausgedörrten Landflächen blies. Das restliche Tageslicht begann zu erlöschen, sämtliche Umrisse verschwanden in der graubraunen, bald ohne Unterlass von mächtigen Böen durchtobten, alles erstickenden Dämmerung ... Als der Sturm sich legte, war es ringsum totenstill, kein Hauch rührte sich mehr, kein Vogellaut war zu hören, kein Rascheln, nichts, und obgleich es nun wieder lichter wurde, blieb die im Zenit stehende Sonne verborgen hinter den lange noch in der Luft hängenden Fahnen aus dem blütenstaubfeinen Puder, welcher zuletzt übrig bleibt von der sich selber langsam zermahlenden Erde. - «

Beides ereignete sich südlich von Buchan Ness und war lange her. Schien weit weg von uns zu sein.

Wir ließen uns auf diesen Ort ein. Ein Ort wie manche Orte, der Mittelpunkt der Welt für seine Bewohner. Nur ungern verabschiedeten wir uns von unserem Erzähler. Erst ein Handschlag, dann ein freundliches Winken, James MacCullen wandte sich wieder seinem Garten zu.

Ilse konzentrierte sich auf das Leuchtfeuer. Sie musste sich sputen, der Tag ging zur Neige. »Zwei auf einen Streich!« verkündete sie schließlich, nachdem sie auch dieses Aquarell beendet hatte, denn den Leuchtturm vom Todhead Point hatte sie ja schon im Kasten, oder besser: auf dem Block.

Es wurde Zeit, einen Übernachtungsplatz zu suchen. Dr. Johnson hatte Recht gehabt. Baumlos erstreckte sich die Landschaft zu den Bergen hin, seltsam traurig und beängstigend. 'Was sind wir ohne den Trost der Bäume', ich dachte an Günther Eich, in diesem Moment empfand ich die tiefe Wahrheit dieser Zeile.

Keine Bäume, keine Wälder, das hatte seine praktischen Auswirkungen, denn es wurde schwer, einen Standplatz für unsere Kutsche zu finden. Einen Platz, der nicht auf den ersten Blick einsehbar war, wo wir niemanden störten. Alle schmalen Nebenwege führten zu Farmen, boten nur dann und wann Ausweichbuchten, in denen wir nicht stehen bleiben konnten.

Schließlich quetschten wir uns in die Zufahrt zu einer Rinderweide, stellten uns quer vor das Eisengatter, in der Hoffnung, der Bauer müsse nicht in aller Frühe mit dem Trecker ausgerechnet auf diese Wiese.

Immer mal wieder raste ein Einheimischer mit dem Wagen vorbei, ohne uns eines Blickes zu würdigen. Es hielt niemand an, was mich, besonders in der Nacht, sicherlich in Alarmstimmung gebracht hätte. Ein Klappmesser lag immer griffbereit, ich hatte es bisher nur zum Brotschneiden benutzt und hoffte, es nie anders gebrauchen zu müssen.

Trotzdem schlief ich unruhig, wachte mitten in der Nacht auf und kletterte für einige Minuten nach draußen. Weit konnte ich über die Ebene nach Westen blicken, wo rotglühende Feuer waberten, dort wurde Gas abgefackelt, nach Öl gebohrt, das in Peterhead verarbeitet und dann verschifft wurde. Zur anderen Seite hin entdeckte ich den Schein der Stadt, die Lichter der Raffinerien, die unentwegt liefen, wo deshalb am Hafen auch ununterbrochen gearbeitet werden musste. Eine kahle Ebene, baumlos, mit karger Landwirtschaft, deren Schätze tiefer in der Erde lagen.

Blick nach Westen

Feuer liegt über den Bergen
rotglühende Grampians
Langgezogene Wolkenfächer
duchdrungen vom Abendlicht

Feuer brennt über der Ebene
wie Fixsterne die Ölfackeln
Gespiegelt vom grellen Blitz der Lampen
bei den Kraftwerken am Meer

Feuer liegt tief im Grund
das alles antreibt - auch uns
Doch bleiben wird
das Feuer über den Grampians

Am nächsten Tag stießen wir an die Nordostspitze des Landes zum Kinnaird Head bei Fraserburgh vor. Oder auch Fraserborough, mit sehr rauem und hartem 'r', bitteschön.

Fraserburgh zeichnete sich durch seine exponierte Lage an zwei Meeren aus. Die Küstenlinie knickt scharf nach Westen ab und führt in das aufgespannte Maul des Moray Firth bei Inverness. Nördlich davon, einen Längengrad weiter westlich, gibt es eine weitere Landnase, das Duncansby Head. Daran vorbeigeschaut konnten wir auf der Karte die vorgelagerten Orkney Islands erkennen. Ob wir es wohl bis dahin schaffen würden? Aus unerfindlichen Gründen wollte ich immer schon einmal zu den Orkneys.

»Das ist überhaupt nicht nötig«, beschwichtigte mich Ilse, »das Festland ist groß genug.«

»Aber denk an die Schafe und Leuchttürme!«

Sie meinte, wenn es denn Inseln sein müssten, beides auch auf den Hebriden finden zu können, damit würden wir uns schon genug vornehmen. Da hatte sie mal wieder Recht, und ich schwieg. Ich hatte gerade ansetzen wollen, von den Shetlands und den Faröern zu schwärmen. Obwohl im Jahr 1993 im Süden der Shetlands bei der Bucht von Barths Ness der Tanker *Braer* mit 85.000 Tonnen Rohöl gestrandet war und alles verseucht hatte.

Außerdem lag am nördlichsten Teil der schottischen Küste die Wiederaufbereitungsanlage Dounreay, auf deren Nähe wir keinen Wert legten. 1977 war der Betondeckel eines nuklearen Lagerschachtes in die Luft geflogen, seitdem war weites Gelände um das Werk herum radioaktiv verseucht. Über Jahre hinweg wurde radioaktiver Abfall heimlich in zwei tiefe Löcher gekippt, nachts, nach Feierabend. Erdlöcher, die von der Erosion des Atlantiks bedroht sind. Eintausendsiebenhundert Tonnen! Neuerdings häuften sich die Nachrichten, die britische Regierung trage sich mit Stilllegungsplänen. Trotzdem war noch im Sommer 1998 geplant, mehrere Kilogramm Plutonium, Abfall der angeblich normalen, friedlichen, zivilen Atomstromproduktion aus Deutschland dorthin zu bringen. Plutonium ist bereits in Mengen von wenigen Gramm ein äußerst gefährlicher Stoff und darf nicht in Nahrungsmittel geraten.

An der Nordküste hatte im vorigen Jahrhundert der Wahrsager Breunsir von einer großen, schwarzen Kugel gesprochen, die Gräuel und Verderben bringen würde. Wie es heißt, soll die Kuppel des Reaktors zunächst schwarz gewesen sein. Im Gedenken an die Weissagung wurde das Atom-Ei grün gestrichen... Auf den Nutzen dieser Maßnahme wollten wir uns lieber nicht verlassen.

Die schottische Fremdenverkehrszentrale warb: 'Besuchen Sie die Ausstellung Dounreay, die die Geschichte der außergewöhnlichen Tätigkeit der Atomenergiebehörde des Vereinigten Königreiches leicht verständlich darstellt, so dass die ganze Familie etwas davon hat. Eintritt frei. Picknickbereich.'

Hoffnungsvoller klingen die Berichte über Versuche, vor der schottischen Küste die Wellenenergie zu nutzen. Befolgt wird der Grundsatz: Wellen sind in Wasser gespeicherter Wind und Wind ist gespeicherte Sonnenenergie, demnach müsste Windenergie preiswerter als Solarenergie sein und Wellenenergie wiederum preiswerter als Windenergie. Den ersten praktischen Versuch mit dem Kraftwerk *Osprey I* machte 1995 ein unerwartet aufkommender Sturm zunichte. Das Wellenkraftwerk versank beim Installieren in seiner Energiequelle. Ein zweiter Versuch soll 1999 in den Gewässern vor Dounreay gestartet werden. Ein anderes Modell, im norwegischen Bergen erfunden, wird inzwischen in alle Welt exportiert. In Deutschland hat man nicht nur die Nutzung der Windenergie um zehn Jahre verschlafen, sondern sich für Wellenergie bisher überhaupt nicht interessiert.

»Wir haben's ja!«, sagt Ilse häufig.

Also nicht zu Dounreays dunklen Wassern!

Fraserburgh zeichnete sich nicht nur durch seine Lage, sondern auch durch einen gut bestückten Coop-Supermarkt aus, wo es alles gab, was wir brauchten, denn unsere Grundnahrungsmittel waren zur Neige gegangen. Fünf Prozent Preisnachlass bot eine Sonderaktion, in deren Genuss auch wir Ausländer kamen. Außerdem verkaufte Coop ein Bier unter eigenem Namen - von welcher Brauerei auch immer -, das herber und bitterer schmeckte als das übliche englisch-schottische Bier, unserem Geschmack entgegenkam. Natürlich zapften sie in allen Kneipen auch Guinness, Ehre wem Ehre gebührt, aber in Schottland wollten wir möglichst kein irisches Bier trinken.

Die Stadt hatte ihre Reize, wir werden später noch einen Blick auf sie werfen, im wahrsten Sinn des Wortes. Fraserburgh besaß nämlich ein ganz besonderes Light-House. Das war mehr als ein Leuchtturm. Das stellte sich als ein kunstvolles Gebäude heraus, in dessen Umgebung weitere Türme aufragten. Und damit nicht genug. Wir stießen dazu auf ein Leuchtturmmuseum. Das Ensemble im äußersten Nordosten Schottlands bildete fürwahr einen Eckpfeiler unserer maritimen Ambitionen: Scotland's unique ligthhouse museum.

Diese Anlage war die Erste, die das schottische Northern Lighthouse Board 1787 vom Ingenieur Thomas Schmidt bauen ließ. Der kurze Turm wurde auf ein vorhandenes Castle gesetzt, das aus dem 16. Jahrhundert stammte, was der Anlage ihre Einmaligkeit beschert haben dürfte: ein profaner Leuchtturm auf einem schottischen Adelsgebäude. Sein Licht leuchtete 204 Jahre lang. 1991 wurden die Leuchtturmwärter - victims of new technology -, wie ihre Kollegen überall auf der Welt, arbeitslos. Wie viele Menschen in anderen Berufen auch wurden sie durch Computertechnik ersetzt.

Ob ferngesteuerte Digitaltechnik wirklich die Menschen ersetzen kann?

Stellen wir uns vor, draußen vor dem Kinnaird Head bei Fraserburgh, wo ein Teil der Nordsee *Devil's Hole* heißt, sei ein Frachter, nennen wir ihn *Ranga*, auf der Fahrt zum Moray Firth. Die *Ranga* gehört einer griechischen Reederei, fährt aus steuerlichen und anderen Gründen unter liberianischer Flagge. Dreizehn Mann sind an Bord, davon acht Filipinos. Der Kapitän ist Grieche, der Navigationsoffizier ein Deutscher. Es ist Nacht. Dichter Nebel hüllt, wie häufig in dieser Ecke, alles wie in Watte, in eine unwirkliche Welt. Die Entfernung zur Küste oder zu anderen Schiffen ist nicht mehr erkennbar. Die *Ranga* lässt in bestimmten Abständen ihr Nebelhorn ertönen, auch vom Kinnaird-Leuchtturm heult es unablässig. Schwermütig und trostlos klingen die Signale, erhöhen das Gefühl der Verlorenheit. Wer schon einmal bei Nebel auf einem Schiff war, weiß, dass die Ortung eines Nebelhorns teuflisch schwierig ist. Erst hört man die Geräusche backbord, dann steuerbord, dann meint man, sie überall wahrzunehmen. In der Zwischenzeit steuern möglicherweise zwei Schiffe unausweichlich aufeinander zu.

Die *Ranga* setzt einen Funkspruch ab, bittet um Funksignale vom Leuchtturm, um ihre genaue Position zu bestimmen. Die Küste ist nah, verdammt nah. Wegen atmosphärischer Störungen können sie das Signal vom Leuchtturm nur schwach empfangen, daher messen die Leute von der *Ranga* per Echopeilung mit dem Nebelhorn die Entfernung zu einer der Markierungstonnen in der Fahrrinne, erkennen plötzlich, dass sie sich außerhalb befinden. Sie müssen den Kurs ändern. Peilen weitere Signaltonnen an, lassen sich dann, jetzt klappt es besser, erneut ein Funksignal vom Leuchtturm geben. Auch wenn die Besatzung der *Ranga* mit ihren zehntausend Tonnen in diesem Moment keine Angst vor ähnlich großen Schiffen haben muss (die hätten sie schon per Funk ausgemacht), einen Fischkutter möchten sie dennoch nicht auf den Meeresboden schicken, und vor der Felsküste haben sie gewaltigen Respekt. Plötzlich knarrt es im Lautsprecher, die Leute vom Kinnaird melden sich im Sprechfunkverkehr. Letzte Zweifel werden beseitigt: die *Ranga* liegt wieder richtig. Im Büro des Leuchtturms schiebt einer der Männer den Ordner mit den Aufzeichnungen über den Kontakt mit dem Frachter in den Wandschrank. Sollte ein Zusammenstoß, eine Strandung passieren: hier wäre alles aufgezeichnet und mit Unterschrift bestätigt, das Seegericht könnte darauf zurückgreifen.

Heutzutage bestimmen Supertanker, Hobbysegler oder Autofahrer ihre Position und ihren Kurs mit dem Global Positon System (GPS) über Satellit. Manchmal geht das schief. Vor noch nicht allzu langer Zeit steuerte ein Autofahrer die Rampe zu einem Fähranleger hinunter und versank im Fluss. Nur mit Mühe konnte er sich vor dem Ertrinken retten. Er hatte die Anweisungen seiner GPS-Anlage getreulich befolgt.

Der Mann war wie ein Kapitän gekleidet. Ein leichtes, ständiges Lächeln umspielte seine Lippen, während er uns und die anderen sechs Mitglieder der Besuchergruppe durch die Anlage führte und seine Erläuterungen herunterbetete.

Im Kaminzimmer der früheren Herrschaften befand sich ein Paraffinbehälter der alten Leuchtanlage. Das sah seltsam aus, weil man versucht hatte, das Zimmer so einzurichten, wie es früher wohl einmal ausgesehen haben mochte. Eine enge Wendeltreppe führte nach oben, durch eine Dachluke gelangten wir auf den Rundgang vor der Glaskuppel. Zweieinhalb Tonnen wog die Lichtanlage, so gut gelagert, dass man sie, wir durften es ausprobieren, mit einer Hand ins Rotieren bringen konnte. Als die Technik veraltete, traute man dem Castle kein zusätzliches Gewicht mehr zu; es war billiger, im Garten einen neuen Turm zu bauen. Einen hässlichen und langweiligen Zweckbau aus Stahlgestänge, wie wir feststellten. Ein dritter Turm barg die ach so wichtigen

Nebelhörner, schwarze Ungetüme, die wir von Cornwalls Küsten kannten. Aber nun standen wir oben, hielten uns krampfhaft am Geländer fest und warfen einen Blick auf Fraserburgh, das kleiner ist als Aberdeen. Auf das Gewimmel der nicht allzu hohen Häuser, auf die flachen Hallen der farbigen Fabriken, die Tanks; auf die umfangreichen Hafenanlagen mit ihren Kais, den Fischkuttern, Küstenmotorschiffen, den bunt angestrichenen Booten. Eine der Kaimauen ragte weit ins Wasser hinaus, endete mit einem Hafenleuchtzeichen.

Ich opferte ein Pfund, blickte durch's Fernrohr auf die Nordsee, graugrün und unbeweglich lag Fontanes deutsches Meer; wenn da Wellenbewegungen waren, dann verschwammen sie durch die optische Verkürzung. Ein winziger Punkt tanzte auf dem Wasser, schmutzig weiß, ein Schiff, ich konnte es nicht genau erkennen, die ferne Wasserfläche schwankte. Wohin fuhr es? Ich schwenkte das Glas in Richtung Horizont, umfasste es mit beiden Händen, hielt jetzt ruhig, was stieg da hoch, wuchs herauf am Horizont meiner Fantasie?

Die *Hispaniola*. Nach wochenlanger Fahrt von Bristol aus hatte der Dreimaster sein Ziel in der Karibik erreicht. Am Fockmast vorbei wuchs sich der Schatten am Horizont zu zwei Inselspitzen aus, die mit jeder Minute größer wurden. Die Schatzinsel in Sicht! Wenn bloß nicht die bösen Buben der alten John Flint'schen Seeräuberbande an Bord gewesen wären!

»Der leichte Nebel war verschwunden, so dass das Land gut sichtbar blieb. Nach Südwesten zu erblickten wir zwei

Hügel, die einige Meilen voneinander entfernt waren, und dahinter einen größeren, dessen Kuppe aber noch im Nebel lag. Alle drei hatten Kegelform, woraus der Doktor schloss, dass sie aus Basalt bestanden. Das alles sah ich wie im Traume, denn mir lag noch die Todesangst in den Gliedern. Dann hörte ich, wie Kapitän Smollett mit scharfer Stimme Befehle erteilte. Die Hispaniola wurde einige Striche näher dem Winde beigedreht und segelte nun auf die Ostseite der Insel zu...«

So weit ein Auszug aus dem Roman *Die Schatzinsel* von dem gelernten Juristen und späteren Schriftsteller Robert Louis Stevenson.

Todesangst machte dem Schiffsjungen Jim Hawkins, der aus dem Gasthaus *Admiral Benbow* in Bristol stammte (wir erinnern uns: eine Kneipe solchen Namens gab es auch am Hafen in Penzance/Cornwall), dass er in der Nacht zuvor, in einem leeren Wasserfass hockend, zufällig ein Gespräch der Mannschaft belauscht hatte, wobei sich herausstellte, dass etliche Mitglieder von John Flint's Bande an Bord waren, die nichts anderes im Sinn hatten, als dem Doktor, dem Baron, dem Kapitän und Jim Hawkins - den Guten - , den Seeräuberschatz abzugraben. Und wenn es dabei Tote geben sollte. Der berüchtigte Pirat John Flint war längst umgekommen, doch vorher hatte er nach dem Vergraben des Schatzes auf der Insel seine beiden Helfer umgebracht. So wusste niemand außer ihm, wo der Schatz vergraben lag. Wenn es nicht die Karte gegeben hätte, die Karte aus der Kiste des alten Teufels, der im Admiral Benbow logiert und sich zu Tode gesoffen hatte. Fünfzehn Mann auf des toten Kerls Kiste! Jo ho ho und 'ne Buddel Rum! Ein Lied, das zum Schrecken Jim Hawkins' etliche Matrosen der Mannschaft ebenfalls grölten, wenn sie getrunken hatten.

»Großer Baum, Fernrohrabhang, Richtung ein Grad N nach NNO. Knocheninsel (Schädelstätte) OSO und zu O. Zehn Fuß. Die Silberbarren sind in N untergebracht. Zu finden bei dem Abhang in O, zehn Faden südlich vom schwarzen Felsen und mit dem Gesicht diesem zugekehrt.«

Die umkämpfte Karte nützte nichts, der Schatz war verschwunden. Ben Gunn, ein damals von Flint's Leuten zurückgelassener Kerl, hatte ihn gefunden und an einer anderen Stelle versteckt.

Wieder im Inneren der Kuppel erzählte der Museumswärter über Technik, über Gegengewichte an Ketten, über das Uhrenprinzip, über paraffinbetriebene Lampen, die sehr hell waren. Seine eintönige Stimme ließ mich erneut ins Träumen geraten, außerdem verstand ich nicht alles. Ich versetzte mich in Gedanken in einen anderen Menschen und die Geschehnisse an einen anderen ähnlichen Ort.

Im Jahr 1826 reiste ein berühmter Garten- und Parkgestalter durch Irland und England, ein verarmter Adeliger auf der Suche nach einer guten Partie: Fürst Hermann von Pückler-Muskau. Der Abenteurer besuchte eine Felsspitze bei Scarborough in Yorkshire an der Ostküste Englands und besichtigte den dortigen Leuchtturm.

Mir schien es, als nehme der Fürst Gestalt und Stimme unseres Leuchtturm-Kapitäns an:

»... kaum war ich bei dem Meerfelsen angelangt, bekam ich nicht nur den obligaten Platzregen, sondern diesmal noch eine Zugabe, nämlich ein derbes Gewitter. Dies war jedoch eine angenehme Veränderung, denn Donner und Blitz nahmen sich auf der Spitze der Kalkfelsen, senkrecht über dem schäumenden Meer, vortreffflich aus ...

Der Leuchtturm war für mich um so interessanter, da ich nur einen sehr unvollkomenen Begriff von der Konstruktion dieser Türme hatte. Er hat oben einen Aufsatz von Glas wie ein Treibhaus, in dessen Mitte an einer eisernen Stange einundzwanzig Lampen im Zirkel umher befestigt sind, die sich durch eine Art Uhrwerk immerwährend langsam drehen. Alle diese Lampen sind mit großen, inwendig stark mit Silber plattierten, stets mit höchster Reinlichkeit geputzten Reflektoren versehen, und sieben davon haben außerdem eine Scheibe rotes Glas vor sich, welches in Newcastle gemacht wird und dem alten Rubinglas fast ganz gleichkömmt. Dies hat den Zweck, das Licht des Leuchtturms so zu wechseln, dass es in der Ferne bald rot, bald weiß erscheint und dadurch, von den Schiffen aus, von jedem andern Licht ohne Mühe unterschieden wird. Die Lampen werden mit Öl gespeist, das so rein wie Wein ist und von dem ein ganzer Keller voll Fässer stets im Vorrat bleibt. Ebenso ist der ganze Apparat doppelt vorhanden, um bei einem Zufall das Beschädigte auf der Stelle ersetzen zu können. Die Lampen bilden zwei Kreise übereinander, unten zwölf, oben neun.

Ich bemerkte einen Tisch zum Putzen der Lampen, der mir sehr zweckmäßig erschien, um das Springen der Gläser zu verhindern. Die obere Platte ist von Eisenblech mit mehreren Löchern nebeneinander, um die Gläser hineinzustellen. Auf einer Platte darunter steht ein Kohlenfeuer. Diese Vorrichtung hat den doppelten Nutzen, einmal, dass die

Gläser gleich in eine sichere Lage kommen, zweitens, dass sie nicht leicht springen, da fortwährend das Blech in gelinder Wärme erhalten wird.«

Wir kletterten die enge Wendeltreppe wieder hinunter, froh, kein Leuchtturmwärter zu sein, trotzdem neugierig auf immer wieder neue Geschichten. Rechts vom Eingang zum eigentlichen Museumsgebäude sahen wir die Optik des Coquet Island Leuchtturms in Northumberland. Diese 150 Jahre alte Anlage wurde ursprünglich von einem Ölfeuer betrieben und gab ein stilles, nicht blitzendes Licht ab. Im Museum wurde der Bau von Leuchttürmen gezeigt, ein Modellblock schilderte das genaue Zusammenpassen der Steine. Optiken und riesige Glasgehäuse waren zu sehen, Linsen, die das gesamte Licht der Leuchtquellen erfassten und es in eine Serie von hauchdünnen Strahlen verwandelten. Beeindrukkend war die in Quecksilber schwimmende St. Mary's Optik des Bishop Rock, eines Felsens, der vor der Westspitze Cornwalls im Meer liegt. Eine andere Technik war die Spurn Head Optik, die von einem automatischen Gaslicht betrieben wurde. Besonders hell war die Edelgasbirne des Leuchtturms von Dungeness, wo sich zeitweise auch eine Forschungsstation befunden hatte. Ach Dungeness, lange her war unser Besuch auf Derek Jarman's Halbinsel! Erfreut konnte ich Ilse auf Beispiele für Feuerschiffe hinweisen. Die Optiken hatten besondere Aufhängungen, damit sie einen gleichmäßigen, festen Lichtstrahl abgeben konnten, auch wenn das Schiff vor Anker schaukelte. Ich schlug Ilse vor, da sie Schiffen nicht besonders traut, schaukelnden schon gar nicht, sich auf dem Feuerschiff, das sie vielleicht einmal malen würde (hierbei schüttelte sie deutlich den Kopf), so aufhängen zu lassen wie die Feueroptik, damit der Horizont in der Waagerechten bliebe. Ich musste jedoch einsehen, dass, wie so oft, meine konstruktiven Vorschläge in dieser Hinsicht bei ihr nicht ankamen.

Weiter ging es zu den Nebelhörnern, explosiven druckluftbetriebenen und auch modernen elektrischen. Eine renovierte Kompressormaschine stammte, dem Hinweis nach, aus dem Jahr 1912 und von der Insel Sark. Ich hätte sie gern in Betrieb gesetzt, doch das war streng verboten.

Uns fiel die ausgiebige Würdigung verschiedener Architekten, Ingenieure und Baumeister auf. Unter diesen ragten die Stevensons hervor: Robert Stevenson, der Großvater unseres Schriftstellers, sein Vater Robert und zwei seiner Onkel. Eine erkleckliche Reihe der schottischen und englischen Leuchttürme geht auf ihr Konto. Der Vater konstruierte den von J. M. William Turner in Öl festgehaltenen bekannten Leuchtturm von Bell Rock: Hoch auf schäumt das Meer, den hohen, schlanken Turm fast verdeckend, dunkel dräuen die Wolken, Blitze zucken, und in einem Wellental kämpft ein Schoner ums Überleben.

Wir hatten es besser. Im verglasten Museumscafé, in dem wir uns wie in einer Leuchtturmkuppel fühlten, erholten wir uns von dem geballten Angebot an Wissen und Historie bei Tee und Snacks. Und zur Erholung für Leser und Leserinnen zum Abschluss unseres Besuches dieses hervorragenden Leuchtturms (der natürlich von Ilse gemalt wurde, das war Pflicht) noch eine Geschichte, denn Leuchttürme produzieren Geschichten, manchmal recht grausige.

Westlich der Western Isles, der äußeren Hebriden, eigentlich schon so gut wie in Amerika, liegen die Flannan Isles. Mit einem Leuchtturm.

Wie uns ein Fachmann erklärt hatte, gab es seit einem nicht aufgeklärtem Mord an einem Leuchtturmwärter die Regel, immer drei Mann zu einer Schicht einzuteilen. Dieser Mord war auf einem Leuchtturm geschehen, der von zwei Mann besetzt gewesen war. Der Überlebende schwor Stein und Bein, von dem Anderen angegriffen worden zu sein und sich zur Wehr gesetzt zu haben. Dabei sei es passiert. Man konnte dem Mann nichts nachweisen. Deshalb die Regel mit den drei Mann - es sollte wohl immer einen Zeugen geben. Uns überkam der leise Verdacht, die Vorschrift sei nach dem fünften Glas Whisky ausgedacht worden und könne wohl nicht recht klappen... Jedenfalls hatte sie auf den Flannan Isles, draußen im Atlantik, nicht funktioniert.

Was dort passiert ist, weiß bis heute niemand. Irgendwann meldeten sich die drei per Funk nicht mehr. Man schickte ein Schiff und fand den Leuchtturm leer, die Tür geöffnet. Das Boot fehlte.

Die Männer wurden nie gefunden.

Die Perlenkette

Wir bogen ab nach Westen. Das Wetter war frisch. Gestern Abend hatten wir die Sonne zwar wie üblich im Westen untergehen sehen, danach aber noch lange einen hellen Schein aus Norden wahrgenommen. Wir befanden uns auf der Höhe von Stavanger in Norwegen, schienen eine sachte Ahnung der Mitsommernacht zu bekommen. Es konnten auch die Reste eines Nordlichts gewesen sein, der Schein kam eindeutig aus dieser Richtung, was ich mit meinem Reisekompass in Fünfmarkstückgröße nachprüfte. Ich hatte außerdem eine kleine Wasserwaage im Gepäck, um das Zelt waagerecht aufbauen zu können, wie ich behauptete. Doch kam dieses Gerät nie richtig zum Einsatz. Das Reisethermometer in Form eines Kugelschreibers hatte ich vergessen, was ich nicht bereute, denn was wir bald zu messen bekommen hätten, war nicht von der erfreulichen Sorte. Einige Tage nach Sommeranfang stellten wir auf dem Thermometer einer Apotheke zwölf Grad fest.

»Das Ding ist kaputt!« meinte Ilse, hatte aber vorsichtshalber am Morgen einen dicken Pullover angezogen.

Pennan hieß unser nächstes Ziel. Ein Ort, der weltbekannt geworden ist durch den Film *Local Hero*, in dem es um Ölfunde unter dem Meeresgrund geht und in dem eine der altmodischen roten Telefonzellen, bei denen man Münzen braucht, eine wichtige Rolle spielt. *Die* rote Telefonzelle von Pennan muss es heißen, denn es gibt dort nur eine. Es wird erzählt, selbst Japaner unternähmen die weite Reise nach Europa, um sie zu fotografieren. Wenn sie wüssten! Das rote Ding stand für den Film falsch, die Filmleute bauten deshalb kurzerhand an anderer Stelle eine neue aus Holz. Das war die Zeit, als Pennan zwei Telefonboxen besaß! Vielleicht erfahren japanische Kinder irgendwann einmal, dass ihre Eltern im Film nur eine potemkinsche Holzzelle gesehen und ohne es zu wissen die echte ins Familienalbum geklebt haben.

Dem Glasgower Regisseur Bill Forsyth gelang 1983 mit *Local Hero* der internationale Durchbruch. Es gibt eine ganze Reihe mehr oder weniger kitschige historische Schinken über Schottland: in *Highlander* reitet Sean Connery über die Brücke vom Eilean Donan Castle in den Kampf; natürlich gibt es ein Filmepos über *Bonnie Prince Charlie*; *Rob Roy*, der schottische Robin Hood wurde ebenso verfilmt wie der Unabhängigkeitskampf von 1305 mit dem Anführer William Wallace, genannt *Brave Heart*, gespielt vom Regisseur Mel Gibson, mit Hippie-Haar und blauer Kriegsbemalung. 'Tartan-Western' ist ein gängiger Begriff für dieses Genre an Unterhaltungfilmen geworden. Dennoch wischte ich mir eine Träne aus dem Auge, als die Schlussszene von *Brave Heart* über den Bildschirm flimmerte.

Sowohl in Schottland als auch in Cornwall haben die Menschen um den Erhalt der ihnen lieb gewordenen roten gusseisernen Telefonzellen gekämpft. Mit Erfolg. In anderen Gegenden Großbritanniens gibt es inzwischen nur noch die modernen grauen Glas- und Plastikhäuschen der British Telecom. Auch bei uns sind nur wenige der alten Kabinen bisher ihrer Vernichtung entgangen und signalisieren mit gelber Farbe deutlicher als ihre Nachfolger, wo sie sind und wofür sie da sind. Ich halte Telefonzellen für ein wichtiges Infrastrukturmerkmal, das mit dazu beiträgt, sich mit dem Gemeinwesen, in dem wir leben, zu identifizieren. Die äußeren Merkmale in einem anderen Land bergen für uns, besonders am Anfang, wichtige Informationen: wir wissen, wo wir sind, und wir benötigen diese Dinge nicht nur, um uns zurechtzufinden: Telefonhäuschen, Briefkästen, Verkehrsschilder, Verkehrsführungen, Gasthaushinweise, Banken, Postämter. Selbst die Art der Werbung, soweit sie noch einen Teil brauchbarer Information enthält, kann uns wichtige Dienste leisten. Diese äußeren Merkmale vermitteln unterwegs ein wenig das Gefühl von Geborgenheit. Touristen kennen den Osborne-Stier in Spanien oder das Gummimännchen von Michelin. Vom französischen Weißbrot oder dem irischen Guinness-Stout nicht zu reden.

Was die Telefonzellen betrifft, gibt es Hoffnung für Great-Britain. Das Unternehmen New World Payphones ließ bereits fünfzig Boxen nach dem alten Muster, das seit 1936 existiert, herstellen und installierte sie in der Öffentlichkeit. Nur rot dürfen sie wohl aus Konkurrenzgründen nicht sein. So glänzen sie vorerst schwarz und besitzen ein goldfarbenes Krönchen.

Wir wollten nicht allein wegen der roten Telefonzelle nach Pennan, erst nach unserer Reise konnten wir bei Freunden den Videofilm vom lokalen Heroen sehen. Uns hatten Fotos von der einmaligen Lage der Orte Pennan und Crovie gereizt, tief unterhalb der steilen Felsküste, Häuserreihen auf dem schmalen Streifen zwischen Fels und Meer, die Rückseiten der Häuser dicht an die Felswände gequetscht. Während

Pennan eine Art Hauptstraße und eineinhalb Nebenstraßen besitzt, besteht Crovie nur aus einer einzigen Häuserreihe, die Straße ist gleichzeitig Strandpromenade. Pennan konnten wir über steile Serpentinen mit dem Auto anfahren, bei Crovie war das untersagt. Eine schottische Untertreibung: es war unmöglich.

Was hatte Menschen bewogen, an derart ausgefallenen, schwierigen Stellen ihre Wohnstatt aufzubauen?

Eine Notlage.

»Das Unheil brach völlig unerwartet über die Bevölkerung der Kleinstadt herein. Gut ausgerüstete Trupps setzten mit aller Hast sämtliche Gebäude in Brand. Den Bewohnern wurde keine Zeit für eine ordentliche Räumung gewährt. Darum herrschte Bestürzung und Verwirrung. In panischer Hast versuchte man Kranke und Hilflose vor den Flammen zu retten. Männer, Frauen, Kinder schrien. Vieh brüllte, Hunde bellten. Eine dichte Rauchwolke hüllte das ganze Land ein und reichte bis weit über das Meer.«

So schilderte 1819 der Steinmetz Donald MacLeod das brutale Niederbrennen seines Heimatdorfes in der Grafschaft Sutherland. Die Zeit der so genannten Clearances war angebrochen. Adelige ließen das Land bereinigen, vertrieben die Menschen, um die Ländereien für sich nutzen zu können. Das Clansystem zerfiel, und die davon abhängigen Menschen starrten ins soziale Nichts. Die schottischen Clans wurden jeweils von einem Chief beherrscht, seine Familie und die leibeigenen Untertanen hatten das karge Land zu bestellen und ihm Pacht zu zahlen. Die Clans bildeten nicht nur eine von wirtschaftlichen Interessen geprägte soziale Gemeinschaft, sie bildeten auch militärische Gruppierungen gegen Außenstehende oder gegen andere Clans.

Berühmt-berüchtigt geworden ist das Massaker von Glencoe im Jahr 1692, als Leute vom Clan der Campbells auf Befehl des königlich-englischen Ministers für Schottland, Sir John Dalrymple, 38 rebellische MacDonalds auf perfide Weise töteten.

Eine Gruppe Campbells hatte den Clan der MacDonalds besucht, sie hatten einen weiten, beschwerlichen Weg hinter sich, das Reisen war damals ein wenig schwieriger als heute. Die Clans waren befreundet miteinander, es war üblich, dass die Campbells vom Gastgeber ordentlich bewirtet wurden. Ordentlich, das hieß nicht nur reichlich Essen und Whisky, das bedeutete auch lange zu feiern, damit die weite, anstrengende Besuchsreise sich lohnte. Die Campbells ließen sich ausgiebig versorgen, eine Woche, zwei Wochen, wenn Schotten etwas tun, dann tun sie's ordentlich. Sie waren ein Herz und eine Seele, verbrüderten und verschwisterten sich immer noch einmal und stärker als bisher.

Dann schlugen die Gäste zu.

Ehe die Gastgeber in ihrem Whiskytran merkten, was los war, lagen 38 von ihnen tot am Boden. Die Gäste flüchteten. Bis heute gilt das Wort: Traue keinem Campbell, und da man die verschiedenen Clans an den Mustern ihrer Umhänge, den Tartans, erkennen kann, ist es angebracht, wenn man einen Schotten trifft, genau hinzusehen. Ob das Frequentieren der McDonald's Frikadellen-Kette schon zu feindseligen Handlungen führen kann, ist nicht bekannt.

Die Clearances durch die Engländer, die 'Weißen Siedler', gingen einher mit der Umstellung der Landwirtschaft auf Schafzucht; die Kleinbauern (Crofter) wurden von ihren Höfen vertrieben, weil die Großgrundbesitzer mehr Platz brauchten. Schafzucht war einfacher und einträglicher, als den armen Bauern die Pacht abzuquetschen. Zehntausende wurden vertrieben, mussten auswandern, nach Nordamerika oder Australien. Der Name der Provinz Nova Scotia in Kanada erinnert daran. Später nutzte dann auch mancher schottische Clan-Chief die Gunst der Stunde für die eigene Bereicherung.

Wer nicht hungers starb oder an den folgenden Epedemien, wer nicht auswanderte, musste sich verstecken und seinen Lebensunterhalt irgendwie anders gestalten. So verkrochen sich einige Familien am äußersten Rand des Landes, unsichtbar am Fuß der Felsen, den Unbilden des Meeres ausgesetzt. Aus Bauern wurden Fischer. Und Schmuggler. Was blieb den Menschen anderes übrig, diese gottverlassene Gegend eignete sich dazu. Die Küste hat immer noch den Beinamen Smuggler's Coast. Die Bauern wurden gute Fischer, die es geschafft haben, trotz aller Hochseeflotten und Regelungen der Europäischen Union, bis in die achtziger Jahre einigermaßen vom Fischfang zu leben. Nach dem zweiten Weltkrieg mussten sich die Männer zunehmend als Matrosen auf größeren Kuttern in Fraserburgh und Macduff verdingen. Heute löst ein zaghafter Tourismus den Fischfang ab. Ob geschmuggelt wird, konnten wir nicht entdecken. Bestimmt stellen sie es so raffiniert an, dass Touristen und Engländer es nicht merken...

Es ist nicht das Schlechteste für die Dörfer, wenn auf Grund der Idee eines Drehbuchschreibers eine wilde Filmerhorde über die Orte hereinbricht, ein schottisches Epos nach dem anderen abdreht und für kurze Zeit bewegtes Leben und auch Geld in die Enklaven bringt. Stoff bietet die betrübliche schottische Geschichte genug... Wenn sogar Japaner auf Grund eines Filmes die weite Reise nach Schottland nur wegen einer roten Telefonzelle wagen! Deshalb wollten auch wir einmal prüfen, ob sie denn wirklich existiert, diese weltberühmte Kommunikationseinrichtung, umlagert von Japanern, die gerade die vollautomatischen Kameras gezückt hatten...

Nein. Keine Japaner. Nur ein paar Einheimische, Ureinwohner, 'schottische Indianer', bastelten an ihren Häusern, reparierten Fensterläden und strichen die Wände. Gegenüber lag die Gaststätte, mit schwarzen Buchstaben war der Name *Pennan Inn* auf die weiße Wand gepinsel; auch sie spielt im Film eine wichtige Rolle.

Da stand sie, strahlte leider nicht im Sonnenschein, ob dieser trübseligen Geschichten hatte sich das Gestirn wahrscheinlich wieder verzogen, glänzte aber trotzdem in ihrem kräftigen, knalligen Rot. Die Telefonzelle von Pennan. Und als ob ein Filmregisseur mitgewirkt hätte: direkt daneben hing an weißer Mauer ein ebenso roter Briefkasten, davor parkte ein roter Renault-Kastenwagen.

Den Haufen Highlander, den ich dem Renault-Chief auf den Hals hetzen wollte, hatte ich vor dem Ärmelkanal nicht mehr abfangen können. Sie hatten schon übergesetzt und befanden sich bereits in Arras. Ich konnte sie allerdings am Telefon überreden, von dem Vorhaben abzulassen. Sie sollten sich stattdessen lieber ein paar schöne Tage in Paris machen. Das hatte sie überzeugt. Ich konnte aufatmen.

Neben dem Telefonhäuschen stand ein Mülleimer, knallblau angestrichen, der nicht so recht zum roten Ensemble passen wollte.

»Wahrscheinlich streichen sie die Zelle jedes Jahr«, bemerkte meine in Sachen Farben bewanderte Begleiterin.

»Meinst du nur einmal pro Jahr?«

Wir ließen die Frage offen. Nachdem wir uns die Häuserwände und die Fensterläden näher angeschaut hatten - manche Fensterläden waren auch am Tag geschlossen, die Häuser streckten ihre Vorderseite nicht zum Meer hin, die Türen befanden sich hinten oder an der Seite -, war uns klar, dass das Meer und die Witterung dafür sorgten, dass nicht nur die Boote, die Telefonzelle, dass alles jedes Jahr neu gestrichen werden musste.

Und dann Crovie. Zu Fuß hinunter, über schmale Wege und Treppenstufen. Ganz nah am Meer, als wenn jeder Meter gezählt hätte, den man noch nach Norden hätte flüchten können vor den mörderischen Edelleuten.

Grünbewachsene Felswände, die Häuserreihe, keine Autos, statt dieser problematisch gewordenen individuellen Verkehrsmittel parkten in Crovie neben und vor den Häusern Holzboote. Keine Andeutung eines Hafens wie in Pennan, nichts davon hier, die Boote wurden einfach über den Kieselstrand hochgezogen. Und wenn die mörderische Nordsee, welch ein Tausch für die geflüchteten Bauern!, wenn das Meer mit seinen Herbst- und Winterstürmen höher als normal aufschwappt, dann müssen die Boote in Sicherheit gebracht werden. Und bei Sturmfluten sieht man die Menschen mit ihrer wichtigsten Habe die Felsen hinaufflüchten.

Während Ilse sich trotz herber Witterung ans Malen machte, kehrten meine Gedanken noch einmal zur schottischen Geschichte zurück. Queen Victoria, ob mit Liebhaber oder ohne, wir hätten ihr gern einen gegönnt, hatte eine besondere Vorliebe für das Hochland entwickelt. Sie hielt sich gern in ihrem schottischen Schloss Balmoral auf, was ihre königlichen Abkömmlinge bis heute nachahmen, wie man nicht nur der Regenbogenpresse ab und zu entnehmen kann. Durch die romantischen Vorlieben von Königshaus und Adel wurde eine zweite Welle des Bauernlegens eingeleitet. Es entstand ein Freizeitpark für englische Edelleute, das Land wurde wegen einer Überproduktionskrise in der Schafswollindustrie in *Hirschwaldungen* verwandelt. Dabei handelte es sich um Wälder ohne Baum und Strauch, denn die Pirschjagd über offenes Gelände ist bis heute ein Privileg der englischen Oberklasse. So erklärt sich auch die trostlose, baumlose Ebene vor den Grampians, wo wir in der Nähe von Peterhead übernachtet hatten.

Heutzutage boomt der Immobilienmarkt für Hochlandgüter, deren Preis sich nach dem möglichen Abschuss der Hirsche richtet. Die Verwaltung bemüht sich, die Wälder langsam wieder aufzuforsten. Noch laufen Schafherden frei herum, das finden die Urlauber schön, man kann sie auch malen. Leider fressen sie das ganze Land kahl. Inzwischen nehmen sie in ihrer Not auch Pflanzen, die sie früher unberührt ließen.

Vom drei Kilometer entfernten Gardenstown konnten wir die Bucht von Crovie sehen, über die Betonmauer hinweg, die Gardenstown, das größer ist als Crovie, vor dem Meer schützt. An der Mauer saßen, wenn die Sonne sich ein wenig zeigte, auf einer hölzernen Bank die alten Leute des Ortes, wie in Südfrankreich oder Spanien, allerdings mit Pullovern und Windjacken, die Schotten kannten ihr Wetter.

Wir hätten in Crovie den Berg wieder hinaufklettern und nach Gardenstown fahren können. Es gab einen spannenderen Weg. Wir fanden ihn eher zufällig am Ende des Ortes. Eine Steintreppe führte ein Stück die Felswand hinauf, an der sich ein schmaler Fußpfad entlang schlängelte, mühsam gesprengt, mit verrostetem Geländer, das teilweise ins Wasser gestürzt war. Nass von der vorigen Flut, war es wohl ratsam, diesen Pfad nur bei Ebbe zu benutzen. Eine entgegenkommende Schottin beruhigte uns. Normalerweise blieb der Weg auch bei Flut begehbar. Im Winter aber, sie schüttelte den Kopf, war ein Umweg angebracht. Zögernd tappten wir weiter, hoch über dem Wasser, konzentrierten unsere Blicke auf die vor uns liegenden ersten Häuser von Gardenstown.

In Gardenstown fiel uns der im Vergleich mit Pennan und Crovie komfortable Hafen auf, auch gab es mehrere Geschäfte und ein Hotel.

Das mittelalterlich anmutende Portsoy, eine weitere Perle dieser malerischen Kette kleiner Orte, besaß etliche sehr eigenwillige Häuser. Neben einem hohen Bruchsteingebäude aus dem 17. Jahrhundert gefiel uns eine Reihe Häuser in einer nüchternen, sehr klaren und geometrischen, symmetrischen Form, einige mit kräftigem rosafarbenem Anstrich. Bauhausleute hätten ihre helle Freude an der stringenten Durchführung der Architektur gehabt.

Es gab auch Häuser, die ich lieber als Bauwerke bezeichnen möchte, ich werde meine Beschreibung auf zwei beschränken.

Das eine war ein niedriger Bau mit einem Flachdach, das von der Mitte an nach vorn in einem Winkel von dreißig Grad schräg hochgezogen war. Die Giebelseite strahlte in frischem Weiß, ein Fenster saß genau in der Mitte, darunter stand eine Reihe von sieben schwarzen Mülltonnen. Das Ensemble entpuppte sich als *Shone Inn.*

Das andere bot das krasse Gegenteil. Der plumpe, dunkle Bruchsteinbau bestand aus verwinkelt aufeinander gesetzten Kuben. Das Erdgeschoss konnte von der Straße aus betreten werden, ein Souterrain lugte zum Hafen hin, auf dem als ersten Stock aufgesetzten Steinwürfel thronte eine kleine Glaskuppel mit weißem Blechdach. Unten befand sich die öffentliche Toilette, oben der Leuchtturm dieser Stadt.

Leider malte Ilse dieses Gebilde nicht, weil wir die Zeiten von Ebbe und Flut wegen des Rückwegs im Kopf hatten, was aber nichts nützte, denn wir hielten uns an anderer Stelle zu lange auf. Es könnte möglicherweise im Shone Inn gewesen sein. Während die Flut nach unseren Füßen schnappte, wanderten wir, das Wasser dicht unter uns, im Dunklen auf unserem schwankenden Pfad nach Crovie zurück, das auch Crivie genannt wird.

Macduff war ein größerer Ort, eine richtige Stadt, im Hafen lagen seetüchtige Fischkutter. In mehreren Werften wurde geschweißt und gehämmert, klobige Schiffskörper standen im Trockendock, Schienengewirr führte mit raffinierten Drehscheiben von den Werfthallen zum Wasser.

An der Nordküste

Im Norden vor den Highlands
wo der Wind die Häuser an die Felsen drückt
und dir das Hemd vom Leibe reißt
wo selbst ein Schotte
die Mütze über die Ohren zieht

Das Quecksilber in die Tiefe steigt
wie im Winter sagen die Leute
wo die Terroristen der RAF die Stille zerdröhnen
wo spröde Schönheit zu Herzen geht
Da kannst du spüren wie es früher war

in den rauen Tälern am Ende der Welt
auf den trostlosen Feldern der verlorenen Schlachten
Hier flüchtete der letzte Stuart
ritten Boswell und Dr. Johnson
bog auch Fontane nach Süden zu

Im Norden vor den Highlands
wo der Wind die Häuser an die Felsen drückt
wo sie immer schon den braunen Korn tranken
nicht nur am Abend
nahmen auch wir unseren Talisker

Banff, Cullen, Portknockie, Findochty, Buckie, Lossiemouth, Branderburgh: die in unseren Ohren lustig klingenden Namen bedeuteten weitere Perlen in der Kette, die wir abfuhren und die wie ein Rosenkranz durch unsere Sinne glitten. Je weiter wir nach Westen kamen, umso ruppiger wurde das Wetter. Die Sonne hatte sich schon längst verabschiedet, eine graue Wolkendecke begleitete uns, unterwandert von dunklen, vom Wind gejagten Wasserballen. Die Temperatur sackte weiter ab.

Um über die River-Spey-Brücke zu gelangen, mussten wir einen Schlenker landeinwärts machen, danach fuhren wir in Richtung Lossiemouth wieder an die Küste. Bei Covesea sollten die schönsten Strände der Gegend liegen, wettergeschützt, sollten mit lieblichem Klima zum Bade laden... Diese Beschreibung konnte nur das Touristeninformationszentrum erfunden haben, um arglose Gäste anzulocken, bezogen anscheinend auf ein Wetter aus Südwest. Uns aber verfolgte ein hartnäckiger Wind aus Nordost! Der kam von Skandinavien herüber, hatte seine Wucht über der Nordsee aufgebaut und brachte Eismeertemperaturen mit.

Wir spürten das hautnah, als wir bei Lossiemouth den hohen, schlanken, weißen Leuchtturm fotografierten, der direkt auf dem Fels oberhalb des Meeres aufragte, umgeben vom Gelb blühenden Ginsters, der sich im zunehmenden Wind zur Seite bog. Der Sturm ließ uns wie trunken über den Felsvorsprung taumeln. Das Weiß des Leuchtturms verschwamm im Grauweiß der Wolkendecke. Ein Aquarell zu malen war unmöglich.

»Ich hätte jetzt gern eine Wolldecke«, murmelte Ilse, ich nickte beipflichtend.

Die brauchten wir am Abend, hinten im Auto hockend, nachdem wir Burghead erreicht hatten, wo wir uns auf dem Campingplatz niederließen. Denn bei Lossiemouth hatte uns nicht nur das Wetter weitergescheucht, sondern auch Düsenjäger, die unablässig vom nahe gelegenen Militärflugplatz aufstiegen. Dort wollten wir keinen Urlaub verbringen. Die Schotten konnten; sie amüsierten sich im Leisure-Park und auf einem Reiterhof, die dem dortigen Campingplatz angeschlossen waren.

In Burghead erreichten wir eine erträgliche Distanz zur RAF, zur Royal Air Force. Der Campingplatz bot Meeresblick, das betreuende Ehepaar und die Katze des Hauses hießen uns herzlich willkommen. Das »Nice day today, isn't it?« fiel uns schwer, und die Frau, in eine dicke Wolljacke gehüllt, meinte, solche Temperaturen, dabei deutete sie auf ein Thermometer an der Wand, gäbe es sonst nur im Oktober. »Acht Grad!« rief sie anklagend und empfahl ein Lokal in der Stadt. Sie wollte uns auf jeden Fall Gutes tun.

Der Wind hielt sich ebenfalls an die Zahl acht und blies mit entsprechender Stärke. Wir hockten im Kasten unseres Autos, steckten bis zu den Knien in den Schlafsäcken, dicke Wollsocken an den Füßen. Es gab erst einmal für jeden einen Whisky und dann Hühner-Curry. Die Wärme des Gaskochers tat wohl.

Der Whisky stärkte uns. Wir schälten uns aus den wamen Umhüllungen und wagten trotz der unwirtlichen Außensituation einen Stadtbummel. Es ging an geduckten, niedrigen Häuserreihen entlang. Das größte Gebäude der Stadt brummte und fauchte unablässig, eine Whiskydestille, die unbekümmert um das Wetter zusätzliche weiße Wolken aus hohem, dünnem Schornstein puffte. Es roch nach Schnaps. Kaum ein Mensch war draußen. Wir gelangten zum Hafen, der mit drei skurrilen Leuchtzeichen aufwartete, seltsam geformten niedrigen, eckigen Häuschen mit roten und grünen Lämpchen, außen grellweiß angestrichen. Durch Regen und Dunst wirkten diese kleinen Lebens- und Leuchtzeichen auch für uns an Land anheimelnd und Vertrauen erweckend.

»Ob welche draußen sind mit den Booten?« fragte Ilse. Sie schauderte bei dem Gedanken. Stürmisches Wetter und dann bei Nacht auf dem Meer...

»Sicher«, antwortete ich, »die richten sich nach den Gezeiten, nicht nach Tag oder Nacht, die können keine Rücksicht auf das Wetter nehmen.«

»Und das Wetter nimmt sicherlich keine Rücksicht auf die Fischer.«

»So wird es sein.«

Wir schlenderten über die großzügigen Kaianlagen und kamen zu einem aufgebockten Holzkutter mit aufgerissener Seite, an dem gearbeitet wurde. Wir konnten erkennen, wie die Planken in Klinkerbauweise übereinander geschichtet und dann kalfatert, abgedichtet wurden. Ein kräftiger, gedrungener Mann mit dickem Pullover und Pudelmütze kletterte eine angelehnte Leiter hinunter. Als er uns sah, fröstelnd, die Kapuzen über dem Kopf, verzog sich sein Gesicht zu einem breiten Grinsen. Dann knarrte er, nein, nicht das »Nice day«, das blieb heute wohl selbst einem Schotten in der Kehle stecken, nein, dann kam ein:

»Not so warm today, is it?«

Als wir uns von dieser Wendung erholt hatten und endlich unser »Yes, it is« stammelten, war er schon, ein Lied pfeifend, weitergegangen.

Not so warm today. Really! Indeed!

Wir liefen langsam zurück, wieder durch schmale Straßen, an den erdgeschossigen Häuschen vorbei, denen man in die Traufe greifen konnte - so stellte ich mir Theodor Storms graue Stadt am Meer vor:

»Am grauen Strand, am grauen Meer
Und seitab liegt die Stadt;
Der Nebel drückt die Dächer schwer,
Und durch die Stille braust das Meer
Eintönig um die Stadt.«

Irgendwo lockte ein Hinweisschild zu einer unterirdischen Museumsanlage über Picten und Römer. Ein Gatter und ein Weg, der sich in einem Garten verlor. Der Schlüssel war abzuholen bei Familie McPherson - ohne Angabe einer Hausnummer - und zu reasonable times. Wir schauten auf die Uhr: schon nach neun. Also unreasonable times. Wir atmeten auf. In Wirklichkeit lockten uns die Schlafsäcke. Kurz darauf lagen wir wohlig eingemummelt im regenwasserdichten Blech, horchten auf den Sturm, der das Auto schüttelte, und schliefen gut. Es gab keine anderen Geräusche, auch die Düsenjäger ruhten.

Not so warm today!

Am nächsten Tag erreichten wir auf wenig befahrenen Landstraßen durch Wälder das Fort George, nachdem uns das Campingpaar mit den besten Wünschen und die Katze mit einem Kratzer verabschiedet hatten. Ein gewaltiges Fort, das die Engländer nach der gewonnenen, alles entscheidenden Schlacht bei Culloden in der Nähe von Inverness bauten, um die Schotten in Schach zu halten. Angst haben sie vor den Highlandern wohl noch heute, denn das Fort ist gut besetzt. Obwohl die Schotten mit anderen Waffen kämpfen: der neue Premierminister Tony Blair stammt aus Edinburgh.

Über dicke Kieselsteine in den verschiedensten Formen und Farben, am liebsten hätten wir einen Zentner davon mitgenommen, wanderten wir an der Wasserlinie entlang, allen Verbotsschildern und Stacheldrähten zum Trotz. Militärs scheinen sehr ängstlich zu sein. Eine 'Danger Zone' kündigte sich an, wo scharf geschossen wurde. Gegen wen?

Auf dem Zipfel einer schmalen Landzunge am anderen Ufer des Moray Firth, den wir erreicht hatten, blinzelte ein Leuchtturm. Weit, zu weit entfernt, kein Gedanke ans Malen. Dafür bekamen wir ein Naturschauspiel geboten. Zwei dunkle Punkte bewegten sich auf dem unruhigen Wasser, kamen näher und begannen plötzlich in eleganten Bögen zu springen. Delphine. Eine ganze Weile schienen sie ihren Spaß zu haben, tauchten auf, beschrieben eine Kurve durch die Luft und ließen beim Hineingleiten das Wasser hoch aufspritzen. Dann waren die dunklen, geschmeidigen Fischkörper so plötzlich verschwunden wie sie gekommen waren. Die Vorstellung war beendet, wir spürten den unangenehmen Wind, den wir völlig vergessen hatten.

Wenn sie meinen, Herr Fontane

Smile, it's summer!

Mit diesem Spruch in riesigen Lettern auf einer fensterlosen Giebelwand begrüßte uns Inverness. Lächle, es ist Sommer! Yeah, der Kalender zeigte den 27. Juni. Und wenn wir erst einmal Juli hätten! Der galt als der schönste und wärmste Monat Schottlands. Dann würden alle Quecksilber- und Weingeistsäulen nebst Federthermometern der Sage nach auf über zwanzig Grad Celsius klettern!

Wir würden sehen, wir würden das kontrollieren, nahmen wir uns vor. Zunächst kaufte ich mir vorsichtshalber einen dicken, schottischen Lambswool-Pullover mit einem Schafsbild auf der Vorderseite. Sicher ist sicher. Ich behielt ihn im Laden gleich an und packte meinen alten Pullover in die Tragetüte.

Inverness, auf Gälisch In Ver Ness, an der Mündung des Flusses Ness gelegen, eine Stadt mit 60.000 Einwohnern. Schon wieder schrieb ein Reiseführer, es sei nichts Sehenswertes vorhanden. Hatte dieser Mensch die lebendigen Straßen übersehen; die dudelsackpfeifenden Schotten in ihren Röcken, das offene Geldkästchen vor den Füßen; die vielfältigen Läden mit wichtigen und unwichtigen Waren; die hohen elisabethanischen, imperial wirkenden Häuserreihen entlang der Flussufer? Eins stimmte, nach den niedergeschlagenen jakobitischen Aufständen war die mittelalterliche Bausubstanz ziemlich zerstört, aber es muss doch nicht immer Mittelalter sein.

Das Schloss ist keins der Stuarts oder Macbeth's, stammt aus dem vorigen Jahrhundert. Wer will, kann in das gut bestückte Museum gehen. In der Nähe der Stadt gibt es den Hügel, wo jenes Schloss Macbeth's stand, in dem er König Duncan ermordete und nach Shakespeare in der Nacht zuvor seinen grausamen Dagger-Monologue, den Dolchmonolog, hielt. Hatte dieser Reiseführer schreibende Mensch nicht spitzgekriegt, dass diese Stadt an einem Ende des Grabens lag, der den Kaledonischen Kanal barg, dem Great Glen, der sich von Fort Williams im Süden bis Inverness zieht, und damit geschützt war vor dem bösen Winter-Wind aus Norwegen? Wir bemerkten das mit Wohlwollen.

Und außerdem stand da mit großen Buchstaben an der Hauswand:

Smile, it's summer!

Am Fluss, gegenüber einer der Brücken mit ihren schmiedeeisernen, ziselierten Geländern, lag ein unscheinbares Pub. Das Pflastertreten hatte uns müde gemacht, ein kleines Beamish würde kaum schaden. Beamish war die Konkurrenz der Firma Guinness und schmeckte (fast!) genau so. Und wir konnten auch nicht behaupten, der kühle Wind sei völlig verschwunden gewesen. Gewiss nicht.

Wir fanden einen runden Tisch in der Ecke, und schnell standen zwei braunschaumige, dunkle Biere vor uns. Your health! Cheers! An der Theke hockte einer, der wohl schon mehrere Pints geleert hatte, im Nebenraum spielten einige Jugendliche Dart und gegenüber brannte ein Kaminfeuer. Das Holz knisterte, die Flammen züngelten empor, die Wärme lullte uns ein, wohlig streckten wir die Beine aus. Hier wollten wir doch den Fontane treffen! Der mit seiner Postkutsche längst angekommen sein musste, durch die Grampians gereist war, das Ödeste, was er in seinem Leben je gesehen hatte. Der sich dennoch an der Geschichte Schottlands begeisterte und alles, was er darüber erfahren konnte, seinem Reisetagebuch anvertraute.

Durch die wilden Grampians müsste er gekommen sein, deren Berge der Schriftsteller Henry V. Morton in den zwanziger Jahren als *Galopp wilder Pferde* bezeichnet hatte. Und waren nicht auch die anderen beiden...? Natürlich: des guten Essens wegen waren Boswell und Johnson Gast gewesen beim Proviantmeister von Fort George, hatten das Fort mit seinen Waffenkammern besichtigt und kamen dann wohlbehalten nach Inverness, wo sie in einem Gasthof abstiegen. Daniel Defoe, der Autor des *Robinson* und der *Großen Pest zu London*, Geheimagent des Königs und eine Zeit lang als Pirat aktiv, soll ebenfalls als Reisender diese Gegend unsicher gemacht haben. Stammte doch sein Protagonist Robinson, der Matrose Alexander Selkirk, aus Schottland.

Was hinderte uns an der Vorstellung, diese Herren und auch eine Dame, Johanna Schopenhauer, die einige Male mit ihren Eltern diese Ecke Europas besucht hatte, sie alle wären damals an der Theke vorbei die steile, knarrende Holztreppe zu den Schlafstuben hochgeklettert? Wir reckten uns, das zweite Half-Pint kam unaufgefordert, die Flammen knisterten und wärmten, machten uns schwer und zufrieden.

Theodor Fontane: So kann man es wohl aushalten. Da sieht es draußen im Culloden-Moor, das die Hochländer Drumossie-Moor nennen, ganz anders aus. Düster, ein meilenweites Brachfeld, stoppeliges Sumpfgras, das berühmte Schlachtfeld, auf welchem 1746 die Stuarts, nachdem sie dreimal den Versuch ihrer Wiedererhebung gemacht hatten, endlich für immer unterlagen.

Prince Charlie, der Sohn des Kronprätendenten, war im Juni 1745 in Schottland gelandet. Die Clane hatten sich alle um ihn gesammelt. Er zog siegreich in Perth ein, dann in Edinburgh und schlug zwei Tage später die Engländer auf der Ebene von Prestonpans. Ganz Schottland war Sieg und Jubel.

James Boswell: Nehmen wir einmal an ...

Fontane: Moment! Carlisle und Leicester wurden eingenommen. Da entstanden Uneinigkeiten und Eifersüchteleien zwischen den Clanen, außerdem kehrte der Herzog von Cumberland zurück, der bis dahin mit den besten englischen Regimentern in Deutschland gestanden hatte. Dieser - ebenso jung wie Prinz Charlie - machte dem Siegeszug ein Ende und zwang die Schotten zur Umkehr auf schottisches Gebiet. Das spornte sie noch einmal an, sie fochten siegreich auf dem alten Schlachtfeld von Falkrik; dann neigte sich ihr Stern, rascher und plötzlicher noch, als er aufgegangen war.

Boswell: Gesetzt den Fall, dass ...

Dr. Samuel Johnson: Zum Teufel mit den Schotten.

Fontane: Überlegene Streitkräfte schlossen die Schotten ein, durch die Grafschaften Perth und Inverness hin ging es jetzt in eiliger Flucht.

Ich: Jetzt hätte Prince Charlie einen Archibald Douglas haben müssen!

Fontane (seufzend): Ja, - ich hab' es getragen sieben Jahr, Und ich kann es nicht tragen mehr! König Jakob, schaue mich gnädig an Und höre mich in Geduld, Was meine Brüder dir angetan, Es war nicht meine Schuld ... Zu Ross, wir reiten nach Linlithgow, Und du reitest an meiner Seit, Da wollen wir fischen und jagen froh Als wie in alter Zeit. Aus der Scheide zog Jakob sein breites Schwert, Aber fallen ließ er es nicht. Nimm's hin, nimm' s hin und trag es neu. Und bewache mir meine Ruh!

Günter Grass: Dreiundzwanzig Strophen! Ein wenig verstaubt, aber: eine Leistung!

Der kleine Fonty: Pscht! Wir gehören hier nicht hin.

Grass: Ach so.

Boswell: Wenn man die Zeiten verschieben könnte ...

Johnson: Stuart bleibt Stuart!

Ilse: Der Archibald Douglas des schönen Prinzen war eine MacDonald! Eine Frau!

Johanna Schopenhauer: Und klüger als diese säbelrasselnden Knallköppe.

Fontane: Moment! Man kommt ja kaum zu Wort. Auf Culloden-Moor machten die Schotten einen letzten Stand. An sehr ungünstiger Stelle, man weiß nicht warum. Die MacDonalds, die jede Teilnahme am Kampf ablehnten, weil ihnen die Ehrenstellung am rechten Flügel, die sie beanspruchten, versagt worden war, gaben den eigenen Leuten den Rest.

Boswell: Eine typisch schottische Haltung ...

Johnson: Papperlapapp, blöde Hunde!

Ich: McDonald's taugt eben nichts.

Johanna: Aber die Flora MacDonald hat doch ...

Fontane: Später, später. Alle Tapferkeit war umsonst. In wenigen Stunden war die Niederlage vollendet. Gegen achthundert Hochländer lagen tot auf der Heide. Der Prinz entband die Clanführer ihres Eides. Die Highlander flohen auf unwirtlichen Wegen nach Norden, Bonnie Prince Charlie wandte sich nach Westen, zu den Hebriden.

Daniel Defoe: Ein Deserteur? Ein Aussteiger? Ein Inselflüchtling?

Johnson: Ein Chef kann nicht desertieren.

Ich: Kafka hat geschrieben, es gäbe keinen Grund, irgendwo in vorderster Linie zu stehen.

Johnson: Wer ist Kafka?

Ilse: War doch besser zu flüchten als zu sterben, oder?

Boswell: Wenn man die militärische Situation der Schotten ...

Fontane: Der Prinz flüchtete nach Westen und entkam von der Insel Skye aus.

Defoe: Siehst du, ein Inselmensch, ein Robinson.

Johanna: Wie das klingt: entkam von der Insel Skye aus. Das sagt doch gar nichts. Die Flora hat ihn versteckt, und dann hat sie ihn im Ruderboot ...

Ich: Ja, tolle Geschichten, zehn Orte gibt es, mindestens fünf Höhlen, auf dem Festland, auf Skye, wo er versteckt gewesen sein soll, zwanzig Prinzen scheinen es gewesen zu sein.

Ilse: Du musst natürlich alles kaputtmachen. Ich denke, du bist ein Dichter, du sollst Geschichten erfinden!

Ich: Hab' ich ja. Hört mal zu!

Der Prinz und das Mädchen

Verloren die Schlacht nach Hieb und Stich
entbunden die Treuen von ihrer Pflicht
gibt auf der Prinz den großen Plan
König von Schottland als oberster Clan ...

Ilse: Bist du wahnsinnig, hier, wo nur Dichter, große, am Tisch sitzen, da willst du... und dann noch im Balladenstil, Mensch, der Fontane hört zu!

Fontane: Lassen Sie ihn, der kann mir nichts, meine Balladen musste er als Schüler auswendig lernen, meine Gedichte stehen in allen Anthologien und Sammlungen. Ich bin anerkannt. Obwohl, ausgerechnet mein *Jenseit des Tweed* kennen viele nicht.

Ich: Am besten finde ich, nach der Brück am Tay natürlich, John Maynard: 'Das Schiff geborsten. Das Feuer verschwelt. Gerettet alle. Nur einer fehlt!'

Fontane: Gut, gut, lass mal.

Boswell: Ich finde, man sollte ...

Johnson: ... die Ballade ruhig weiterhören.

Johanna: Finde ich auch, darin kommt sicher die Flora vor, oder?

Ich: Natürlich! Also:

Er flüchtet zu Pferde nach Westen hin
hart auf den Fersen die Briten ihm
Der Tod ist gewiss, das weiß er genau
er wäre so gern ein Fuchs im Bau

Die Wolken drängen, das Meer vorab
bald muss der Stuart wohl in sein Grab
Das Herz es klopft es zittern die Beine
da ergreift eine zarte Hand die seine

Johanna: Hört, hört!

Ich:
Ein Mädchen ist's mit mutigem Blick
'Komm, Bonnie, Prinz des Missgeschick',
ich zeig dir den Weg weit fort von hier,
ergib dich ganz und folge mir.'

Ilse: Die Frauen.
Ich: Eine nur. Aber weiter.

Der Prinz ergab sich der schönen Gestalt
besser als Kampf ist süße Gewalt
die Feinde suchten vergeblich ihn
dem das Mädchen seine Kleider geliehn

In rüschigem Hemd und langem Tartan
für den Prinzen ein andres Leben begann
Bei Nacht und Nebel zwei Frauen im Boot
der Kämpfer als Frau ist besser als tot

Zur Insel im Meer fuhr sie ihn hinaus
für die Verfolger das Spiel war aus
Ein Vermögen auf Bonnies Kopf war gesetzt
doch keiner der Schotten hat ihn verpetzt

Ein Schiff brachte ihn an Frankreichs Gestade
dort fand er des Exils zwiespältge Gnade
er lebte gut bis an sein Ende
umsorgt vom Whisky und der Frauen Hände

Johnson: Die Frauen, aber anders.

Boswell: Die schottische Mentalität ...

Defoe: Wär' er bloß auf seiner Insel geblieben.

Der Wirt (zu Defoe gewandt): Aber Ihr Typ war doch auch froh, als er da wieder weg kam.

Robert Louis Stevenson: Irgendwie muss die Handlung aufgebaut werden, die Spannung. In meiner Schatzinsel ...

Robert Burns: Liebe muss man tun, nicht nur schreiben.

Ilse: Jetzt driftet das aber auseinander.

Ich: Wie hat euch denn die Ballade gefallen? Der Prinz und das Mädchen! Klingt gut, oder?

Johnson: Verpetzen kommt in meinem Wörterbuch nicht vor, sonst ging's leidlich.

Boswell: Soll das etwa ein Lob sein? Alle Achtung.

Wirt: Mir hat's gefallen.

Johanna: Die Stimme des Volkes! Flora bewährte sich, nicht wahr? Unter Lebensgefahr den letzten Stuart zu retten, mit Erfolg. Das soll mal jemand nachmachen. Schade, dass sie der Maria Stuart nicht helfen konnte.

Boswell: Wenn wir die Zeiten verschieben würden ...

Johnson: Das hatten wir schon. Aber Gedichte schrieb sie, die Mary. Gar nicht so schlechte.

Boswell: Ungeheuerlich. Wieder ein Lob aus berufenem Munde.

Johanna: Soll ich mal zitieren, ein Liebesgedicht von Maria?

Johnson: Nicht jetzt, nicht jetzt!

Burns: Ich hab' auch ein Gedicht über die schöne Maid von Inverness gemacht.

Sir Walter Scott: Wer nicht!

Wirt: Noch eine Runde, die Herrschaften?

Fontane: Für mich nicht, wir müssen morgen früh weiter. Übrigens hat mein Freund Bernhard eine tolle Zeichnung vom Culloden Moor gemacht, obwohl er sich immer beschwert, ich reiste zu schnell und er käme nicht zum Malen. Dunkel dräut der Himmel, schwarze Wolkenformationen streben in nur um weniges hellere Schichten, im Hintergrund die gezackte Linie der Grampians, die tiefe Ebene, moorig, sumpfig, schwarz, einige Schafe. Das sieht auch ohne verlorene Schlacht traurig genug aus.

Fonty: Das erinnert mich an die Mark Brandenburg, das ist ein weites Feld.

Grass: Pscht! Du hast gesagt, wir hätten hier nichts zu suchen!

Fonty: Ich hab nichts als Schottland im Sinn.

Fontane: Es gibt noch eine berühmte Schlacht, die von Flodden Fields 1513, wo die Schotten auch verloren, als ...

Boswell: Die schottische Mentalität ...

Johnson (und Ilse): Jetzt reicht's. Lasst uns essen!

Das Feuer war heruntergebrannt, Flammen und Bilder fielen in sich zusammen; wir überwanden mühsam unsere Körperschwere, die wohlige Müdigkeit, bezahlten und wagten uns erneut in eine culloden-moorige Wetterlage, schlugen uns in den Great Glen, zum Kaledonischen Kanal, wo das Ungeheuer von Loch Ness auf uns wartete.

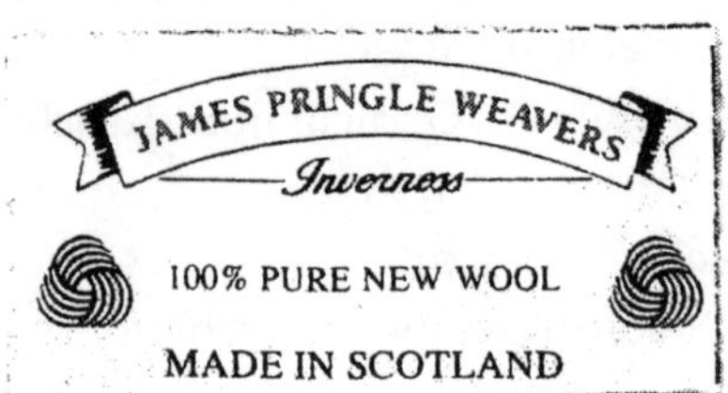

Die Wahrheit über Nessie

Kann man das aussprechen? Drumnadrochit, Urqhart Castle oder Dochgarroch?

Was steht im Reisetagebuch? Inverness hat zu viele Kirchen, zu viele kirks! Und: Weiter nach Dochgarroch. Übernachtung direkt an der Schleuse, der Dochgarroch-Lock. Alles schwarzweiß gestrichen, auch die Reste der alten Göpel und Ketten. Die Schleusentore öffneten und schlossen sich, Wasser stieg und rauschte ab, Boote kamen und gingen, lagen am Ufer vertäut. Der Himmel blieb bedeckt. Die Ecke wirkte wie Holland im März. Warum waren wir hierher gefahren? Wo blieb der Sommer? Ein Bootsfahrer meinte, wir hätten Februarwetter. Schöne Aussichten!

Der Great Glen oder das Glen Mor ist ein natürlicher Einschnitt, ein Graben, in dem sich mehrere schmale Seen, die Lochs, hinziehen. Mit kurzen Kanalstücken sind die Lochs miteinander verbunden, auch Fontane und Lepel konnten diese Wasserstraße zwischen Inverness im Norden und Fort William im Süden schon benutzen. Bei Fort William beginnt der offene Loch of Linnhe, der in den Firth of Lorn übergeht, von wo man unterhalb der Hebrideninsel Mull in den Ozean gerät, wenn man nicht gegensteuert.

Auf dem Campingplatz unter Bäumen an der Schleuse mit dem unausprechlichen Namen bereiteten wir uns Lachs mit Butterkartoffeln und Erbsen. Zum Nachtisch gab es einen Split aus Bananen, Apfelsinen, Muesli und Honig. Dazu einen fruchtigen Weißwein aus dem Ger in Frankreich. (Wein war sehr teuer, wir tranken ihn nur zu besonderen Gelegenheiten). Zum Aperitif ein Strong Export Ale, das spritzig und kräftig schmeckte.

Nachts war es sehr ruhig, noch keine Nessie.

Stimmt es, dass mit Geschichten über Nessie, den Yeti und fliegende Untertassen die Menschen von den wirklichen Problemen der Welt abgelenkt werden? So verlautete es seinerzeit auch aus dem Kreml , als die Sowjetunion noch existierte. Die Sowjetunion mit ihrem real existierenden Kommunismus besteht auf Grund der Nachrüstungsanstrengungen der westlichen Welt einschließlich Deutschlands nicht mehr (an ihre Stelle ist ein mafiotisches, kapitalistisch orientiertes Chaos getreten), fliegende Untertassen sind zurzeit ein wenig in den Hintergrund des Interesses geraten und der Bergsteiger Reinhold Messner besaß angeblich ein Foto vom Yeti, rückte damit aber lange nicht heraus. Wie sich dann bei der Präsentation seines Buches herausstellte, bezeichnete Messner zwar vernünftigerweise das Wesen als Hirngespinst der westlichen Welt, konnte aber sein Foto leider nicht präsentieren: einmal hatte im entscheidenden Moment das Blitzlicht versagt, ein andermal hatte das Fotolabor die Negative ruiniert...

Abgelenkt werden die Menschen weiterhin von ihren brennenden Existenzproblemen - und sie lassen sich gern ablenken mit Geschichten über Lady Di, das Sexleben des US-amerikanischen Präsidenten oder mit Fußballmeisterschaften.

Das real existierende Ungeheuer von Loch Ness wollte ich immer schon gern aus der Reihe der reinen Unterhaltungs-

und Ablenkungslektüre herausgenommen wissen. *Ich* jedenfalls glaubte seit jeher nicht an fliegende Untertassen und Yetis, sondern an Nessie. Nun wollte ich die Sache endlich vor Ort nachprüfen und den Beweis erbringen.

Obwohl es sehr schwer ist, ein Phänomen nachzuweisen, das es *nicht* gibt. Es sei denn, ich würde, wie Politiker oder Kirchenfürsten, vom Boden einer falschen Voraussetzung ausgehen, dann ließe sich logisch alles beweisen. Oder ich müsste mit Behauptungen arbeiten, die an Stelle einer Beweisführung ständen, wie es eben Politiker und Theologen tun und immer schon getan haben: blühende Landschaften im Osten, gewaltig sinkende Arbeitslosenzahlen in Kürze, Kreuz- und Krippengeschichten, drei Könige ohne Gefolge, unter ihnen ein schwarzer, der erst im Mittelalter erfunden wurde.

Der See ist ungefähr vierzig Kilometer lang, zwei Kilometer breit und zweihundert bis dreihundert Meter tief. Eine schmale Fahrstraße führt am westlichen Ufer unter Bäumen und neben Buschwerk entlang, das nur selten einen Blick auf das Wasser zulässt. Mein erstes Dokumentarfoto zeigt einen silberglänzenden See mit etlichen schwarzen Schatten auf der Oberfläche, im Hintergrund im Nebeldunst verschwimmende langgezogene bewaldete Bergrücken. Kein Lebewesen. Jedenfalls nicht auf dem See. Im Wasser leben nachweislich genügend Fische und kleinere Lebewesen, die so genannte Biomasse, so dass eine genügend große Population von Nessies sich dort ernähren könnte. Das stellte Adrian Shine (London) auf Grund seiner in den letzten Jahren professionell durchgeführten Sonarforschung fest. Mindestens zehn Einzelwesen beiderlei Geschlechts müssten nämlich dort schwimmen - ähnlich dem in England gefundenen, 60 Millionen Jahre alten, versteinerten, drei Meter langen Echsenexemplar -, um die Fortpflanzung über einen längeren Zeitraum zu sichern.

Demnach wäre der Beweis der Existenz *mehrerer* Ungeheuer im trüben Loch erforderlich, um das Vorhandensein Nessies als Einzelexemplar zu belegen. Auch ich bekam nur eine einzige Echse in Lebensgröße zu Gesicht, von der ich ehrlich und wahrhaftig berichten will.

Andere Menschen waren ebenfalls auf der Suche nach Nessie. Sie parkten bereits im Örtchen Drumnadrochit hinter einem altehrwürdigen Bruchsteingebäude, in dem die *Official Loch Ness Monster Exhibition* untergebracht war. Nur dies ist die einzige wahre authentische Stelle! Nicht die geplante Konkurrenz bei den Ruinen des Urquhart-Schlosses und nicht die bereits vorhandenen benachbarten Konkurrenten vom *Original Loch Ness-Besucherzentrum*. Nein, nur die offizielle Monster-Schau, wo die Busse der *The Grand Loch Ness Tour* halten und wo es im *Nessie-Shop* eine Menge Nessies aus Plastik gab, die natürlich alle nicht echt waren. Man konnte Schmuck mit Nessie-Emblemen, Aschenbecher, T-Shirts, Tassen, Kekse und Kinderbücher kaufen - als ob die ernsthafte Nessie-Forschung etwas für Kinder wäre! Selbst in Massachusetts/USA wird seit Jahrzehnten ernsthaft geforscht, dort hat Dr. Robert Rines die *Akademie für angewandte Wissenschaft* aufgebaut. Wenn das kein Beweis ist!

Die vollautomatische Museumsführung war perfekt organisiert, eine sonore Stimme vom Band führte uns mit einer

Besuchergruppe durch schummriges Licht von Raum zu Raum, von Beweis zu Beweis. Erste geschichtliche Erwähnungen des Forschungsobjektes stammen aus alten Zeiten, hier ist aus Historikersicht Vorsicht geboten, es handelt sich um die so genannten Dunklen Jahrhunderte, aus denen wenig Schriftliches oder Sonstiges vorliegt.

Natürlich haben viele Menschen in unserem aufgeklärten Zeitalter das Monster irgendwann einmal gesehen. Manche berichteten mit dem Brustton der Überzeugung und genauer Beschreibung, wie zum Beispiel der Kirchenbruder David Brooks oder Lady Maud Baillie, die Schwägerin des ehemaligen britischen Premierministers Harold Macmillan. Auch Parkplatzwächter Gallagher hat Augenzeugenberichte gesammelt: Mit gewaltigen Spritzern sei es aufgetaucht, manchmal mache es auch ordentlich Schaum, der Kopf habe ausgesehen wie ein großer Frosch, wie ein Salamander oder gar wie von einem Pferd.

Leider sind alle Fotos unscharf und wenig aussagekräftig, wenn es den Forschern überhaupt gelang, in der Aufregung auf den Auslöser zu drücken. Ich erinnere an Reinhold Messner und seine Yeti-Fotos. Die Unterwasser-Filmaufnahmen oder die Computer-Darstellung der Sonarforschung zeichneten sich durch wenig Klarheit aus. Man konnte zwar Umrisse, einen Schatten, Unregelmäßigkeiten im Wasser erkennen, aber was war das?

Die Exponate wurden museumspädagogisch hervorragend dargestellt, die Schau wirkte abwechslungsreich und sehr sinnlich. Monster gibt es, seitdem die Menschheit existiert, weshalb sollten sie ausgestorben sein? Anscheinend ist das nicht der Kern des Problems, sondern die Beweislage. Geruhsam wurden wir über die gesamte Entstehungsgeschichte von Höhen und Tiefen, von Bergen, Glens und Lochs und ihre eiszeitliche Relevanz aufgeklärt. Fauna und Flora der Region stiegen bildlich am Horizont unendlicher erdgeschichtlicher Zeiten auf, wir holten von Saal zwei bis drei die Evolutionsgeschichte im Schnelldurchlauf nach. Auf Fische und Echsen und Ähnliches wurde naturgemäß besonderer Wert gelegt.

Der seriösen Forschung eher hinderlich ist die Berühmtheit, die Nessie inzwischen weltweit erlangt hat. Für die schottische Wirtschaft und ihre Tourismusindustrie ist das Tier nicht mehr wegzudenken. Das erklärt, warum versucht wird, die Sache häufig ins Lächerliche zu ziehen. Mit Vorliebe werden alte im Loch schwimmende Baumstämme unscharf fotografiert, um sie als Beweisaufnahmen herzeigen zu können. Das passiert regelmäßig im medialen Sommerloch. Was keiner glaubt. Meiner Interpretation nach auch nicht glauben soll, denn was geschähe, wenn es Nessie wirklich gäbe? Ich meine im Sinne derer, die nicht daran glauben, aber gute Geschäfte damit machen, weil sie Menschen anlocken, die den Nessie-Klamauk genießen.

Ist Nessie demnach nur eine Option, eine Möglichkeit?

Das wäre die Stufe eins ihrer realen Existenz, das Vorhandensein als Abstraktum.

Zwar spannend, aber geradezu störend für unser eigenes Forschungsvorhaben empfanden wir die Gewichtung der Ausstellungsexponate. Den Schwerpunkt bildeten die Schiffe, Taucherglocken, Klein-U-Boote und sonstigen technischen Ausrüstungen der Forscher und Abenteurer, mit denen sie dem See und/oder dem Phänomen auf den Grund hatten gehen wollen. Auch große Käfige und andere Geräte waren gebaut worden, um Nessie zu fangen. Das konnte meiner Meinung nach nur notwendiges Übel, Beipack, sein, wenn man sich ernsthaft mit der Angelegenheit beschäftigte. Und überhaupt, Nessie fangen zu wollen! Welche Naivität, welche Überheblichkeit! Was hätten sie denn gemacht, wenn sie es gefangen hätten? Tot hätten sie es gemacht, wie die Wale. Und dann?

Die Menschheit scheint wirklich nicht anders handeln zu können, als den Ast abzusägen, auf dem sie sitzt. Eine Nessie tötet man nicht! Das hatten wohl auch die Museumsleute in letzter Sekunde gemerkt und die Ausstellung nicht mit einem Beweis, sondern mit einem großen Fragezeichen enden lassen, entwickelt aus den Spuren der digitalen Sonaraufzeichnungen.

Nessie als Fragezeichen, als Frage: die Stufe zwei der realen Existenz. Fragen bewegen die Menschheit immer, Fragen über Fragen gab und gibt es. Zweifellos.

Jetzt wäre eigentlich die Philosophie mit ihrer Behauptung an der Reihe, ihr sei es seit langem gelungen, alle Fragen der Menschheit zu lösen zu versuchen. Aber ein Rest bleibt immer. Und wir würden uns wahrscheinlich nur in den verwirrenden Strömungen der verschiedenen Philosophieschulen und ihren divergierenden Richtungen verirren. Wenn wir nicht Schwimmwesten anlegten, um nicht unterzugehen in der Wissenschaft der Denker genauso wie im kühlen, unheimlichen Gewässer des Loch Ness.

Kommen wir also zum Konkreten, zum Nachvollziehbaren, zum scheinbar Logischen, zu dem, was wirklich sichtbar ist und war. Da wir wissen, dass die Menschen auf diese Dinge am meisten Wert legen, hatten wir uns auf wenige, aber greifbare Dinge konzentriert, also unseren eigenen wissenschaftlichen Schwerpunkt gebildet.

Damit standen wir, das muss berücksichtigt werden, wohl im scharfen Gegensatz zum derzeitig herrschenden Stand des Wissens der Wissenschaft über *Nessiteras rhomgopterix*. Das soll erläutert werden. Ob nun Leute das Wesen 1868 oder 1903 bereits gesehen haben wollen, kann und soll uns hier nicht interessieren. Wichtig ist das am 19. April 1934 um sieben Uhr morgens aufgenommene Foto der aufgetauchten

Echse. Dieses Foto ist weltbekannt, hing in verschiedenen Größen und Ausführungen auch im Museum und stammt von dem Colonel Kenneth Wilson, einem Gynäkologen und Offizier. Wir bilden es daher ab.

Mr. Robert Kenneth Wilson befand sich seinerzeit auf einer Rundfahrt um den See in der Nähe von Invermoriston, als er zufällig sah, wie etwas Ungewöhnliches die Oberfläche des Sees durchbrach. Schnell seine Kamera ergreifend, gelang ihm eine Serie von vier Schnappschüssen. Zwei Fotos blieben erhalten und zeigten später eins der berühmtesten, bekanntesten und umstrittensten Motive der Welt. Auf dem Bild sehen wir eine Saurierart, einen Pferdekopf auf elegantem Schlangenhals, einen etwa zehn Meter langen Rumpf, der überwiegend unter Wasser liegt. Dieses Foto brachte alles in Gang, hat unsere Vorstellung von Nessie für immer geprägt.

Es nützt nichts, wenn irgenwelche Schlaumeier 1975 herausbekommen haben, dass alles Lug und Betrug war! Wir haben uns ein Bild des Phänomens gemacht. Es ist verblüffend, dass Mitarbeiter des *Loch Ness and Morar Project* dies erst nach dreißig Jahren entdeckten. Das ist der eigentliche Skandal, nicht die Ermittlungsergebnisse von David Martin und Alistair Boyd, die damit das Sommerloch von 1975 stopften. Wie Tom Genoni in einem Leserbrief schrieb, wurden als Mitverschwörer der Schandtat Maurice Chamber und Ian Wetherell festgemacht. Wetherell war ein Sohn von Marmaduke Arundel Wetherell, einem exzentrischen Schauspieler der zwanziger und dreißiger Jahre. Ian Wetherell war vor einigen Jahren gestorben, die Forscher setzten sich daraufhin mit seinem Stiefsohn, Christian Spurling, in Verbindung.

Die *Daily Mail* hatte 1933 den Marmaduke Wetherell engagiert, um Hinweise über ein angeblich im Loch Ness gesichtetes Untier zu prüfen. Bereits nach zwei Tagen Suche entdeckte dieser Fußabdrücke eines großen Tieres im Uferschlamm.

Sofort meldete *Daily Mail*: Ungeheuer von Loch Ness ist Tatsache!

Tatsache war, wie sich peinlicherweise herausstellte, dass es sich um Abdrücke eines Schirmständers handelte, der aus den Füßen eines jungen Nilpferdes hergestellt worden war.

Der Duke, verärgert über das schnelle Zerplatzen seines Ruhms, beschloss zusammen mit Sohn und Stiefsohn das Monster zu erschaffen. Ian besorgte ein Spielzeug-U-Boot, das mit Blei am Kiel stabilisiert wurde. Christian modellierte die etwa dreißig Zentimeter lange Kopf- und Halspartie. Nach einer Woche Bauzeit ließen sie das Ding schwimmen und schossen ihre Fotos. Um der Sache Glaubwürdigkeit zu verleihen, kam der Freund, Oberst und Chirurg Wilson ins Spiel, der die Sache auf seine Kappe nahm und an die Öffentlichkeit brachte.

Das Weitere ist bekannt. Wir bilden, der Korrektheit halber, auch eine Konstruktionszeichnung dieser Version ab:

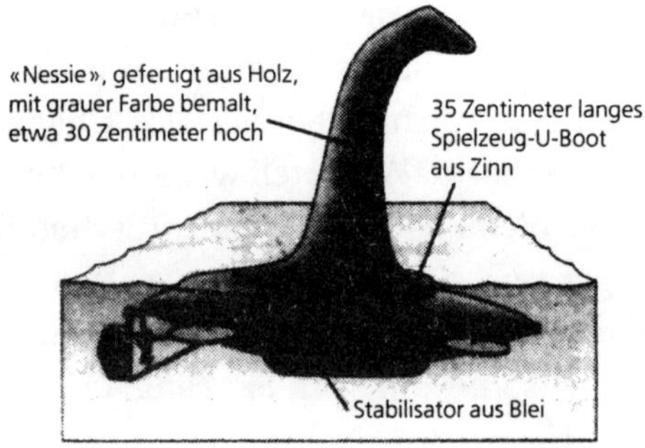

Nach diesen Schilderungen ist klar, dass ein Bluff aufgedeckt wurde. Das ist keine Kunst, denn wer glaubt an solchen Blödsinn! Aber ist das ein Gegenbeweis? Nein! (Ernst Bloch). Tatsache ist dennoch, dass es dieses kleine Monster gab! Dass es auf und im Loch Ness schwamm. Und dass es immer noch auf dem Grund des Sees liegt, denn die beiden Übeltäter versenkten es, um nicht entdeckt zu werden. Und dass man immer noch nicht genau weiß, was sich im Schlamm des Lakes sonst noch suhlt.

Was bedeutet das?

Das bedeutet erstens, dass Nessie, wenn auch kurze Zeit, wirklich vorhanden war.

Zweitens existiert das Monster weiterhin virtuell. Wie diese Zeilen auf dem Bildschirm des Computers, anschließend auf einer Floppy-Disc, danach auf Film und dann als Buchdruck. Und daraufhin in unseren Köpfen.

Ein Buch ist Wirklichkeit.

Das bedeutet die dritte Stufe der realen Existenz Nessies.

Wir wären nicht schriftstellerisch ambitioniert, würden wir nicht auch eine literarische Beweisführung versuchen. Wir ziehen als ehrliche Wissenschaftler Primärliteratur heran, wollen auch die Autorin nicht verschweigen: keine andere als die weltberühmte englische Schriftstellerin Virginia Woolf.

»Das stupsnasige Ungetüm steigt an die Oberfläche und speit durch seine stumpfen Nüstern zwei Wassersäulen hoch, die in der Mitte, feurig-weiß, in einen Kranz blauer Perlen zerstäuben. Blaue Striche linieren die schwarze Ölplane seiner Haut. Das Wasser durch Maul und Nüstern spülend, sinkt er wieder ab, schwer von Wasser, und das Blau schließt sich über ihm, bespült die blankgeputzten Kiesel seiner Augen. An den Strand geworfen liegt es da stumpf, dumpf, trockene blaue Schuppen rieselnd ...

Ich habe hier oft gefischt. Wir haben den Riesenkarpfen nie gefangen, aber wir haben ihn einmal gesehen - an dem Tag, an dem Nelson vor Trafalgar kämpfte *(21. Okt. 1805, U.S.).* Wir sahen ihn unter der Weide - bei Gott! Was für ein gewaltiger Bursch er war! Es heißt, er wurde nie gefangen ...

Das Wasser rauschte ... Die Flut schäumte und zog sich zurück ... Die Flut im Badeort scheint unaufhörlich zu kommen und sich zurückzuziehen. Sie deckt diese kleinen Fische auf; sie schwappt über sie. Sie zieht sich zurück, und da sind die Fische wieder, riechen sehr stark nach einem merkwürdigen fischigen Geruch, der den ganzen Badeort zu durchdringen scheint.

Aber nachts sieht der Ort sehr ätherisch aus. Am Horizont ist ein weißes Glühen. In den Straßen sind Reifen und Diademe. Die Stadt ist im Wasser versunken. Und nur das Skelett wird von magischen Lichtern umrissen.«

Die vierte Stufe der realen Existenz des gewaltigen Burschen!

Neben dem Gebäude der *Official Loch Ness Monster Exhibition,* von Bäumen umgeben, liegt ein allerliebster Teich. Dort schwimmt Nessie!

Meine Beweisaufnahme zeigt ein etwa zehn Meter großes Gebilde, im Verhältnis zu seiner Länge eher breit, Bauch und Rücken höher aus dem Wasser streckend als auf dem Foto von 1934, an beiden Seiten je zwei Flossen. Hals und Kopf elegant und pferdeartig wie bereits oben geschildert. Langsam um eine imaginäre Achse schwoiend, drehte es (sie, er?) sich kokett einmal hierhin, einmal dahin, damit alle um den Rand des Teiches stehenden und eisschleckenden Touristen (The real Loch-Ness-Monster-Ice) auf den Auslöser drücken konnten. Ich auch.

Kaum konnten wir uns trennen - wir hatten Nessie gefunden! Den in eine wirkliche Form gebrachten Traum der Menschheit. Den Jonas-Wal, den Butt, den Riesenmolch. Wie gern hätte ich sie (ihn, es?) gestreichelt, aber ich kam nicht heran.

Ich tröstete mich:

Dies war die fünfte und letzte, die endgültige Stufe des Beweises des real existierenden Monsters.

Ein einziger Zweifel blieb: Nessie sah so lieb aus! Und das gibt es bei Monstern nicht.

Nach neuesten Informationen beansprucht die US-amerikanische Firma RLP Entertainment aus Las Vegas Markenschutz für Nessie, weil sie vor Jahren ein Kinderbuch mit dem Titel: *Nessie und der kleine blinde Junge* herausgebracht hat. Daraus wollen diese Hyänen das generelle Copyright für sich ableiten. Nessie und Las Vegas! Ich hoffe, die Clan-Chiefs trommeln ihre Highlander zusammen.

He breeah! Seid gegrüßt!

»Das ist der Taxler *(Taxifahrer)* und seine Frau und ein Haufen Bekannte, die zum Tanzen fahren«, belehrte Mary uns im Plauderton.

»Ach«, sagte ich ahnungslos, »dann scheint er das Taxi ja endlich wieder repariert zu haben.«

»Der? Doch nicht«, sagte Morag gelassen, »die fahren wieder alle im Leichenwagen.«

Diese lakonischen Sätze stammen aus einem der Bücher der Engländerin Lillian Beckwith, die über zwanzig Jahre auf den Hebriden verbrachte. Da sie das alltägliche Leben dort ziemlich genau beschreibt - und auch die Typen der Menschen, die es dort aushalten können - , werden wir sie dann und wann zitieren müssen.

Wir erreichten eine Landschaft, in der die Sagen der Nordeuropäer entstanden, wo ihre Götter wohnten. Wo Siegfried und Gunter sich mit klobigen Schiffen zur Feuerinsel Brunhildes durchkämpften. Wo die Hamburger Performance-Künstlerin und Feld-Forscherin Lili Fischer in einer winzigen Torfhütte mit Regenwassertonne und Petroleumlampe längere Zeit lebte, nämlich bei Stornoway auf der äußeren Hebrideninsel Lewis. Wo sie Götter, Geister und Elfen in ihrer Kunst mit Witz und Ironie lebendig werden ließ, Gedächtnisbilder schaffte, wo die Orte auferstanden, an denen Religion, Mythen und Legenden ihre Quellen haben.

Hier entsprechen sich Landschaft und Menschen, wie der Fotograf Paul Strand in subtilen Schwarz-Weiß-Aufnahmen festgehalten hat. Strand lebte 1954 drei Monate auf South Uist, streifte drei Wochen lang über die Insel, bevor er sein erstes Foto machte. Grauweiße Sand- und Meeresflächen, abgegrenzt durch karge Berghöhen und wasserschwere Wolken, die oft vergeblich versuchen, sich über die Kämme zu wälzen. Ähnlich wie wir sie an seltenen Tagen sehen konnten, liegen, grau in grau, in Tiefen gestaffelt, Inselhügel am Horizont. Häuser entsprechend dem 'keltischen' Gürtel der nordwestlichen Ränder Europas, Häuser, wie es sie in Irland noch gibt, die langsam durch moderne Bauten ersetzt werden. Dicke Steinquader umschließen kleine, verwitternde Holzfenster, die Dächer sind mit Stroh gedeckt, mit Seilen gesichert, an denen Steine hängen. Menschen, deren Gesichter eine selbstbewusste Ruhe und Sicherheit ausstrahlen, die in der Landwirtschaft unter schwierigen Umständen ihr Leben fristen, die innerlich sehr stark sein müssen, um es auf diesen Inseln aushalten zu können. Inseln, auf denen es am Anfang und am Ende jeweils einen kleinen Hafen gibt, wo Hotels und Geschäfte zu finden sind, die man im Inneren dieser Landkleckse im Meer vergeblich sucht.

Das Wetter bemühte sich, im Andenken an die Schwarz-Weiß-Aufnahmen des verstorbenen Paul Strand, uns die Insel Skye in ähnlichen Farben vor Augen zu führen.

He breeah!

Doch zunächst ließ sich alles gut an.

Bei Invermoriston verließen wir den Kaledonien-Channel, bogen nach Westen ab in Richtung Isle of Skye, der größten Hebrideninsel, die inzwischen nicht nur mit der Fähre von Mallaig, sondern auch durch die moderne Skye-

Bridge bei Kyle of Lochalsh erreicht werden kann. Was vielen Insulanern nicht gefällt, weil sie sich dadurch nicht mehr als solche fühlen. Außerdem muss man Maut bezahlen, was von den Eingeborenen abgelehnt wird. Auf das Argument, die Fähre würde auch Geld kosten, reagieren sie nicht. Insulaner sind eben ein Völkchen für sich, was man nicht nur an den Engländern beobachten kann.

An den Heckscheiben der Autos sahen wir Aufkleber mit den Buchstaben SKAT, Skye und Kyle Against Toll.

Erfreulicherweise erging es uns nicht mehr wie Boswell und Dr. Johnson, die in einem Dorf im Shieltal unter eine Gruppe Menschen gerieten, die in roh zusammengehauenen Holzhütten hausten und nur Gälisch sprachen. Die Leute, mit denen sie sich beim besten Willen nicht verständigen konnten, brachten ihnen verquirlte Milch, um sich als Gastgeber erkenntlich zu zeigen.

Die einfache Fahrstraße führte durch schmale Täler mit weiten Aussichten, am Moriston-River und am Loch Cluanie entlang, dann durch die gewaltigen Shiel-Berge, den Glen-Shiel. Nur an den tiefergelegenen Hängen stand Nadelwald, die übrigen Bergrücken waren mit niedrigem, grünem Gestrüpp bewachsen; wo der Fels durchschien, schimmerte er rot. Wenige Sonnenstrahlen immerhin ließen die Berge endlich in jenem Rot erglühen, dessenthalben wir die weite Reise unternommen hatten.

Bilder von Kanada und Norwegen tauchten aus meinem Gedächtnis auf, Vorstellungen von Ländern, die ich bisher nur von Fotos kannte. Straßen, die sich durch Wälder und gewaltige Berge scheinbar endlos bis zum Horizont hinzogen, Bilder von Großzügigkeit und Freiheit, von Bären- oder Elchjagd und ursprünglichem Leben. Klischees, die wir im Kopf haben, die auch die deutschen Volksbanken in ihrer Werbung vermarkten: Wir machen den Weg frei!

Der Weg war frei, weit vor uns verschwand ein Auto um eine Biegung. Es wäre nicht abwegig, auf den Gedanken zu kommen, eine Volksbank habe mitgeholfen, uns dieses geheimnisvolle Rot der schottischen Berge endlich sehen zu lassen; man denke an das Wunderkärtchen, das uns die lästige Rechnung der Werkstatt in Perth vom Hals schaffte. Leider muss man allerdings selbst, bevor die Volksbanken den Weg frei machen, den ihren möglichst mit einem Guthaben glätten.

Die gewaltigen Shiel-Berge. Sie begeisterten auch Dr. Johnson, der, wie wir wissen, nicht leicht zufrieden zu stellen war. Am Eilean Donan Castle vorbei, dem Nachbau eines mittelalterlichen Schlosses, das im Wasser liegt und nur über einen Damm erreichbar ist. Dieses Castle gehört zu den Pflichtübungen der Touristen, seitdem der Film *Highlander* hier gedreht wurde. Einsam am Loch Duich gelegen, vom Wasser bedrängt, von den hohen Bergen bedroht, wirkte das dunkle Gemäuer auf uns wie ein Gebäude aus Robert Scott's Romanen. Ja, das ist Schottland! Vorbei.

Dann Kyle of Lochalsh, der letzte Ort auf dem Festland, und die Toll-Bridge; fünf schottische Pfund und vierzig Cents, ungefähr sechzehn Mark, kostete die kurze Überfahrt. Auf der Fähre hätte es Pommes und ein Half-Pint gegeben. Jetzt verstanden wir die Insulaner.

Endlich waren wir auf den Hebriden, den Havbredes, wie die Norweger sie nannten, als sie in dieser Ecke noch das Sagen hatten, auf der Inselgruppe vor der Westküste Nordschottlands, die durch die drei Meeresteile North Minch, Little Minch und die Hebridensee in äußere und innere Hebriden geteilt wird. Fünfhundert Inseln und Inselchen sollen es sein, deren Oberfläche vor langen Zeiten durch das Eis rundgeschürft worden ist. Nur die dreißig größten sind bewohnt, insgesamt 30.000 Menschen, Tendenz abnehmend, versuchen hier zu leben. Das ozeanische Klima (wir hätten es wissen können!) ist im Durchschnitt eher kühl und windreich, bietet hohe Niederschläge. Da blieb uns nur der Spruch mit den die Regel bestätigenden Ausnahmen. Doch der half im Ernstfall genau so wenig wie die Rede von den Piloten, die auch heil herunterkommen möchten...

In der Landwirtschaft sind Rinder- und Schafhaltung vorherrschend, Fischerei- und Fischverarbeitung kommen mit den hochtechnisierten Fischfangflotten anderer Länder nicht mit. Die Tweedweberei ist alteingesessen und lebt inzwischen auch vom neuesten Erwerbszweig, dem Tourismus.

Die auf den Hebriden lebenden Völker, vor allem die seit dem ersten Jahrhundert vor unserem Jahr Null sich angesiedelten Kelten, wurden im 6. Jahrhundert christianisiert (Irland liegt nahe). Im 9. Jahrhundert tauchten die wilden Norweger in Schottland auf. Im 11. Jahrhundert verwüstete deren König *Barfuß* - er trug den Kilt - mit seinen Truppen die Inseln und bezwang die Schotten unter ihrem König Elgar.

Wie das Lexikon formuliert, ...'kamen die Hebriden 1266 an Schottland.' Das lässt auf harten Kampf schließen. Es war der Kampf der norwegischen Flotte gegen einen Oktobersturm (wahrscheinlich aus Nordost, wir kannten das), den die Schiffe verloren. Der geschwächte norwegische König Haakon trat die Inseln an Schottland ab.

Der mächtigste Clan der Inseln, die MacDonalds, herrschte auf den Hebriden wie ein Staat im Staate bis zum Ende des 15.Jahrhunderts, der Clanchief besaß den stolzen Titel *Laird of the Isles*. Auch auf den Hebriden wüteten die Clearances und hinterließen ein verwüstetes, menschenleeres Land.

Neben Irland und der Isle of Man gehören die Hebriden zur gälischen Gruppe keltischer Sprachgebiete (die andere Gruppe besteht aus der Bretagne, Cornwall und Wales).

»Ciamar a tha sibh an diugh?«

»How are you today?«

»Wie geht es dir heute?«

»Hast du schon ein Lebenswasser, einen uisge beatha, einen Whisky getrunken?«

Neben dem Begriff für das Lebenswasser stammen noch eine Reihe Orts- und Gebietsbezeichnungen aus dem Gälischen, wie Glen, Clan, Loch. Auf den Inseln ist man dankbar, dass diese und andere Bezeichnungen vor der Anglicization entstanden und sich erhalten haben. Das gibt uns Hoffnung, eines Tages zu Hause statt event wieder Ereignis sagen zu dürfen...

Dichter und Sänger, die die gälische Sprache nutzten, gab es einige, heute kennt sie kaum noch jemand. Der berühmteste gälische Schriftsteller der Jetztzeit auf den Hebriden ist der 1996 gestorbene Sorley MacLean.

Wie so oft, nahm uns ein Leuchtturm die Entscheidung ab, welchen Weg wir einschlagen sollten. Im Südosten vor Skye lag ein Inselchen, auf dem ein weiteres Opfer der Malerin stand. Das Lighthouse von der Isle of Oronsay, das E. Stonnach Lighthouse bei Camus Croise, wie der Gäle sagt, oder auf Englisch Camas Cross. Der Sound of Sleat empfing uns, ein Sound, der uns einmal nicht den Wind um die Ohren blies, sondern uns das ruhige Rauschen der Wasserströmungen hören liess, leiser als das gewaltige Getöse, welches das Meer wohl seinerzeit in der Fingalshöhle auf der Insel Staffa aufbot, um den Komponisten Felix Mendelssohn-Bartholdy zu seiner Hebriden-Ouvertüre anzuregen. Die neuesten For-

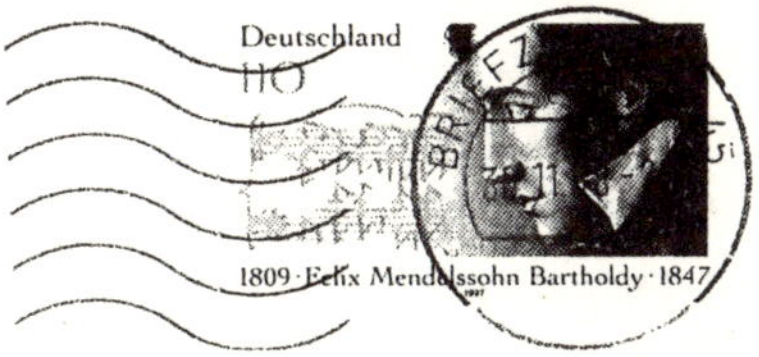

schungen besagen wie üblich, dass auch diese Anekdote falsch sein soll. Immerhin war die Höhle für den Musiker anregend genug, wie man beim Abhören der CD mit dem London Symphony Orchestra unter Claudio Abbado unschwer feststellen wird.

Der Weg nach Camus Croise lockte uns in die Einsamkeit, am Berg A'Mhaoile vorbei, seitab nach Süden zunächst, fort von der Hauptstraße nach Portree, der Hauptstadt der Insel. Eine einspurige Straße, ein *Single Track,* wie das hieß, mit Ausweichbuchten in bestimmten Abständen, zunächst noch geteert, dann eine Schotterpiste. Ich musste das Lenkrad fest und konzentriert führen, der Frontantriebler zog gut um die engen Kurven, obwohl er ohne Servolenkung einiges an Kraft forderte. Immer wieder die Hinweisschilder auf die Ausweichbuchten, mit der Aufforderung: Passing Place, please let pass!

Am Anfang, als das Sträßchen noch eine Teerdecke aufzubieten hatte, lag seitab die eine oder andere Farm, nein, kein Ort, nirgendwo. Manchmal begegnete uns noch ein Fahrzeug oder jemand versuchte zu überholen. Sofort steuerten wir jedes Mal die nächste Ausweiche an. Dabei hatten wir nicht mit der Höflichkeit unserer Gastgeber gerechnet. Selten gelang es uns, erster zu sein. Nachdem ich begriffen hatte, dass britischer Sportsgeist zu unseren Gunsten waltete, packte mich ebenfalls der Ehrgeiz. Kaum tauchte auf dem nächsten Hügel die Andeutung einer Autoschnauze auf, schaltete ich herunter und versuchte, in die nächste, sichtbare Ausweiche zu preschen, lag sie nun links oder rechts des Weges. Ich verlor alle Zweikämpfe, diese Hebrians kannten sich auf ihrer

Insel verdammt gut aus. Lediglich ein Remis war mir gestattet: gleichzeitig erreichten wir und unser Gegenüber im Abstand von zweihundert Metern die jeweilige Ausweiche. Wir standen. Wir konnten uns sehen. Niemand fuhr. Der Weg war frei. Ich blinkte. Mein Kontrahent blinkte. Niemand fuhr. Der Weg war frei, ob mit Volksbank oder ohne. Auf diese Art lernten wir die hebridischen Dickschädel kennen: wir ständen sicher heute noch dort, wenn ich nicht nachgegeben hätte. Der Fahrer bedankte sich mit einem deutlichen Heben der Hand.

Die Revanche-Chancen auf diesem Weg wurden geringer. Einsame kahle Hügel erhoben sich, spärliche Wiesen und Weiden streckten traurige Stacheldrahtzäune in den Himmel. Eine Sackgasse erwartete uns am Camus Croise, der Weg endete an einer kleinen Pier, wo ein mit einer Persenning abgedecktes Segelboot lag.

In der Nähe fanden wir eine verwunschene Bucht nur für uns. Direkt gegenüber in den Wassern lag die Isle of Oronsay mit dem Stonnach Leuchtturm. Dahinter erhoben sich, in der Tiefe gestaffelt und gegeneinder verschoben, auftürmende Berge. Die Gebirge beidseitig des Glenbeg Rivers, Beinn Mhialairidh, Beinn Sgritheall, L. a'Mluilinn, Bein a'Chaoinich oder Beinn a' Cluirn - ich gab es bald auf, das aussprechen zu wollen - standen da wie riesige Kulissen, unverrückbar, selbstverständlich, riesig, violett und rot schimmernd im Licht der untergehenden Sonne, die sich auch am nächsten Tag strahlend zeigte. Weit im Hintergrund, bereits im Dunst oder in den Wolken verschwindend, schlossen die bis zu tausend Meter hohen Spidean Dhomhuill und The Saddle das Bild ab. Sie verriegelten unsere Blicke, als sei dort die Welt zu Ende. Unwillkürlich senkten wir die Augen, ließen sie über die leicht gekräuselte Fläche des Sound gleiten, sich festhalten am steinigen Vorland, an Iris und Binsen, an nahen Felsnasen, an einem weißen Segel auf dem Wasser.

Am nächsten Tag malte Ilse die Szene, über den geborstenen Holzkörper eines Ruderbootes hinweg, das am Ufer lag, mit den glitzernden Reflexen auf dem Wasser zwischen Land und Insel, zwischen uns und dem Finger des weißgelben Leuchtturms dort hinten und den wuchtigen Massiven der Berge. Dieses Bild ist mir ans Herz gewachsen, es befindet sich erfreulicherweise immer noch in unserem Fundus, während der auf dem Castle von Fraserborough hockende Leuchtturm bereits einen zahlenden Liebhaber gefunden hat.

Vier Liter Trinkwasser mussten für zwei Tage reichen, zum Händewaschen fanden wir ein Loch mit Regenwasser. Lebensmittel hatten wir in Kyle of Lochalsh eingekauft. Die einzigen Menschen, die wir trafen, waren ein Mann und eine Frau, die einen verfallenen Kotten gekauft und restauriert hatten, direkt am Wasser, die schmale Zufahrt begann mit einem nicht verschlossenen Holztor.

Als sei es uns nicht einsam genug gewesen an unserem Standplatz auf der Felsnase oberhalb des Meeres, wanderten wir am nächsten Tag, nach einer völlig ruhigen Nacht, in der nur der Wind ein wenig rumorte, am Morgen aber einschlief, über Äcker und Wiesen, durch Disteln und Farn, über Trampelpfade, die sich im hohen Gras verloren. Getrocknete Kuhfladen zeigten an, dass hier eine Herde geweidet hatte.

Am Vorland oberhalb des Ufers fanden wir einen Lagerplatz auf einem Wiesenabhang, über den schmale, rotbraune Tangblätter züngelten, breiteten Regenjacken und Pullover aus und ließen uns nieder. Brot und Käse, Wasser und eine Flasche Rotwein bildeten unsere Ration für diesen Tag, einen Sonnentag, den wir wie im Traum verlebten.

Wer sich dem Kargen aussetzt, lernt, für das Einfache dankbar zu sein, schreibt Walter Flemmer in seinem Foto-Text-Band *Augenblicke in der Wüste.* Für das Einfache, das uns die Dinge bewusster macht. Und für die Zeit, die wir uns für die einfachen Dinge nehmen sollten. Für scheinbares Nichtstun, für Muße. Für den Verzicht auf einen Teil des erreichba-

ren möglichen Wohlstandes, um sich dafür Zeit zu kaufen, um einen anderen Wohlstand, nämlich Zeitwohlstand zu erlangen.

Unsere Blicke verloren sich über den Kuppen der weit hinter dem tiefblauen Wasser liegenden Berge, im niedrigen, leichten Dunst, über dem sich ein azurner Himmel wölbte. Die Bewusstheit tauchte ins Niemandsland zwischen Denken und Traum, zwischen Wunsch und Wirklichkeit. Wir spürten nichts mehr von der Zivilisation, nur leise, natürliche Geräusche umgaben uns, die Düfte des Salzwassers und der Erde, der Gräser und Tiere. Lautlos zog ein Segelboot in der Ferne seine Spur durch das Wasser. Atavististische Ahnungen durchzogen Körper und Geist, ließen die Kette der Generationen rückwärts laufen, was war in uns überliefert, was war noch vorhanden von den alten Erfahrungen, diesem uralten Wissen der Sophia, das wir unbewusst in manchen Momenten noch empfinden mochten.

Was zeigte uns die Wissenschaft? Sie beschwor den Steinzeitmenschen inzwischen als mit erheblichen Fertigkeiten behaftet, als einen in einer unserer Vor- oder Nebenstufen lebenden Menschen, der bereits eine hochstehende Kultur entwickelt hatte. Nichts stimmte an dem Bild des keulenschwingenden Wildlings. Lediglich bei sportlichen Wettkämpfen schleuderte er schwere Steinbrocken, ähnlich den Schotten, die ihre 25-Kilogramm-Gewichte wuchten und Baumstämme so weit wie möglich schleppen, oder den Sportlern, die bei Europa- und Weltmeisterschaften den Diskus auf seine Bahn bringen.

Was hat sich geändert?

Der Steinzeitmensch lebte in Gruppen, Horden heißt es, was abwertend klingt. Der Mensch hat sich als Horden- oder Herdentier entwickelt. Der Steinzeitmensch hatte Angst vor Gefahren, auch Angst vor Feinden. Er tötete Feinde nur, wenn es sich nicht vermeiden ließ. Er tötete selten, niemals sinnlos, selbst Tiere nicht.

Die Tötungsmechanismen, die heute weltweit stattfinden, die direkten durch Kriege oder kriegsähnliche Handlungen, die indirekten durch Hunger und Elend, sind wesentlich umfangreicher und perfider als zur Steinzeit und häufig völlig sinnlos. Der Wohlstand der Wenigen bedeutet das Elend der Vielen. Wohl kaum hat der Steinzeitmensch Kinder getötet! Gerade diese Erscheinung ist bezeichnend für das 20. Jahrhundert: Zivilbevölkerung und vor allem Kinder sind gezielt Opfer kriegerischer Handlungen; Kinder werden als Soldaten und zum Minensuchen eingesetzt. Kinder werden getötet, auch seelisch, wenn sie Opfer pornografischer Handlungen aus Geschäftsgründen werden, wie sich in den letzten Jahren auch in Europa gezeigt hat, in Belgien, in den Niederlanden und Deutschland. Kleine Kinder werden durch Brandbomben getötet in Nordirland, weil einige wenige Täter welcher Seite auch immer undemokratisch und unmenschlich ihre politischen Ambitionen durchsetzen wollen, gegen die Mehrheit der Bevölkerung.

Unwirklich schien dies alles am Sound of Sleat.

Es war friedlich, die Wärme der Sonne trieb die Wirklichkeiten fort, ließ uns Kleidungsstück um Kleidungsstück ablegen, hier im Norden der Welt, ließ das Paradies näherrücken, in dem sich Adam und Eva geliebt hatten. Unschuldig geliebt hatten, weil es noch keine Schuld gab, die erst durch verknöcherte, verkalkte und lebensfeindliche Männer erfunden worden war, um den Menschen die Lust an der Freude zu nehmen, um sie in Angst und Schrecken zu versetzen, damit einige wenige herrschen konnten, im Namen des Herrn, den sie gleich miterfanden und seitdem täglich töten. Acht Millionen Menschen sollen durch die Kirche im Namen des Herrn allein in Europa als Hexen, Hexer, Ketzer und Ketzerinnen ermordert worden sein. Und auch heute werden Panzer gesegnet.

Weich federten Gras und Tang unter uns, rochen frisch und scharf. Wir schlossen die Augen, schmeckten, fühlten, ließen uns ins Nirwana treiben, nahmen um uns nichts mehr wahr, spürten alles in ungeahnter Deutlichkeit.

Ernst Blochs Prinzip Hoffnung bleibt uns, obwohl wir heute kaum noch zu hoffen wagen, zu oft sind wir enttäuscht worden. Die Sozialisten, die eher Sozialdemokraten sind, haben in Frankreich die Wahl gewonnen. Und auch in diesem Land, in dem wir uns gerade befanden, hatte kürzlich die Labour Party mit dem in der Presse Hoffnungsträger genannten Tony Blair an der Spitze die Macht übernommen. In Deutschland tat ebenfalls eine Ablösung der sich seit 1983 an der Regierung befindlichen Koalition aus CDU und FDP not. Wohin soll die Reise gehen? Seit über einhundert Jahren haben kapitalistisch orientierte Politiker und Medien die Idee eines menschenwürdigen und sozial gerechten Sozialismus desavouiert. Auch eine Reihe sozialistischer und kommunistischer Machthaber hat die Vision, den Anfang der Utopie, verraten. Sie haben das Gute der Idee in den Köpfen vieler Menschen abgetötet. Immer noch hat der deutsche Politiker, Journalist und Wissenschaftler Karl Marx mit seiner Analyse der Ideologie des Kapitalismus Recht. Von Gleichheit zu sprechen, wenn die Schere zwischen Arm und Reich, zwischen Besitzlosen und Besitzenden weltweit auseinander klafft, ist heuchlerisch. Für die tatsächliche Entwicklung der menschlichen Persönlichkeit sind materielle, soziale und kulturelle Voraussetzungen erforderlich. Die Persönlichkeit des Einzelnen kann nicht allein nach betriebswirtschaftlichen Kriterien entwickelt werden. Was ist das für eine Welt, in der Menschen als Spinner bezeichnet werden, die es wagen, Utopien und Visionen, Pläne für die nahe und ferne Zukunft zu entwickeln, Menschen, die an künftige Generationen denken. Ich glaube, es lohnt sich, einmal selbst im Kapital von Karl Marx zu blättern, sich nicht auf die Argumentationen seiner Gegner zu verlassen. Auch das Utopia des Thomas Morus ist lesenswert oder die so genannte Rede des Häuptlings Seattle.

Sich abseits zu halten, nicht betroffen zu fühlen von dem durch eigenes Wohlleben indirekt mitverursachten Elend in Zweidritteln der Welt gehört zum Schlechten und macht das Schlechte leicht möglich.

Schafe blökten, brachten uns in die Wirklichkeit zurück. Weiter unten, in der Nähe der Wasserlinie, durch den braunen Tang des Vorlandes zog eine Reihe weißer Schafe. Langsam trotteten sie hintereinander her quer über die Bucht. Wenn ich die Augen zusammenkniff, konnte ich mir eine Kamelkarawane in der afrikanischen Wüste vorstellen. Sie verschwanden hinter einem Vorsprung, eins nach dem anderen, Tiere aus grauer Vorzeit, lebenswichtige Kreatur für den Menschen, verachtet, beschimpft und vergessen. Das Fleisch kommt aus dem Supermarkt und der Rest ist Nylon und Polyester. Sachte strich ich mit der Hand über meinen neuen schottischen Pullover aus wärmender Tierwolle, den mit den Schafen auf der Vorderseite.

Am dritten Tag wechselte das Wetter, veränderten sich die Farben der Berge ins Dunkle, färbte sich das Wasser graugrün. Wolkenfetzen verhüllten die Gipfel, Nebelbäusche waberten die Hänge hinauf, der Wind tobte und zerrte am Auto, riss uns die Türen aus den Händen. Die Schreie der Austernfischer tönten herüber, der Himmel blieb wolkenfrei, ein Segelboot tanzte auf den Wellen, mit aufgezogener Sturmfock. Die Luft war spürbar, greifbar, sie prallte auf unsere Haut, schmeckte würzig. Wir hatten das Gefühl, als könnten wir in sie hineinbeißen. Das war ein Empfang auf der wilden Insel! He breeah!

»Wenn man sich auf eine Insel zurückzieht«, sagte Dr. Johnson, »muss man alle diesseitigen Gedanken von sich abtun und sich einer anderen Welt zuwenden.«

Die Hafenzeile von Portree

Wir verabschiedeten uns von Schafen, Möwen, Kormoranen und Austernfischern. Auch die beiden Menschen ließen wir in ihrem einsamen Kotten zurück.

Ein Stück weiter südlich auf der Sleat-Halbinsel liegt in Sabbhal Mór Ostaig das Gaelic College, wo die gälische Kultur überliefert wird, wo es Kurse im Dudelsackspielen und jährlich ein gälisches Literaturfestival gibt.

Uns trieb es nach Norden in die Zivilisation, zu den Menschen, zur Kultur, auf jeden Fall aber zum Kassenautomaten einer Bank, denn der Dieseltank forderte Stoff. Die Bank of Scotland wäre nicht sie selbst gewesen, wenn sie uns nicht Sparsamkeit demonstriert hätte. Die Automaten anderer Banken hatten die europaweit übliche Summe von umgerechnet vierhundert Mark preisgegeben und in Pfundscheinen ausgespuckt. Natürlich erst, nachdem wir unsere Scheckkarte vertrauensvoll dem zugreifenden Schlitz überantworteten und unsere Wünsche in Form einer Zahl geäußert hatten. Manchmal forderten uns die Automaten zweisprachig oder auf Wunsch in unserer eigenen Sprache auf, unserem Gehirn die mühsam dort gespeicherte Geheimzahl zu entwinden und einzugeben.

Bis hierhin folgte die schottische Geldanstalt. Nur waren bei ihr als Ergebnis zweihundert Mark das höchste der Gefühle. Es gelang uns, die sparsame Bank zu überlisten. Eine zweite Scheckkarte zauberte noch einmal die entsprechende Summe hervor, so dass ein wenig übrig blieb, nachdem wir eine der Hyänen der Landstraße, eine Tankstelle, frequentiert hatten. Später, auf der Rückfahrt, sollten wir Schwierigkeiten bekommen, restliche schottische Geldscheine in England loszuwerden. Ein weiteres Kriterium dafür, dass es sich um zwei völlig verschiedene Länder handeln könnte.

Portree, die Hauptstadt der Insel. Nach entspannender Fahrt über Berge und an schmalen Sounds vorbei erreichten wir den drei Kilometer außerhalb liegenden Campingplatz, der auf einer ansteigenden Wiese lag. Es war unmöglich, das Zelt waagerecht aufzubauen, ich brauchte meine Wasserwaage gar nicht erst zu bemühen.

Das Abendessen nahmen wir in einer schludrigen Kneipe ein, mit abblätternden Tapeten, aufgeschlitzten Sitzpolstern und karger Einrichtung. Lediglich die Spielautomaten waren neuester Produktion. Was machte es, wir hatten ein Dach über dem Kopf, das bei Regen hoffentlich dicht war, der Wind blieb draußen, das traditional Cornish Strong Bitter-Bier von Hicks, special draught, erinnerte an Cornwall, der Haddock, bei uns Schellfisch, und die Shrimps mit Chips schmeckten ausgezeichnet. Wir hielten es mit Elsemarie Maletzke, die auf ihren Streifzügen durch Schottland und nach dem Genuss des Films *Highlander* vorschlägt:

»Setzen Sie sich mit einer Tüte allerleckerstem Fish and Chips aufs Pier zu den Kuttern, schauen Sie das Meer an oder die gut gelaunten Leute, die ebenfalls da sitzen und mampfen - und vergessen Sie diesen furchtbaren Film.«

Wir saßen am nächsten Tag an der Pier, an der langen Kaimauer von Portree, vor der pittoresken Häuserreihe, die sich unterhalb eines grünen Hügels mehrere hundert Meter weit hinzieht. Mit Läden, Werkstätten, Lokalen und Wohnhäusern, die mit der Fischbude und den grün angestrichenen Öltanks endet, die man kaum wahrnimmt. Wir saßen an der Pier, doch die Wetterlage sorgte dafür, dass wir weder Elsemarie Maletzke dort fanden, noch die von ihr erwähnten gut gelaunten Leute am Ufer auftauchten. Die waren anscheinend bei bester Stimmung, mampften aber vorsichtshalber in den Lokalen und starrten uns durch die Fensterscheiben an.

Die Kutter waren draußen, nur zwei lagen verlassen und vertäut am Kai, leere Holzkisten stapelten sich auf den Vorderdecks, hellrote Kunststoffbojen brachten kräftige Farbe ins Dunkelgrau des Nieselregens. Die zarten Pastellfarben der Häuserzeile, das Rosa, das leichte Blau oder das zaghafte Grün kamen nicht recht zur Geltung. Und Ilse nicht zu ihrem Aquarell. Die Häuser, den Crofterhäusern nachempfunden, zweistöckig, mit Dachgauben, aneinander gebaut, duckten sich vor dem dunkelgrünen Hügel. Von der anderen Buchtseite, oberhalb der Nordseite des Hafens, hatte man sie voll im Blick.

»Von hier aus male ich«, verkündete Ilse. »Nur wann?«, fügte sie kleinlaut hinzu.

Ich hätte nicht gedacht, dass sie so wütend werden konnte. Das Wetter verschlechterte sich im Lauf des Tages, die Temperatur bewegte sich erneut in den Keller, Pullover und Öljacken erlebten ihre Renaissance. Als ich am Abend im Fotoband von Karl Johaentges (Bilder aus Schottland, Text von Jackie Blackwood) ein Foto dieser Häuserzeile mit schneebedeckten Dächern fand, es ihr zeigte und meinte: »Ist alles halb so schlimm, geht doch!«, wurde sie fuchsteufelswild. Mit Tränen in den Augen verfluchte sie das Wetter, Schottland und die ganze Fahrt. Nicht malen zu können verschlechtert ihre ansonsten ausgeglichene Laune rapide.

Ich seufzte. Ich war gefordert. Schlechte Laune auf engstem Raum, das fehlte uns noch. Mir fiel nichts ein. Wir gingen ins Bett, das heißt ins Zelt, auf unsere dünnen Luftmatratzen, denen wir die Isomatten untergeschoben hatten, so dass wir ziemlich komfortabel ruhen konnten. Im hinteren Autoteil konnten wir, wenn wir das Zelt aufgebaut hatten, alles stehen und liegen lassen. Ausgenommen, wir wollten fahren. Das ließen wir tunlichst bleiben in Portree. Es reizte nichts. Das Wetter wurde so schlecht, wie wir es lange nicht erlebt hatten. Wieder dieser Nordostwind aus Skandinavien, das Abfallen der Temperaturen auf acht Grad (im Juli!), dazu Nebel und Regen. Nebel, der uns einhüllte, der alles verschlang. Es gab keine Stadt mehr, keine Hafenzeile, Schottland war verschwunden, die Hebriden, Skye, die Welt versank im weißen Vlies, hinter dem kalten Wasserdampf.

Wir versuchten einen Spaziergang, eingehüllt in dicke Pullover und in unser Ölzeug, die Kapuzen fest verschnürt. Die lange Unterhosen hatten wir herausgeholt, die für den Notfall eingepackt waren, für die unberechenbaren Witterungen des April. Die wir selbst vor zwei Monaten im französischen Jura nicht gebraucht hatten, als am Morgen die Fensterscheiben des Wagens, in dem wir auf einer Lichtung in den Bergen übernachtet hatten, vereist waren.

Wir quälten uns zwei Stunden im Nebel über die Landstraße, über Nebenstraßen, gegen den Wind, der uns den Regen in die Gesichter peitschte, niemand außer uns war draußen. An einem Crofterhaus war Schluss. Ein weißes Haus, schwarz umrandet, mit drei Dachgauben zur Straßenseite, typisch für diese Art der Architektur. Ich versuchte ein Foto. Dann kehrten wir um.

Wir hockten im Auto und lasen. Der eine vorn, die andere hinten. Ich lese gern, halte das auch lange durch, Ilse weniger. Die wollte malen. Dann hatte ich eine Idee.

»Teatime!« verkündete ich. Die Wärme des heißen Teekessels tat gut, noch besser der starke Tee, den ich gebraut hatte. Und am besten wärmte ein Schluck Whisky, den es dazu gab.

Teatime.

Gegen Abend trotteten wir in die Stadt. Es gab sie noch. Als wir näher kamen, nach drei Kilometern Landstraße, stellten wir fest, dass auch andere Menschen bei den Angeboten der Stadt ihre Zuflucht genommen hatten. Den Einwohnern merkte man keine schlechte Laune an, die waren Kummer gewohnt. Die Touristen zogen straßauf, straßab, beschauten

Schaufenster, bevölkerten die Gasthäuser, schienen ihr seelisches Gleichgewicht nur mühsam aufrecht zu halten. Wieder schauten uns kauende Gesichter durch Fensterscheiben an.

Jetzt bleibt nur noch die Kultur, dachte ich.

Lillian Beckwith, was meinst du dazu?

Lillian antwortete:

»Es herrschte die schweigende Übereinkunft, dass ein *ceilidh* erst begann, wenn die Abendarbeit erledigt war, so dass die ersten Besucher erst gegen sieben Uhr auftauchten. Von da an diente das Stampfen von gummibestiefelten Füßen auf der Veranda nicht nur zur Ankündigung von Neuankömmlingen, sondern auch zur Reduzierung der Lehmmenge, die sonst in die Küche getragen worden wäre. Bis auf die Touristen im Sommer dachte kein Bewohner von Bruach je daran, an eine Tür zu klopfen. War an Winterabenden ein Klopfen zu hören, hätte man es unbeachtet gelassen, der Meinung, einer der Dorfjungen spiele einen Streich. Außer an Halloween war das zwar selten, aber der Gedanke, es könne ein Fremder klopfen, wäre niemandem gekommen, denn Fremde an einem Winterabend waren noch seltener... Die echten, spontanen Highland-*ceilidhs* sind eine wunderbare Einrichtung, das unvergleichliche Gegenmittel gegen Vereinsamung. Keiner ist je unwillkommen, Alt und Jung dürfen nach Belieben kommen und gehen. Man kann zur Diskussion beitragen oder auch schweigend dabeisitzen und zuhören; man kann eine zündende Frage aufwerfen und sich dann zurücklehnen und die temperamentvolleren Verfechter sie zum zornigen, häufiger aber amüsanten Abschluss bringen lassen; man kann ein Liedbruchstück summen und dadurch nach nur ein paar Takten einen volltönenden Chorgesang auslösen; man kann behaupten, ein Gespenst gesehen zu haben, und dadurch sofort Auge und Ohr der ganzen Gesellschaft fesseln, die gierig darauf wartet, nicht nur die Geschichte zu hören, sondern sich auch dabei tüchtig zu gruseln.«

Besonders auf den äußeren Hebriden waren diese Zusammenkünfte, die man zwanglos und spontan einrichtete, im Winter oft die einzige Abwechslung. Wer zuerst einlud, hatte die anderen bei sich zum Tee.

In bewohnteren Gegenden, zum Beispiel in Portree, der Hauptstadt der Insel Skye, der größten der Hebriden, eine der inneren Inseln (da irgendwo bei Schottland, in Europa ganz oben links außen), waren *ceilidhs* inzwischen zu öffentlichen Veranstaltungen mutiert. Eine solche wurde im Kulturhaus angeboten. Plakate hingen an markanten Punkten. Es war Abend, wir waren Fremde, wir suchten Gesellschaft, wichtige Vorbedingungen zur Teilnahme am hebridischen Kulturleben waren erfüllt. Auch andere Menschen strömten zur Kulturhalle.

Uns stoppten zwei Dinge. Ein nicht geringer Betrag an Eintritt wurde gefordert, der in keiner Weise an schottische Sparsamkeit erinnerte. Und die auftretende Band spielte nicht die schottische Folk-Music, wie wir sie uns gewünscht hätten. Wenn wenigstens der dicke Hamish Imlach mit seiner heiseren Stimme zu Gast gewesen wäre und seine Mary Anne oder die Ballade von William Brown gesungen hätte. Stattdessen wurde eine Tombola nach Art von Hausfrauennachmittagen angekündigt, was uns endgültig in die Flucht schlug. Wie uns Zeltnachbarn, die den Einsatz gewagt hatten, am nächsten Tag erzählten, hatten wir gut daran getan zu retirieren. Wären sie doch mit uns in die Kneipe gegangen.

Wir suchten und fanden ein weiteres kulturelles Angebot, schließlich durchstöberten wir die Hauptstadt der Insel. Das fand in einer Gastwirtschaft statt, klang nach einer Mischung aus Folk und Beat-Musik. Wir schöpften Hoffnung. Die Band zupfte die ersten Töne. Leider waren auch andere Musikbegeisterte anwesend. Wir kamen nicht weiter als bis in den Eingangsbereich der Kneipe, bereits bedrängt von nach uns Kommenden. Alle Stühle und Tische waren besetzt, im Rest des Raumes quetschten sich die Leute wie Heringe in der Dose, die verqualmte und verbrauchte Luft verschlug uns den Atem. Der Wirt kam kaum durch, selbst hinter der Theke drängten sich Gäste. Wahrscheinlich hockten sie auch auf den Toiletten bei offener Tür. Sorry, Lillian, das war auch nicht unser ceilidh. Schade.

Was blieb uns anderes übrig: wir landeten in *unserer* Kneipe, der Camanachd Bar, der strubbeligen Bar mit dem herben Charme aufgeschlitzter Sitzpolster, mit Zigarettenschachteln und verlorenen Pommes-Frites auf dem Boden. Von außen sah das Gebäude, in dem auch ein Hotel untergebracht war, nicht übel aus, weißgelbgestrichen, mit grün abgesetzten Fenster- und Türrahmen. Der Schriftzug des Namens in grünen, kräftigen Großbuchstaben. Camanachd Bar - falls mal jemand dorthin kommen sollte. Am Marktplatz.

Bierreklamen gibt es kaum an schottischen Gasthäusern, man muss sich nach anderen Kriterien richten. Und wenn, dann haben sie den Charme von Werbung für Heißmangeln oder Reinigungsinstituten, wie Ilse zu sagen pflegte.

So feierten wir unseren *ceilidh* als unangemeldete Ankömmlinge, am Abend nach getaner Arbeit, in unserer Sushibar, wie wir sie nannten. Begierig nach Geschichten jeder Art, nach Gespenstern, an die wir gern glauben wollten, bei diesem Juliwinter auf den Hebriden, was blieb uns anderes übrig. In der Kneipe saßen andere Verlorene, auch zwei junge Deutsche am Nachbartisch. Anscheinend hatte sie die Highlandschweigsamkeit erwischt, es kam leider kein Gespräch in Gang. Wir feierten unseren *ceilidh* zu zweit, konnten das, hatten das geübt auf der langen Fahrt hierher, auch auf anderen langen Reisen. Wir gönnten uns zur Feier des Tages das eine oder andere Guinness Stout, das dunkle Gebräu mit dem festen gelben Schaum aus Irland, das nicht nur ein Bier ist und ein Riesengeschäft für Budweiser-Guinness, sondern irische Geschichte und eine Weltanschauung; das nicht nur dem Genuss dient, sondern auch als Medizin wirkt. Man trinkt es langsam, mit Bedacht, man denkt zwischen den Schlucken. Man kann sich Zeit lassen, das Getränk verschalt nicht, es ist anders gebraut als deutsches Bier. Mehr als ein halber Liter, ein Pint, ist mindestens nötig. Das Bier wird nicht so kalt getrunken wie bei uns. Samtig rann es durch die Speiseröhre, verbreitete im Magen Ruhe und Wohlbehagen. Der Stress der ceilidh-Suche fiel von uns ab. Die Wetterlage war vergessen. Die warmen Gefilde der Provence und des Midi stiegen vor unseren Augen auf - obwohl wir dort im Mai dieses Jahres manchmal auch nur vierzehn bis sechzehn Grad erlebt hatten.

'Zu kühl für die Jahreszeit' schien der beliebteste Satz der Nachrichtensprecher zu sein. Aber die Erinnerung und das Guinness verklärten die Erlebnisse - und plötzlich hatten wir Ideen für ein Buch über die südlichen Breiten.

»Und eins über den Norden«, stellte Ilse fest. »Warum treiben wir uns denn hier oben herum?«

»Meinst du? Das will sicher keiner lesen, stell' dir vor, ich muss diese Kneipe beschreiben!«

»Ja, warum denn nicht?« Ilse schaute in die Runde. »Ist alles halb so schlimm, geht doch.«

Und wie um das zu bekräftigen, begann das Mädchen, das bediente, den Raum zu fegen. Schob die Chips, die Kippen, die Schachteln fort aus unseren Augen. Und brachte - wir mussten sie nicht von der Theke holen - zwei weitere Gedichte aus Irland. Wir bestellten Chicken with Chips, die uns noch träger und zufriedener machten. In einer Ecke spielten junge Männer Pool-Billard, zwei Münzautomaten klapperten, es war alles, wie es sich gehörte. Zu unserer allergrößten Freude lief der auf einem dreieckigen, erhöht in der Ecke angebrachten Brett thronende Fernseher nicht.

Wir waren versöhnt. Zwei Bücher sollten entstehen.

»Musst *du* schreiben«, meinte Ilse. »Ich illustriere die nur.«

»Ich werde dich daran erinnern«, stellte ich fest.

Der Rückweg belehrte uns eines Besseren. Es stürmte. Wir mussten an die Worte des Fischers aus Burghead denken: Not so warm, is it? Eine andere Redewendung macht ebenfalls die Umgangsweise der Schotten mit ihrem Wetter deutlich:

»It changed, but not too bad!«

Sicher nicht, im Juli! Wie würde erst der Januar sein?

Die Zeitungen zu Hause schrieben selten über die Hebriden. Im letzten Winter hatte es eine kurze Mitteilung gegeben, als die Inseln unter einer meterhohen Schneedecke verschwunden waren. Wie die Menschen damit umgingen, welche Probleme sie hatten, darüber wurde nicht berichtet. Auch nicht, ob der Schnee jemals geschmolzen war. Kein Schnee oder Schnee unter einem Meter war wohl uninteressant. Obwohl sich die Kinder bei uns - und wir auch - wenigstens ab und zu ein paar Zentimeter zum Rodeln wünschen. Der hebridische Schnee musste geschmolzen sein, es war nichts mehr von ihm zu entdecken.

Abgekämpft und durchnässt erreichten wir unser Heim. Schnell die Zähne geputzt und ab in die Schlafsäcke.

»Halt!«

Ich hatte endlich eine Idee gehabt. Gegen Ilses schlechte Laune, möglicherweise. Ich gab Regieanweisungen. Zunächst in die Schlafsäcke, damit die Füße warm wurden, der Pullover durfte über die Schulter gezogen werden. Dann, aufgepasst, füllte ich für jeden einen Schluck Whisky in den Schraubdeckel. Runter damit! Und: Lillian hatte erzählt, dass es bei einem *ceilidh* immer Geschichten gäbe, Geschichten zum Gruseln. Es war nicht unangenehm gewesen in der Kneipe, nur fehlte eine Geschichte.

Die kam jetzt.

Mit der Taschenlampe in der Hand, auf einen Arm gestützt, der ständig einzuschlafen drohte, hatte ich den Boswell aufgeschlagen, an einer Stelle, wo an den Rand geschrieben stand: für Ilse.

Ich las vor.

Die Geschichte, wo Boswell und Dr. Johnson wegen des schlechten Wetters (sic!) lange auf Skye zurückgehalten wurden, sich mit einem Segelboot zur Insel Icolmkill übersetzen lassen wollten. Wo der Skipper dann wegen des abflauenden Windes umdisponierte, Kurs auf Mull nehmen wollte, um die beiden in Tobermorie an Land zu setzen.

An dieser Stelle fiel mir ein schottischer Spruch ein: The skipper may not always be right, but he's always the skipper. Ilse brummte unwillig. Weiter!

Wo sie sich zunächst noch in der Nähe einiger Fischerboote befanden, die sie aber aus den Augen verloren. Wie dann der Wind auffrischte. Umsprang und von vorn kam. Und sie mühsam kreuzen mussten. Die See ging hoch. Die beiden Matrosen schlugen vor, eine andere Insel anzulaufen. Der Schiffer blieb stur. Wollte nach Mull. (The skipper may not always be right...) Die Diskussion ging hin und her, Mull oder nicht, oder eine andere Insel. Oder ankern und den Morgen abwarten? Dann fiel den Seeleuten ein, dass es keine gute Stelle zum Ankern vor Mull gab. Kostbare Zeit war vertan. Die Böen wurden ärger. Schließlich gab der Skipper nach, die Insel Coll wurde angesteuert. Sie steckten ein Licht auf, wie es in der mehr oder weniger christlichen Seefahrt nachts üblich ist. Einer der Matrosen schwenkte eine Zeit lang ein glühendes Stück Torf.

»He breeah!«, murmelte ich.

»Weiter!«, drängte Ilse.

Den Passagieren wurde mulmig, denn es befand sich Jagdgerät und Pulver an Bord. Boswell wurde aus taktischen Gründen von den Matrosen damit beschäftigt, ein Seil zu halten. Später fand er heraus, dass man sich einen Spaß mit ihm erlaubt hatte. Und das bei diesem Sturm!

»Und was ist mit Dr. Johnson?«

»Oh, du unterbrichst mich?«

Dr. Johnson war die ganze Zeit über ruhig und unbekümmert geblieben. Er hatte sich in eine der Kojen gelegt. Von der Gefahr ahnte er nichts. Plötzlich stellte Boswell fest, dass die Matrosen und der Kapitän aufgeregt in ihrer gälischen Mundart, die keiner verstand, miteinander tuschelten. Ihm wurde seltsam zu Mute. Oft krängte das Boot stark, dass er glaubte, es müsse im nächsten Augenblick kentern.

Wohlig streckte sich Ilse in ihrem Schlafsack aus, ich bekam den Eindruck, die richtige Geschichte ausgesucht zu haben.

Irgendwann schnappte Boswell eine Bemerkung in Englisch auf. Die alten Lappen (gemeint waren die Segel) hätten besser vor der Fahrt erneuert werden sollen. Um nicht ans Ufer getrieben zu werden, musste das Boot möglichst viel Tuch tragen. Und wenn die Lappen rissen? Boswell wurde es bang und bänger. Doch unentwegt harrte er auf seinem Posten aus, von Wind und Regen umtost, immer des Befehls gewärtig, an seiner Leine zu holen.

Endlich rief einer aus: »Gott sei Dank, wir sind gerettet!«

Der Hafen von Lochiern war zu sehen. Die Einfahrt in den Hafen war wegen des Seegangs unmöglich geworden. Sie gelangten lediglich mit dem Beiboot auf ein bereits ankerndes größeres Schiff und verbrachten dort den Rest der Nacht; nicht ohne dass der Schiffer (he's always the skipper) zu Boswell meinte, er sähe aus wie eine ersoffene Maus!

Ich klappte das Buch zu. »Na?«

»Gut!« murmelte Ilse schläfrig, »ein prima Boot ist unser Zelt.«

»Und morgen wird das Wetter besser.«

Doch das hörte sie schon nicht mehr.

Am nächsten Tag stand in der Press and Journal vom 2.7.1997, dass der Sturm von Aberdeen über Fraserburgh bis Inverness für Überschwemmungen gesorgt hatte. Families flee floods after North deluge. Ein Farbfoto zeigte überschwemmte Straßen, das Wasser stand bis zu den Scheinwerfern eines Lastwagens. Hausbesitzer schleppten Sandsäcke vor ihre Eingänge. Die Temperaturübersicht für Europa war erschreckend. Das klang nicht nach Wärmekatastrophe, eher nach dem Gegenteil.

Das Aquarell von der pastellfarbenen Hafenzeile in Portree wurde später gemalt, als wir von Dunvegan aus an einem heiteren Tag einen Ausflug nach Portree machten.

Von Stein und Bein

Trotz Nebel und Gebraus fuhren wir weiter. Nach Norden um die Trotternish-Halbinsel herum. Was wir alles hätten sehen können! Mit Mühe erkannten wir die Straßenränder und die schwachroten, plötzlich im Nebel auftauchenden Rücklichter der vor uns schleichenden Autos. Wir verzichteten auf einen Ausflug zum Storr-Plateau mit seinem fünfzig Meter hohen Felsobelisken, dem Old Man of Storr, der hätte uns zwei Stunden gekostet und heute wirklich keinen Spaß gemacht. Nächstes Mal, riefen wir zur Seite in den Nebel. It could be worse.

Plötzlich ertönte Dudelsackmusik. Wir blickten uns an. Halluzinierten wir? War der Nebel in die Gehörgänge gekrochen und verbreitete dort musikalischen Dunst?

»Ich hab' heute noch keinen gehabt«, meinte Ilse.

»Ich einen weniger, ich fahre.«

Wir kurbelten die Fenster ganz herunter.

Aus dem Küstennebel ertönte Dudelsackmusik, kein Zweifel.

Wir stiegen aus.

Unweit der steil abfallenden Felsen stand der Pfeifer, malerisch in Kilt und Tartan gehüllt, den Sporran, die Tasche, um den Bauch gebunden. Passende Kniestrümpfe dazu, eine Mütze mit Bommel auf dem Kopf. War es ein MacDuff oder ein MacLachlan? Jeder Clan hatte sein eigenes Muster. Unbekümmert um Regen und Nebel blies er seine Highland-Pipes. An dieser Stelle war ein Aussichtspunkt - auch wenn man kaum etwas sah - , unweit des Parkplatzes stürzten sich die

Kilt-Rock-Falls dreißig, vierzig Meter in die Tiefe. Den Touristen musste schottische Folklore geboten werden, bei Wind und Wetter, das war klar. Die offene Zigarrenkiste stand deutlich bereit, Münzen und auch Pfundnoten aufzunehmen.

Uns beeindruckten die Unbekümmertheit und äußerliche Härte, mit der die Schotten ihr Programm (ihr Leben?) durchzogen, mehr als die Wasserfälle, die aus einem Bach bestanden, der sich todesmutig in die Tiefe stürzte.

Die Felsen ragten in den weißen Dunst über dem Meer, von Urkäften so verworfen, dass das Bild von den Falten eines Schottenrockes entstanden war.

Orte im Nebel. Verschwommen huschten Schilder vorbei, weder Häuser noch Berge waren zu sehen. O Schottland! Der Seufzer schien gewirkt zu haben, als wir uns der Nordspitze von Trotternish näherten, klarte es auf.

Wir erkannten Duntulm Castle, einst einer der Sitze der MacDonalds, der Lords of the Isles. Hoch über dem Meer liegt es direkt am Felssturz, man muss sich hüten, nicht abzustürzen, wenn man durch die Ruinen kriecht. Am Fuß der Klippen wurde seinerzeit eine Öffnung in die Felsen geschlagen, um mit Booten anlegen zu können. Eine steile Treppe ohne Geländer führte hinab.

Der Nebel hob sich. Vom Duntulm Castle aus sollen - nicht heute, nein, heute bestimmt nicht - die äußeren Hebriden zu sehen sein, die Inseln am Rande des Meeres. Als wären wir nicht längst am Rand des Meeres. Grau-grün-weiß-gischtig, unheilvoll drohend, wenig einladend waberte es unter uns.

»Das macht nichts!« verkündete ich guter Laune.

»Wieso nicht?« erkundigte sich Ilse misstrauisch.

»Ich hab' gestern zufällig festgestellt, dass ich meine Badehose zu Hause vergessen habe.«

»---.«

Eine schmale Schotterstraße wand sich durch braungrüne Weidelandschaft. Dann und wann ein einsames weißes Bauernhaus. Schafe, die von der Straße flüchteten. Rotumrandete Dreiecksschilder mit einem schwarzen Schaf, die vor ihnen warnten. Mussten nicht sie vor uns gewarnt werden?

Stromleitungen, die im trostlosen Dunst verschwanden, bildeten die einzige Perspektive in der flachen Landschaft.

Uig. Zwei Fabrikhallen, ein Gasthaus, eine Tankstelle, ein Campingplatz. Und die Pier. Wo die Fischkutter anlegen können. Und die Fähre nach Harris und Lewis, der nördlichen der äußeren Inseln. Hafenstadt? Weit übertrieben. Trostlos? Nein. Bergrücken in der Ferne, grauweiße Wolkenmassen schoben sich hinüber. Kein Regen, kein Nebel mehr. Und eine Fähre. Eine Fähre bedeutete Hoffnung, Möglichkeiten, Ungewissheiten. Junge Leute, Rucksackwanderer, lungerten herum, warteten wohl auf das Schiff, das von da draußen kommen musste, um sie zu den Inseln am Rande des Meeres mitzunehmen.

Zwei trafen wir, ein junges Pärchen, die waren heute Morgen gekommen, von der bergigen Harris-Insel. Mit ihren Fahrrädern, das Zelt und die Schlafsäcke hinten drauf. Wie wir es gemacht hatten im Frühjahr im Süden Frankreichs, in anderen Jahren in den Bergen der Provence, der Hitze Korsikas, dem Herbst Portugals oder auf den endlosen leichten Steigungen Dänemarks.

»He breeah! Erzählt!«

Und sie erzählten. Von Lewis und dem südlichen Teil der Insel, Harris, wo der berühmte Tweedstoff gewebt wird; von der Urtümlichkeit der Landschaft, den einsamen Ortschaften und den wenigen, aber freundlichen und hilfsbereiten Menschen; von den schmalen, kaum befahrenen Straßen, die ideal für Radfahrer wären ohne die Berge.

Oh, diese Berge! Petra stöhnte noch im Nachhinein. Ralf nickte.

»Es war toll!«

»Aber?«

Das Wetter. Das war da draußen, kurz vor Neufundland oder Nova Scotia, nicht freundlich gewesen. Durchnässt, frierend hatten sie im Zelt gehockt, manchmal ohne Nahrung, wenn sie nicht genügend vorsorglich eingekauft hatten, es gab nicht überall Orte und längst nicht in allen Orten Geschäfte. Mit den Bergen im Rücken und dem brüllenden Meer auf der anderen Seite hatte der Sturm an ihnen gezerrt, hatte sie weggedrückt oder umgerissen; oder stoppen wollen, wenn er von vorn kam. Der Regen stach in die Augen, Wasser rann in die Kragen, trotz Regenkleidung. Wasser findet immer seinen Weg. Wäre nicht der Wind gewesen, hätte man die Stille hören müssen, in der das Land versank.

»Es war toll«, wiederholte Ralf. »Aber hätten wir das vorher gewusst, wir hätten uns ein anderes Ziel gesucht.« Unwillkürlich blickten wir alle vier nach Westen, dort war nichts, nur der undurchdringliche Übergang von Wasser zu Dunst.

Dorthin hatten wir mit Rädern und Zelt gewollt. Das Auto sollte in Uig stehen bleiben.

Petra und Ralf würden weiter nach Glasgow radeln, dann mit dem Zug nach Edinburgh, von dort mit dem Schiff nach Hause, nach Hamburg. Wir schüttelten uns vor Mitgefühl, ein wohliger Schauder lief uns über den Rücken: wir *mussten* nicht unbedingt an den Rand der begehbaren Welt. Außerdem hatten wir Zeit, brauchten nicht nach Hause, das empfanden wir trotz allem als angenehm. Auch als Indikator dafür, ob für uns die Reise lange genug gedauert hatte.

Die beiden bestärkten uns, nicht vollen Bewusstseins mit den Fahrrädern ins Unwetter, das über den äußeren Hebriden hing, hineinzufahren. Wenn es uns dort überrascht hätte, wäre es etwas anderes gewesen, das kannten wir von Irland und Wales.

»Ihr habt's gut«, meinte Petra.

»Warum?«

»Skye ist groß, bietet viel - und das Wetter kann nur besser werden.«

»Jede Menge Leuchttürme im nassen Nebel!«, versuchte ich zu flachsen.

Wie Recht ich damit hatte, erkannten wir später.

Sie stiegen auf ihre schwer bepackten Räder, wir winkten zum Abschied.

»He breeah!«

Auch wir verließen Uig mit seinen hölzernen Fischreusen und den reißfesten, blauen und gelben Kunststoffleinen an der steinernen Kaimauer. Wir begaben uns wieder auf schmale Teer- und Schotterstraßen, auf denen uns Schafe entgegenkamen, die nur widerstrebend wichen. Auf einem Feld standen rotbraune Highland-Rinder, zottelig-trutzig, die langen Fellhaare über den Augen. Ein kerniges schottiges Mannesknie soll ihren Gelenken ähneln. Auch von der Kraft her, obwohl in manchem Kniestrumpf vorsichtshalber das Klappmesser neben dem Einwegfeuerzug steckt, was beweist, dass Schotten nicht rückständig sind.

Die Straße wurde glatter, breiter. Dann ging es zu einer Bucht hinunter, zu einem Meereseinschnitt. Dort lag Dunvegan. Unser Ort?

Failte gu Dun Bheagain!

Welcome to Dunvegan!

Wohnhäuser rechts und links der Hauptstraße, Hotels, einige Kneipen, drei Lebensmittelläden, die Tankstelle (nein zwei, eine hatte geschlossen), die Post. Am Rand des Ortes bogen wir hinter der Bäckerei rechts ab und gelangten zu einer Campingwiese direkt an der Bucht.

»Welcome!« sagte der Mann am Eingang, gab uns ein gelbes Schild mit unserer Zeltnummer und verschwand. Viele Worte hat er nicht gemacht. Auch seine Katze gab nur ein kurzes Geräusch von sich, ließ sich streicheln und stolzierte dann würdevoll in eine andere Richtung.

Auf einem leichten Hügel unter vom Wind gebogenen Bäumen entdeckten wir einen Holztisch mit einer Bank. Dort bauten wir das Zelt auf, unsere Blicke schweiften über die ganze Bucht und trafen auf die Tafelberge. Und bei ganz gutem Wetter würden wir die äußeren Hebr...

»He breeah!« rief Ilse und fiel mir um den Hals. »Wir sind am Ziel!«

Das Gefühl hatte ich auch. Erleichtert sanken wir auf die hölzerne, harte Bank. Immerhin: wir brauchten nicht mehr im Schneidersitz auf den Isomatten zu hocken oder im engen Auto. Ilse steckte am Wegesrand gepflückte Margeriten in ein mit Wasser gefülltes Marmeladenglas, stellte es auf den Tisch. Damit war die Wohnung eingerichtet. Stolz reckten die Blumen ihre weißen Blütenkränze in die Luft.

Dunvegan. Wir blickten über die Bucht. Es war Ebbe, brauner Tang schlang sich über glitschige Felsen, das zurückweichende Wasser wellte sich leicht. Die Berge standen stumm.

Der Ort lag einen Kilometer entfernt, dunkle Dächer auf weißen Mauern schimmerten im Abendlicht. Es war still. Wunderbar still. Nur wenige Camper verloren sich auf den weiten Wiesen. Als es dunkel wurde, aßen wir Kartoffelsalat und Würstchen. Leider nicht 'Knack', die gab es in diesem Land nicht.

Der alte Mann vom Campingplatz drehte seine Runde, sah überall nach dem Rechten, fragte, ob man Probleme habe. Im Abstand von zwanzig Metern folgte würdevoll die Katze, den Schwanz steil erhoben. Sah nach rechts, sah nach links. Auch sie drehte ihre allabendliche Runde. Wenn sie hoheitsvoll eine Pfote gehoben hätte, es wäre uns nicht unwahrscheinlich vorgekommen.

Die Korallenbucht

Es konnte sein, wir fantasierten bloß. Bewiesen Einbildungskraft. Glaubten, der Zivilisation ein Schnippchen schlagen zu können. Meinten, am Ende der Welt zu sein, der europäischen, die Teil der ganzen Welt ist. Jede Reise ist eine Weltreise.

Wir lebten einfach, darbten manchmal ein wenig, genossen das Karge, erlitten das Wetter, erwarteten keine Sonnenstrände, machten keinen Urlaub, nein, eine Reise, versuchten unterwegs an unseren Sachen zu arbeiten. Versuchten das zu finden oder zu retten, was die im März 1997 verstorbene, bei uns wenig bekannte italienische Dichterin Anna Maria Ortese geschrieben und beschrieben hat: eine Poetik zur Verteidigung des Überflüssigen, Schwachen und Lächerlichen, aus den unteren Regionen der Menschheit, gegen die Logik des Siegreichen und Selbstverständlichen.

Genau hinzusehen fällt sehr schwer, wenn wir umgeben sind von Hetze und Terminen, wenn die zivilisatorische Zeiteinteilung uns im Griff hat. Wann ist noch Zeit für bedächtiges, bedenkenvolles Abwägen? Skrupulös sein nannte man das früher einmal, Skrupel haben, überlegen, was sinnvoll ist, für die Mehrheit der Bevölkerung, für die Betroffenen. Nicht unbedingt das Schneller-Höher-Weiter, das oft nur für wenige Nutznießer gut ist.

Es lohnt sich gerade heute, darüber nachzudenken, zu Zeiten der so genannten Globalisierung, des scheinbaren Siegeszuges der herrschenden Ideologie. Viele meinen, zu den Gewinnern gehören zu müssen, nicht zu den Verlierern. Obwohl es logisch sein dürfte, dass es nur wenige Gewinner geben kann, viele Verlierer geben muss, damit dieses System funktioniert. Und es die Menschlichkeit erfordert, sich um die Verlierer zu kümmern. Weil jeder ganz schnell dazu gehören kann. Mancher meint Sieger zu sein und hat schon verloren, hat Glück und die Gesundheit hergegeben für Gold, das sich als Glimmerschiefer entpuppt. Nur wer versucht stark zu sein, kann gegen das scheinbar Selbstverständliche opponieren, kann es durchbrechen und Neuland finden. Verteidigen wir das scheinbar Überflüssige: es enthält nicht nur die Hoffnung, sondern auch Überraschendes, Erreichbares.

Hebriden

Am Mittag das Brot knapp
und keinen Fisch gefangen
Sturm verweht die wenigen Worte
am Außenposten der Zivilisation

Wanderer trocknen ihre Schuhe
mit dem Haarföhn
auf den Leinen flattern Tücher
im peitschenden Regen

Wie gern würden wir
Schöner Tag heute sagen
so bleibt uns das Warten
am Feuer des Inn

Einen Scotch noch und ein Ale
wir legen Holz in die Glut
und erzählen einander
wie es früher war

Wir schnallten die Fahrräder vom Dach, entrosteten und ölten die Ketten und fuhren los. In Dunvegan war es ruhig, noch stiller war es in der Bucht des Glen Varkasaig. Bis auf die gellenden Schreie der Jugendlichen, die wahrhaftig am steinigen Strand badeten. Ich schätzte die Wassertemperatur auf ungefähr zehn Grad. Wir schauten uns an.

»Wir wandern lieber«, entschied Ilse.

Durch Wald, über Stock und Stein und Geröll, an einem kleinen Wasserfall vorbei gelangten wir in der Nähe zweier Farmen an das Meer. Das Meer entpuppte sich als Loch Varkasaig, eine Nebenbucht des Loch Bracadale, der sich zur Sea of the Hebrides hin öffnet. Diese wiederum geht über in den Ozean, wie es unsere Karte verkündete. Die Sonne schien, wir hockten im Gras oberhalb des Meeres und blinzelten in die Ferne. Die Gedanken schwirrten zum Horizont und zurück. Ilse malte. Bienen summten.

Die graue Wolkendecke war verschwunden, hatte zartgefiederten Cirrus hinterlassen, der nach und nach in langgezogene Streifen aufriss, blauen Himmel sehen ließ und uns zu einer längeren Fahrradfahrt zu den Korallenbuchten im Norden an der Dunvegan Bucht verlockte. Wir kamen am Dunvegan Castle vorbei, das in der Nähe des primitiven Hafens liegt; das Castle der MacLeods of MacLeod, der eingeschworenen Feinde der MacDonalds. Schwerter und Trinkhörner sind zu besichtigen und die Feenfahne, die Fairy Flag. Kostbare Möbel, die Dr. Johnson seinerzeit zu Lobeshymnen anregten, wurden in der Zwischenzeit leider versteigert. Es muss wohl einmal ein sehr komfortabel eingerichtetes, gut bewohnbares Schlösschen gewesen sein, was man nicht von allen Castles sagen kann - Maria Stuart brachte die erste Wassertoilette aus Frankreich mit nach Schottland und erntete Hohngelächter.

Auf schmaler werdenden Straßen gelangten wir zu einem Endpunkt. Wir mussten zu Fuß weiter durch Felder und Wiesen, über Steinmauern, an friedlichen Bullen vorbei.

Hell leuchtend lagen zwei Buchten unter uns, zwei Strände mit scheinbar feinstem, gelbem Sand, der aus Korallen bestand, aus versteinerten Pflanzen, eine Einmaligkeit in Nordeuropa. Versteinerte Elemente, wie Knöchelchen. Stein und Bein. Die Besonderheit schien sich noch nicht herumgesprochen zu haben, denn es trieben sich mehr Kühe, Krähen und Möwen als Menschen dort herum. Wir sammelten einen

Beutel Korallen als Mitbringsel, streiften weiter durch die Landschaft, den türkisfarbenen Meeressaum entlang bis zum Kap, dem Groban na Sgeire.

Schöpferische Pause, malen und schreiben, an eine Steinmauer gelehnt.

Im Dunst waren die niedrigen, dunklen Silhouetten der Western Isles zu sehen, Outer Hebrides, Nah-Eileannan Siar, nämlich Harris und North-Uist. Na also. Es gab sie.

Sehr hoch dröhnte dann und wann eine Düsenmaschine über uns hinweg, erinnerte an Lockerbie und hinterließ Kondensstreifen, die auseinander fächerten und neue Cirruswolken produzierten. Französische Wissenschaftler haben herausgefunden, dass der Anteil an Cirruswolken durch Flugverkehr in großen Höhen zugenommen hat. Hohe Cirruswolken lassen das Sonnenlicht durch, behindern aber die Rückstrahlung der Wärme in den Weltraum und tragen zur globalen Erwärmung bei.

Wir entdeckten Seehunde, die sich in der Bucht tummelten. Sie wirkten wie schwarze Stecknadelköpfe auf der Oberfläche des Wassers.

Berge unter dem Nebel

Weiße Korallensplitter
giftgrün unter dem Wasser
rotpicklig die See
schwarzrund die Köpfe der Tiere

Unter Schreien der Austernfischer
tuckern heimwärts die Boote
wie losgeslassen von Wasserhügeln
neblig in der Ferne

Weit die Berge der nahen Inseln
grünüberschwemmter Stein schafskotig
salzdunstig die Brise und Duft nach Torf
unter den Schwammwolken

Gegenüber von Dunvegan, auf der anderen Seite der Bucht, lag Uiginish Head, zum Greifen nahe. Der Weg war weit. Mit Proviant, Malsachen und Lesestoff in den Rucksäcken wanderten wir auf verschlungenen Wegen in die Einsamkeit. Vorbei an vereinzelten Häusern, an Schafweiden, unauffällig sich durch die Moorlandschaft schlängelnden Bächen. Einfache, an Holzpfosten genagelte Schilder mahnten: No dogs allowed on hill! Nach zwei Stunden erreichten wir den letzten Bauernhof, noch eine halbe Stunde ohne Weg und Steg ging es weiter bis zum Head. Eine enge Bucht öffnete sich unterhalb der Felsen. Schafe beäugten uns misstrauisch. Nein, wir hatten keinen dog. Wenn wir uns nicht bewegten, kamen sie näher. Wir hörten das Meer rauschen, den Ozean, von jenseits der äußeren Inseln.

»Hör' endlich auf mit deinen Outer Hebrides«, schimpfte Ilse. »Hier ist es schön!« Das stimmte. Ganz schwach konnte ich die Inseln im Dunst auf dem Meer schweben sehen. Boote kamen von draußen herein, zogen ihre Spur zur Dunvegan Pier, die wir gegenüber erblickten. Die Kutter legten an Bojen an, die Fischer ruderten mit kleinen Booten an Land. Es gab keinen Anlegesteg.

Kormorane flogen und tauchten. Plötzlich hörten wir ein seltsames Klatschen vom Wasser her, das wir uns zunächst nicht erklären konnten, bis wir die schwarzen Rundköpfe auftauchen sahen. Seehunde. Es schien, als könnten wir ihre Schnurrbärte erkennen.

Seehund von Dunvegan I

Erst war da ein Stein
dann kam die Flut
der Stein bewegte sich
was kein Stein tut

Am hebridischen Sund
an der Insel vorn
wo nur Schafsgras wächst
und niemals Korn

Da tauchte der Buckel auf
kein Wal auch Nessie nicht
unter Wolken und Möwen
da foppte er mich

Beinah hätt ich den Schnurrbart gesehn
wäre nicht etwas andres geschehn
er tauchte unter fand einen Fisch
und schwamm zu Tisch

Auf die Gefahr hin, die geschätzten Leser und Leserinnen zu verärgern, dennoch in der Hoffnung, sie - oder einen Teil von ihnen - zu erfreuen:

Seehund von Dunvegan II

Und Platsch
und Klatsch
und Platsch
und peitscht das Wasser
mit der Flosse

Taucht auf taucht ab
zeigt Schnurrbarthaar
blickt Beifall heischend
über die See

Ich klatsche laut
was ihm gefällt
er klatscht erneut
den Schwanz auf's Meer
als hätt' er Spaß daran

Und Platsch
und Klatsch
und Platsch
hallt laut es über die Bucht
Da ist der Seehund - unfassbar

Ich hatte gedacht, auf Skye kräftigen Westwind vom Atlantik um die Ohren zu bekommen. Doch zunächst blies es wieder einmal aus Nordost, später aus Süd. Der Abend brachte einen glutroten Sonnenuntergang, den wir so lange wie möglich draußen vorm Zelt sitzend bewunderten. Der blaue, ins Grau wechselnde Himmel wurde durch querverlaufende Wolkenfetzen unterbrochen. Über der Bucht schichteten sich gelbe, orangefarbene bis ins Rot verlaufende Lichtstreifen. Das Wasser kräuselte sich leicht, wirkte silberfarben. Die letzten Strahlen der Sonne schoben einen schmalen Lichtpfeil über das Wasser auf uns zu. Wie schwarze Zeigefinger ragten die Pfosten eines Zauns vor uns auf. Dunkle Punkte schienen auf der Wasseroberfläche zu schweben, die Fischerboote vor Dunvegan Pier.

Die Köpfe der Margeriten raschelten leise.

Die äußeren Hebriden waren *nicht* zu sehen!

Gute Nacht.

Neist Point

Abendrot - schlecht Wetter droht. Alte Sprüche sind manchmal wahr. In der Nacht hatte es gestürmt und geregnet. Als ich bei beginnender Helligkeit aus dem Zelt schaute, sah ich nur, wie sich die Margeriten in ihrem Marmeladenglas waagerecht dem Wind gebeugt hatten. Die Blüten flatterten wie Haare im Strom eines Föhns. In der Zeitung stand, der Sturm habe über dem Ärmelkanal tausende von heimkehrenden englischen Brieftauben erwischt. Die Züchter seien untröstlich. Wir konnten es nachfühlen.

Trotz des Nebels starteten wir mit dem Wagen zum Neist Point im Westen der Insel, auf der Halbinsel Duirinish. Wir schlichen durch die Milchsuppe, nichts war von der Landschaft zu erkennen, auch die Tafelberge waren verschwunden. Nur mühsam erspähten wir Hinweisschilder. Wir mussten quer durch Duirinish, wenn wir die Westspitze der Isle of Skye erreichen wollten. Von dem Kap aus hätten wir nach Süden in Richtung Heimat blicken können, wenn der Nebel nicht gewesen wäre. Warum hörten wir kein Nebelhorn? Wo war der Leuchtturm, gab es ihn noch? Ilse glaubte nicht mehr, dass sie ihn auf den Block bekommen würde.

Das Leuchtturmgelände war weiträumig umzäunt, nur zu Fuß kamen wir weiter. Entschlossen stiegen wir aus. Hinter dem Tor führte ein Pfad in Serpentinen nach unten. Irgendwo stießen wir auf eine primitive Seilbahn, an der ein Holzkasten hing, in dem neben Lebensmitteln und Material auch ein Mensch befördert werden konnte. Das Stahlseil verschwand im Nichts. Wie wir später feststellten, überbrückte es ein Tal, das wir auf Umwegen mit unserem Serpentinenpfad durchsteigen mussten. Dann ging es wieder aufwärts.

Unmerklich hatte der Nebel sich gehoben. Wir konnten plötzlich Umrisse von Felsen erkennen. Einfache Stufen führten uns das letzte Stück hinauf, und dann, noch schemenhaft, schälte sich der Leuchtturm mit seinen Nebengebäuden aus dem Dunst. Weiße Mauern, gelb umrandet, auch der Turm in Weiß mit einem gelben Aufsatz, über der Lichtkuppel ein schwarzes Dach. Seltsamerweise war kein Fog-Horn zu hören. Hinter dem Turm fiel die Küste steil ab. Ganz heran kamen wir nicht, der Turm und sein Umfeld waren für Publikum nicht zugänglich. Wir wurden entschädigt durch einen neben der Anlage liegenden Friedhof, der besichtigt werden durfte. Eine seltsame Stelle für einen Friedhof. Waren unverhältnismäßig viele Leuchtturmwärter gestorben? Möglich, dachte ich, bei *der* Seilbahn...

Es handelte sich nicht nur um eine ungewöhnliche Stelle für eine Gräberansammlung, sondern auch um den eigenwilligsten Friedhof der Welt: einen ohne Leichen. Die Grabsteine ähnelten sich, waren gleich alt. Ein Unglück? Wie man's nimmt. Einer der Historienfilme über Schottland wurde an diesem Ort gedreht, und als ein Friedhof gebraucht wurde, ließ der Regisseur eben einen Friedhof mit den Namen der nur im Film gestorbenen Leute bauen. Nach Abschluss der Dreharbeiten blieben die falschen Gräber als Touristenattraktion im Nebel von Neist Point zurück. Ein sauberer Zaun umgrenzte das Ganze.

Wir wussten nicht, ob wir lachen oder weinen sollten.

Während wir noch die falschen Grabsteininschriften studierten, hatte sich der Nebel weiter gehoben. Nicht dass es richtig hell geworden wäre oder gar sonnig. Aber wir konnten den Leuchtturm nun erkennen. Ilse hockte sich vor einer Felswand ins Gras und holte ihr Malzeug heraus.

Sie war noch nicht fertig mit ihrem Bild, als es zu regnen begann. Erst sachte, dann stärker, schließlich so kräftig, dass der Leuchtturm wieder verschwand und wir uns nicht mehr draußen aufhalten konnten. Zurück zum Auto und hinein in die sichere Blechhülle. Nach einem Imbiss aus unseren Vorräten versuchte Ilse, das Aquarell im Auto zu vervollständigen. Ich blätterte währenddessen ein wenig in einem der Bücher von Lillian Beckwith, in dem sie ihr Leben auf den Hebriden beschreibt.

Einmal kam Lillian nach Mitternacht mit ihrer Freundin Morag am heimischen Friedhof vorbei. Plötzlich hörten sie Stimmen. Starker Whiskygeruch führte sie zu den drei Totengräbern Angus, Johnny und Lachy, die sich einen Sport daraus machten, mit Kieselsteinen nach einem Totenschädel zu werfen, der auf ein Holzkreuz gespießt war.

»Schmeiß«, durchbrach Johnnys Stimme befehlend die zeitweilige Stille.

Angus holte weit aus, ein Kiesel traf den Schädel, und Lachy, der vortrat, um das Ziel zu inspizieren, rief bewundernd: »Prima, Mann! Jetzt hat er nur noch fünf Zähne.«

»Jawohl, prima«, meinte Johnny, »den schaffen wir noch heut nacht.«

Den sie da schaffen wollten, das war der vor zwanzig Jahren begrabene Euan Beag, der in England ertrunken war. Begraben wollten sie eigentlich den Ian Mor, doch weil Friedhofsfläche in Bruach knapp war, mussten oft neue Tote in alte Gräber gelegt werden. Der alte Euan hatte sich gut gehalten, und weil die Flasche Whisky inzwischen leer war und ihre Wirkung getan hatte, war der Schädel des vormalig Ertrunkenen auf dem Holzkreuz gelandet und zur Zielscheibe geworden. Der frische Tote lag derweil im Gebüsch nebenan und wartete noch ein Weilchen darauf, unter die Erde zu kommen. Als Morag mit moralischen Vorhaltungen kam, antwortete Lachy kurz und knapp:

»Ihr solltet einen nicht zwingen, Gräber zu schaufeln, wenn euch nicht gefällt, was wir hier machen.« Es gab nämlich keine hauptberuflichen Totengräber, die Männer machten das ehrenamtlich.

Die beiden Frauen konnten nur noch darauf hinweisen, den Schädel nicht auf dem Holzkreuz zu vergessen, dann verließen sie die Hamlet-Szene. Johnny hatte zwanzig Zigaretten auf Sieg gewettet - bald flogen wieder die Steine.

»Ist das aber ein Volk!« murmelte die Engländerin Lillian Beckwith.

Ich war gerade bei der Schlägerei auf dem Tanzfest angelangt, bei der gewisser Lachy auch wieder eine Hauptrolle spielte, als Ilse mich anstieß und ihr Bild zeigte. Bevor ich mich äußern konnte, klopfte es an die Scheibe. Draußen hatten mehrere Motorradfahrer angehalten, einer hatte das Visier seines Schutzhelmes hochgeschoben und fragte, wo es Pommes gäbe.

Wieder wussten wir nicht, ob wir lachen oder weinen sollten. Für einen Moment dachte ich an die abenteuerliche Seilbahn, ob mit der auch Pommes Frites zum Leuchtturmwärter geschaukelt würden? Und an den Friedhof mit den falschen Gräbern. Den gab es, und reichlich Nebel. Aber eine Fritten-Bude?

»No chips!« rief ich.

»No chips!« echote der mit dem hochgeschobenen Visier.

»No chips!« hörten wir es dumpf hinter den anderen, geschlossenen.

Wie auf Kommando surrten die Anlasser, Gänge wurden reingeknallt und ab stob die ganze Bande.

Wir blickten uns an. »No chips!«, sagte Ilse, »eigentlich schade.«

Futtersuche

Verborgen das Leuchtturmhaus
in Wind und Nebel
Schafe am Hang und ein Seil
an der Winsch für Nachschub

Hoher Fels droht am Abgrund
Heimat für Trottellummen
Weiß wabert es über Steinmauern
Farn und Fingerhut gebeugt

Aufgepeitscht das Meer
unsichtbar geheim
in der Tiefe gurgelnd
macht frösteln die Seele

Die Stille zerrissen
vom Dröhnen der Zweiräder
erheiternd die Frage aus dem Visier
Wo gibt's hier was zu essen?

Das fragt die Möwe auch

Während der Rückfahrt nach Dunvegan:

»Eigentlich ist heute die irische Methode fällig.«

»Die irische Methode?« fragte Ilse.

»Yes, was tut man, wenn das Wetter gar zu grauslich ist, die gute Laune in den Keller klettert, die Seele zu den Sternen möchte und wie mit Bleigewichten an der Erde klebt, wenn man Gedanken an die Heimfahrt verschwendet ...«

»Man geht ins Pub!«

So war es.

Wir gönnten uns ein Abendessen im Dunvegan Hotel. Der Barraum war voll, mit Mühe bekamen wir zwei Plätze an einem der niedrigen Tische. Obwohl die Leute gute Laune hatten, ging es nicht so lebhaft zu wie in irischen Pubs.

»Was nehmen wir denn?« fragte ich, las in der Speisekarte.

»Auf jeden Fall Chips«, konterte Ilse, »hier gibt's Chips. Jede Menge.«

»Ich frage mich, wo die Motorradfahrer bleiben.«

»Lass die bloß fort, die essen alles kahl.«

So bekamen wir unsere Hühnerschenkel und Shrimps mit Fritten, dazu dunkles Bier, und langsam stieg die Seele die Kellertreppe empor, hielt sich ein Weilchen in der Mittellage, schwang sich dann in ungeahnte Höhen, nachdem ihr ein Malt Whisky entgegengekommen war. Ich beschäftigte mich mit meinem Tagebuch, ein Gedicht entstand. Ilse zeichnete Skizzen von den anderen Gästen.

Die blitzenden Augen

Wo Sturm die Wasser drängt
Kaskaden gleiten an glitschigem Fels
war dunstumhüllt das Versteck des Prinzen
Bonnie's Höhle heißt's überall

Bonnie's Höhle die Grotte am Meer
wo Flora ihn barg
die Klügste des Clans
und ihn brachte auf ein normannisches Schiff

Hinter der Theke von Dunvegan's Bar
steht sie mit blitzenden Augen
und würde ihn retten auch heut'
vor dem klirrenden Spiel der Mörder

Da stand sie hinter der Theke, mit gelocktem Haar, in Jeans und Pullover. Flora!

Lächelnd kam sie auf unseren Tisch zu.

»Flora, wie war das damals mit Bonnie? Erzähl!«

»Ach, die ollen Kamellen! Das steht alles in den Geschichtsbüchern, das wisst ihr doch.«

»Bitte, du warst doch dabei!«

Sie blickte uns forschend an, zögerte.

»Hm, wo soll ich anfangen? Ihr erinnert euch: Elisabeth I. hatte Maria Stuart, ihre ärgste Rivalin um den britischen Thron, köpfen lassen; 1603 starb sie selbst, aber eines natürlichen Todes. Jetzt ging das Gerangel wieder los. Was Maria erhofft hatte und Elisabeth um jeden Preis vermeiden wollte, geschah: Marias

Sohn wurde als James I. König von England und Schottland. Marias Kopf war umsonst gerollt. Ziemlich blöde, nicht? Aber nun war's so. Die Freude im Hause Stuart hielt nicht lange an. Schon der Sohn und Nachfolger, Charles I., musste sich bald von Thron und Kopf trennen, weil ein gewisser Oliver Cromwell das so wollte. Oliver Cromwell! Der wollte zunächst viel Gutes für die Bevölkerung - aber fragt mal die Iren! Die würden ihn heute noch am liebsten umbringen. Im Grunde wollten und wollen sie alle dasselbe, die Cromwells, die Stuarts und sonstigen Thron- und Machtbesessenen der Welt, nämlich ihr eigenes Wohl.«

Flora hatte sich richtig in Rage geredet.

»Wir sollten unsere Interessen auch so zielbewusst vertreten«, meinte Ilse und lachte, »es müssten ja nicht gleich Köpfe rollen.«

Flora ging darauf nicht ein. Behauptete, die Krone sei dann an das Haus Hannover gegangen, und darauf könnten wir als Deutsche ja stolz sein.

Sie drehte sich um und eilte hinter die Theke, wo sie eine Reihe Stouts zapfte.

»Ich glaube«, sagte ich zu Ilse, »nach Cromwell kam zunächst Charles II. an die Macht. Und als die Stuarts 1688 verjagt worden waren, setzten sich die Oranier auf den Thron.«

»Wie sich das anhört!« rief Ilse. »Da muss ja ein schönes Gedrängel geherrscht haben, der Thron war sicher schon ganz abgewetzt.«

»Das war wie heute«, erwiderte ich, »alle wollen nur unser Bestes und in Wirklichkeit an die vollen Töpfe. Allerdings mussten sich Floras Hannoveraner dann doch noch mit den Stuarts herumschlagen, denn 1715 versuchte James Edward aus dem Exil von Frankreich kommend in Schottland zu landen. Der Plan misslang. Sein Sohn Charles Edward versuchte das Ganze noch einmal. Von Frankreich unterstützt, ging er im August 1745 auf Eriskay, einer Insel der äußeren Hebriden, an Land. Gut aussehend, militärisch erzogen und für die Rolle als Thronfolger vorbereitet, gelang es ihm, einen großen Teil der Clans für die Sache zu gewinnen. Mit einigen tausend Highlandern zog Bonnie Prince Charlie, wie er genannte wurde, nach Süden. Sie eroberten Perth und Edingburgh und weitere Städte, sahen sich schon an der Themse. Doch die Engländer unter dem fähigen Herzog von Cumberland schlugen zurück. Bei Culloden ...«

Flora unterbrach mich, sie stand mit einem leeren Tablett wieder an unserem Tisch.

»Ihr habt schon vom Kampf bei Inverness gehört? Das war vielleicht ein Schlachtfest! Leider nur ein Fest für die Engländer. Nach wenigen Stunden war alles entschieden. Das Feld war von toten Highlandern bedeckt, der Rest flüchtete. Einige Clans, diese Feiglinge, waren vorher zu den Engländern gewechselt. Der Herzog von Cumberland war kein fairer Sieger. Tagelang ließ er unsere Leute verfolgen und unbarmherzig ermorden. Die Dörfer wurden geplündert. Dennoch hat kein Schotte sich die auf Bonnie ausgesetzten 30.000 Pfund verdienen wollen, das Kopfgeld verfiel.

Fünf Monate lang hatte Bonnie sich unter Lebensgefahr durchgeschlagen. Hatte draußen übernachtet, war von Bauern in Ställen untergebracht worden. Dann kam er auf Skye an, übernachtete zunächst in unserem Haus. Anschließend versteckten unsere Leute ihn auf South Uist. Er wusste nicht weiter, schien verloren. Es war nicht einfach, unsere Männer wurden von den englischen Besatzern ziemlich genau beobachtet. Deshalb brachten wir Frauen ihm abwechselnd sein Essen und Wasser. Schließlich trauten sich auch die Frauen nicht mehr. Aber mir machte es nichts aus, ich übernahm die Aufgabe dann allein. Ich sah ihn jeden Tag.

Schließlich sickerte durch, dass ein französischer Segler Skye anlaufen sollte. Der Clan-Rat kam auf die Idee, den Prinzen auf dieses Schiff zu schaffen. Ich musste ihn fragen. Er war einverstanden. Ich sollte bei der Aktion helfen.«

»Die hatten sicher erkannt, dass du mutig warst und zupacken konntest, am liebsten hättest du bei den Highlandern mitgekämpft.«

»Quatsch!« Sie errötete leicht.

»Ich wehrte mich. Ich konnte mir nicht vorstellen, wie ich dabei hätte helfen können. Doch sie hatten sich bereits alles fein ausgedacht.«

Sie drehte sich um, warf einen kurzen Blick durch die Kneipe, wandte sich uns wieder zu.

»Habt ihr schon mal einen Prinzen in Frauenkleidern gesehen?«

Sie wartete keine Antwort ab, legte jetzt richtig los. Was sie uns erzählte, zum Teil mit deftigen schottisch-gälischen Ausdrücken vermischt, kann ich nur mit dürftigen Worten wiedergeben:

Es dauerte nämlich noch Wochen, bis dieser Segler kam. Endlich überbrachte ein Bote die Nachricht, die französische Bark sei auf dem Weg nach Dunvegan.

Eine besonders dunkle, mondlose Nacht wurde abgewartet. Zwei Männer halfen Flora, das Ruderboot ins Wasser zu lassen. Die Riemen waren mit Stoff umwickelt, damit sie in den Gabeln auf dem Dollbord nicht quietschten. Flora war wie eine Dame gekleidet, hatte ihren besten Tartan umgelegt. Sie wartete im Boot. Das Meer war ruhig, nur leise klatschte das Wasser an die Planken des Bootes, ließ es leicht schaukeln. Die Männer am Ufer murmelten, sie konnte nichts verstehen. Dann hörte sie Geräusche, Pferdegetrappel. Zwei Reiter kamen heran, sprangen ab, der eine sprach kurz mit den Männern am Ufer. Sie hörte zustimmende Rufe. Einer der Reiter schritt das Ufer hinunter zum Boot, stutzte. Ein aufmunternder Ruf von den anderen, zögernd setzte er ein Bein über das Dollbord. Flora hielt das Boot in der Waage, stützte es mit einem Ruder im flachen Wasser ab.

»Oh, Flora!« entfuhr es dem Mann, der wie eine Frau gekleidet war. Da erkannte auch sie ihn.

»Ich bin deine irische Dienerin«, versuchte Bonnie einen Scherz.

»Ruhig!« zischte einer der Männer am Ufer, »los!«

Er gab dem Boot einen Stoß mit dem Fuß, Flora packte die Riemen, tauchte sie ins Wasser. Etliche Seemeilen lagen vor ihnen in dunkler Nacht, von der kleinen Insel South-Uist bis zur Bucht von Dunvegan.

»Wie findest du den Weg?« fragte Bonnie.

Flora lachte.

»Frag nicht, verlass dich auf mich.«

»Das werde ich nie verstehen, mir sind festes Land und ein Pferd lieber.«

Sie schwiegen. Das Boot durchteilte das Wasser, das leise an den Bordwänden vorbeigluckerte. Vom Land war bald nichts mehr zu sehen. Sie fuhren ins Nichts.

»Kannst du rudern?« fragte Flora plötzlich.

»Ich denke schon, ich hab's noch nie probiert.«

Sie erklärte ihm, wie man die Plätze tauscht ohne zu kentern. Ab da wechselten sie sich ab. Als Wind aufkam, zog Flora an dem kleinen Mast im Bug ein Segel auf.

»Halt mal die Pinne!«

Sie brauchten die ganze Nacht. Im Morgengrauen sahen sie die Rahen der französischen Bark auftauchen. Einige Matrosen blickten über das Schanzkleid. Ein Fallreep baumelte an der Bordwand. Zweifelnd blickte Bonnie Flora an.

»Da soll ich hoch?«

»Du musst!«

Die Matrosen riefen sich schmutzige Bemerkungen zu, Frauen an Bord waren nicht erlaubt.

Ein letztes Mal blickte der Prinz seine Retterin an, grüßend hob sie die Hand, lächelte schmerzlich, dann kletterte der Flüchtling mit zitternden Knien unbeholfen die Seile hoch.

»Sei ein Mann, Bonnie«, flüsterte Flora.

Es schien, als kämen unserer Flora die Tränen. Sie wischte den Tisch sauber, nahm die leeren Gläser mit.

»Und?« rief Ilse ihr nach, »gab's kein Happy End?«

»Lass sie«, sagte ich, »für Flora kamen schwere Zeiten.«

Die Sache war nämlich durchgesickert. Das mutige junge Mädchen, eine Tochter aus dem Hause der MacDonalds-Clan-Chiefs, der Hebridenkönige, wurde verhaftet und nach London gebracht. Durch eine Amnestie kam sie nach einiger Zeit frei. Sie wurde Bäuerin in Flodigarry im Norden von Trotternish. Dort konnte sie 1773 die heute berühmten Reisenden Boswell und Dr. Johnson begrüßen und bewirten. Die beiden übernachteten im Haus der MacDonalds, und Johnson durfte in demselben Bett schlafen, in dem auch Prinz Charlie genächtigt hatte. Boswell war sehr gerührt über diese Tatsache, Johnson eher belustigt.

Während der gerettete Stuart-Prinz es sich im Süden gutgehen ließ (er schrieb keinen Brief), gehörte Flora mit einigen ihrer sieben Kinder 1774 zu den Auswanderern, die in North Carolina einen neuen Anfang versuchten. Fünf Jahre später kehrte sie nach Schottland zurück. Sie starb 1790 und wurde auf Skye beerdigt. In Kilmuir steht auf ihrem Grab ein keltisches Kreuz mit einem Spruch von Dr. Johnson: *Ein Name, der in der Geschichte lobend erwähnt wird, und, wenn Mut und Treue Tugenden sind, ehrenvolle Erwähnung findet.* Vor der Burg in Inverness befindet sich eine ihr gewidmete Statue.

»Und Prinz Bonnie? Hatte der glückliche Jahre?« fragte Ilse.

»Der blieb zunächst in Frankreich im Exil, ging dann nach Italien und lebte in Rom und Florenz. Er heiratete die wesentlich jüngere Louise Marie von Stolberg-Gedern. Sie hatten keine Kinder, die Ehe wurde 1780 aufgelöst. Der Prinz wurde Alkoholiker und Schürzenjäger, schien seine Heimat, sein Volk, die Toten und seine Retterin vergessen zu haben. Er starb gegen Ende des Jahrhunderts, aber da krähte schon kein Hahn mehr nach ihm.«

Als Flora bei ihrer nächsten Runde in unserer Nähe vorbeikam, hielt ich sie an.

»Und - hast du ihn geküsst, den Prinzen?«

Energisch schüttelte sie den Kopf.

»In einsamen Höhlen zu zweit, auf schwankendem Boot in dunkler Nacht, da ist die Liebe sicher nicht weit.«

»Hach!« Ein raues Lachen entfuhr ihrer Kehle.

»Der stank doch. Der war fünf Monate lang auf der Flucht, mit einem Kopfgeld von heute umgerechnet zwei Millionen im Nacken, voller Angst, weil er bei Gefangennahme geköpft worden wäre. Den hatten die Läuse und Mücken zerbissen, Durchfall hatte der und dauernd Nasenbluten.«

»Du hast ihm aber geholfen, unter Lebensgefahr.«

»Ja, das war bei uns üblich, außerdem kam der Befehl vom Clan-Chief.«

Sie zuckte mit den Achseln.

»Er war ein sehr hübscher Mann.«

Sie lächelte.

Dann nahm sie das Tablett mit mehreren Portionen Fish and Chips und trug es energisch zu den Tischen.

»Ist es nach sechs?« fragte ich Ilse.

Die klappte ihr Skizzenbuch zu.

»Schon lange, dafür brauche ich nicht auf die Uhr zu schauen. Warum?«

»Weil, der Boswell berichtet, ...«

»Du mit deinem Boswell!«

»Das ist nicht *mein* Boswell und überhaupt, der ist anerkannt als Reiseschriftsteller.«

»Im Gegensatz zu dir.«

Ich schluckte.

»Darf ich zitieren?«

»Ja.«

»Also: 'Es war nach sechs Uhr, als wir ankamen. Sogleich wurde ein ausgezeichneter Korn herumgeboten, wie es im Hochland der Brauch ist, wo man sich täglich sein Gläschen genehmigt.'

Ob Flora uns wohl noch einen bringt? Ich empfehle einen Talisker, der stammt von dieser Insel und soll einer der besten Single Malt Whiskies sein.«

»Woher weißt du das denn?« Ilse blickte zweifelnd, »und wer ist Flora?«

Oh, sie konnte nicht wissen, was ich gedacht und in Stichworten in meinem Notizbuch festgehalten hatte.

»Hm, das habe ich irgendwo gelesen.«

»Ach, du mit deinen Büchern.«

»Wenn's doch stimmt? Na, zwei Talisker?«

Ilse gab sich geschlagen. Fragte auch nicht mehr nach Flora. Oder woher ich wissen konnte, dass die junge Frau, die uns den Whisky brachte, Flora hieß oder hätte heißen können.

Single Malt Whisky wird aus Grünmalz gebrannt und in Eichenfässern mindestens drei Jahre lang gelagert. Im Gegensatz zu Blended Whisky darf er nur aus einer einzigen Brennerei stammen. Bei der Abfüllung werden die Inhalte aus Fässern gleichen Alters vermischt. Unser Talisker wurde im Alter von zehn Jahren abgefüllt und hatte seine 45,8 Prozent. Mmh, das war der Geruch, den wir wahrgenommen hatten, als wir vor ein paar Tagen an der Brennerei vorbeigekommen waren. Beinahe wären wir allein von den Düften und Dünsten vom Fahrrad gefallen. Jetzt rann der braune Korn von der Isle of Skye wie ein Flammenschwert durch unsere Kehlen. Die

Seele schwamm im siebten Himmel, das hebridische Wetter war vergessen.

»Hmm«, schnalzte ich, »der schmeckt nach Seetang, nach salzigem Meer, der duftet erdig, dunkel, torfig, rauchig, der hat einen langen Abgang.«

»Hör auf, das hast du wieder irgendwo gelesen.«

»Natürlich, im Faltblatt mit der Werbung.«

»Was stand denn da noch?«

»Nun ja, es gäbe Leute, die meinen, er schmecke nach Hickory, andere sollen behaupten, nach Heftpflaster oder nach der Öljacke eines alten Fischers.«

»So etwas trinken wir?«

»Yes. Cheerio!«

Die Familie am Nachbartisch begann ein Gespräch mit uns, die Zeit verging im Nu. Als wir in der Dunkelheit zu unserem Zelt zurückwanderten, zeigten sich zwischen dunklen Wolkenfetzen vereinzelt Sterne.

Ein Ort namens Stein

»Heute tagt der Kulturausschuss«, sagte Ilse. Wie kam die bloß am Ende der Welt auf ein solches Wort?

»Kulturausschüsse und gutes Wetter gibt es nicht«, brummte ich.

»Doch!« behauptete Ilse.

Sie hatte wieder einmal Recht. Im Nachhinein stellte sich heraus, dass es den Kulturausschuss unserer Heimatstadt wirklich immer noch gab, dass er termingerecht getagt und sogar positiv über einen Zuschussantrag Ilses zu einem ihrer Tanzmalprojekte entschieden hatte. Nichts gegen den Kulturausschuss!

Und nichts gegen das Wetter. Restwolken standen weit entfernt am knackigblauen Himmel, die Sonne lockte uns zu einem Tagesausflug mit den Rädern. Unser Ziel war der Ort Stein auf der Vaternish-Halbinsel. Dort endete die Straße vor der ältesten Gastwirtschaft der Insel, die im Jahr 1648 eröffnet worden war.

Nachdem wir einige Höhen erklommen hatten, konnten wir in unserem Rücken die hohen Spitzen der Minguish-Berge und der Cuillin-Hills erkennen. Wir genossen es, heute Berge erkennen zu können, nicht nur die Tafelberge, die in der Nähe unseres Standplatzes zu schweben schienen.

Moorlandschaften begleiteten uns rechts und links des Weges. Die schmale Straße führte irgendwann wieder an die Küste des Loch Dunvegan heran, um uns dann über einen letzten Höhenzug nach Stein hinunter zu bringen, das am Wasser lag. Der Wind kam aus Südwest, wir bemerkten ihn erst bei der Heimfahrt.

In einer geschützten Ecke am steinigen Strand ließen wir uns nieder, konnten die Socken ausziehen. Ilse malte ein altes Crofterhaus, ich holte einige Notizen in meinem Tagebuch nach, blätterte in Elsemarie Maletzkes Buch *Very British!*, träumte zwischendurch, von der Wärme verführt, dachte an das Alltagsleben zu Hause. Natürlich waren Probleme nicht durch Wegfahren zu erledigen, wir nehmen sie mit, wohin wir auch gehen. Doch räumliche und zeitliche Distanz ermöglichte mir oft, die Dinge nüchterner zu betrachten und Ideen zu entwickeln. Aus Muße, aus scheinbarem Nichtstun, aus Träumen konnten konkrete Pläne entstehen.

Ich las weiter. Die Autorin beschrieb eine Whisky-Probe. Es gibt in Schottland die so genannten Whisky-Trails, Busfahrten für Touristen zu diversen Destillen, wobei spätestens nach der dritten Brennerei sicherlich die technische Anleitung des Branntweinsiedens niemanden mehr interessiert, sondern alle auf den Probetrunk lauern. Bei der Anzahl an Braustätten, die auf einem Trail besucht werden, macht allerdings mancher der den schottischen Whisky nicht gewöhnten Besucher vorzeitig schlapp.

»Am Abend findet im Terrace Room eine Whisky-Probe statt. Sechs klassische Malts müssen verdeckt erschnüffelt werden. Das Aroma reicht von der 'sauberen leichten Sanftheit' eines Tropfens aus den Lowlands über das 'rauchige, fruchtige Bukett mit langem seidigem Nachklang' eines Malts der West Highlands bis zum Geschmack einer in Salzwasser gekochten Teerjacke von Islay. Ich bleibe bei einem Whisky, dessen 'großer, runder Geschmack im Gaumen explodiert'. Sein Name: Talisker.«

Prompt bekam ich Durst. Ich schlug vor, den *Stein-Inn* zu besichtigen. Wir liefen einmal das Dorf hinauf und hinunter, an den zehn bis fünfzehn Häusern entlang, die in einer Reihe mit den Gesichtern zum Meer standen. Sauber weißgestrichene Crofterhäuser und bretonisch anmutende Kotten mit schiefergedecktem Satteldach, deren Schornsteine jeweils rechts und links oberhalb der Giebelwände aufragten. Am Rand des Dorfes lagen einige auf das Land gezogene offene Fischerboote. An einem wurde mit mechanischen Werkzeugen gearbeitet.

Der Stein-Inn lag in der Mitte des Dorfes. INN - B & B and FOOD stand in großen schwarzen Lettern auf einer der grellweißen Giebelwände, eine massive Holzbohle, über zwei Felsklötze gelegt, lud neben dem Eingang zum Sitzen ein. Unsere beiden Räder, das eine blau, das andere rot, wirkten sehr grafisch vor der weißen Wand. Wie ein Selbstauslöserfoto zeigt, hielten wir kleine Biere in den Händen, mit denen wir uns zuprosteten, auf dem dicken Brett des Stein-Inn.

Innen mussten unsere Augen sich erst an die schwache Beleuchtung gewöhnen, dann erkannten wir alte, unverputzte Quadersteine, an manchen Stellen vom Anlehnen glattpoliert. Ein offener Kamin lud ein, regnerische Tage in seiner Nähe zu überdauern. Wir konnten uns gut vorstellen, dass im Winter die gesamte Dorfbevölkerung zusammenkam, um ihren ceilidh zu begehen. Sicher nicht nur mit Tee.

Die Restwolken standen draußen über den Outer Hebrides - Harris war zu sehen. Ich sagte nichts, um überflüssige Bemerkungen zu vermeiden, erklomm einen Hügel hinter dem Dorf und fotografierte. Über dem blauen Wasser lag eine weiße schmale Dunstschicht, aus der sich die welligen Bergrücken der Insel erhoben. Unscharfe graue Linien einer Welt, die noch einsamer war als der Ort Stein mit seinem Gasthaus.

Hebriden-Ouvertüre

Klatschend brechen die Wellen
an tangüberwachsenem Stein
Vom Wind getragen eine Möwe
ohne Bewegung - nur ein Schrei

Verschrammtes Holz am Ufer
lugt mit schwarzen Punkten
wie Ottern oder Geister
die hier seit Jahrhunderten toben

Wenn es hell wird sind sie fort
verschwunden wie die Trübsal
der moorigen Ebenen
und der milchigen See

Schroffe Schatten der Basalte
glühen im Abendlicht
Wenn das Meer in Fingals Höhle zieht
erklingt das Rauschen der Musik

Ardtreck Point

Einspurige, raue Schotterpisten führten zum Ardtreck Point, einer winzige Felsnase, die zwischen Loch Harport und Loch Bracadale liegt. Einen Leuchtturm gab es dort, den wir von der parallel gelegenen Landzunge aus auf der Herfahrt von fern erblickt hatten.

Ardtreck Point. Schon hatten wir ihn verwandelt in Ardrock Point oder Art-Rock Point; wenn dort gemalt würde, hätte das wohl mit Kunst zu tun. Er schien eher ein Hard-Rock Point zu sein, Wind pfiff uns um die Nase, es gab nicht einmal Schafe, keine Möwen, auf dem Wasser kein einsames Segel, niedriges Gras und Fettgewächse pressten sich an den Fels.

Aber noch waren wir nicht am Ziel. Drei Anläufe waren nötig, um diesen Punkt zu erreichen. Das Auto mussten wir weit vorher irgendwo abstellen. Wir konnten den Turm jetzt nicht mehr sehen. Sicher in der Nähe eines Hafens, dachten wir. Die Straße führte zum Hafen. Kein Leuchtturm. Wir zogen unsere drei Straßenkarten zu Rate. Auf zweien war kein Ardtreck Point eingezeichnet, auf der Dritten gab es den Hafen nicht.

Zurück. Irgendwo parallel zur Küste zeigte eine der Karten den schmalen Strich einer Straße. Sie führte nicht zum Point, endete in einer Schleife, bestimmt noch zweieinhalb Meilen von unserem Ziel entfernt. Zurück. Dann plötzlich ein Hinweisschild, verbogen, verbeult, verwaschen: Ardtreck. Ohne jeden Zusatz. Nicht Point, nicht Lighthouse. Nicht zu vergleichen mit Lizard Point im südlichen Cornwall, wo alle

Wege zum Leuchthaus führten, damit kein zahlender Tourist verloren ging. Hier im Norden, auf einer der Inseln am Rande des Meeres, war das anders.

Zweiter Anlauf. Dem spärlichen Hinweis nach. Über Split und Steine und Grasbüschel führte der Weg zu einer Farm. Wir parkten schlecht und recht, es war sehr eng, bloß nicht in einem der Passing Points stehen bleiben, das ging nicht, sie dienten nur dem Ausweichen. Am Farmhaus vorbei fanden wir einen Fußpfad, dem wir auf gut Glück folgten. Nach zehn Minuten bog er in die falsche Richtung ab, zwei, drei Felsnasen konnten wir überblicken, kein Leuchtturm in Sicht, nur steil abfallende Felsen, die wir respektierten.

Zurück, weiter mit dem Auto. Felsnase auf Felsnase prüften wir, nichts. Narrte uns dieses Leuchtzeichen? Ruhig lagen die Felder und Weiden um uns herum. Schließlich am Straßenrand ein bewohnter Campingwagen. Wir störten eine Frau beim Staubsaugen. The Lighthouse? Sie wies mit weit ausholender Gebärde hinter uns. Wir drehten uns um. Da lag es. Auf einer Landzunge. Sehr weit weg. Die Frau bat uns in ihren Wagen, um sich unsere Karten anzusehen. Am Fenster stand eine mechanische Singer-Nähmaschine, das sah nach Heimarbeit aus. Die Frau rümpfte die Nase über unsere Karten, erteilte dann konkrete Anweisungen.

Dritter Anlauf. Zurück bis zum Kunststoff-Haltestellenhäuschen der Buslinie, dann beim rostigen Gatter abbiegen. Bis zum Haus der Familie Martin. Parken. Den Rest zu Fuß. Wir könnten auch vom Hafen - mit dem Boot.

»Nein«, sagte Ilse.

Wir bedankten uns. Der Weg brachte uns zum Haus der

Martins. Wir parkten mit schlechtem Gewissen auf der breiten Einfahrt zu einer Scheune, in der Hoffnung, niemanden zu behindern. Von den Bewohnern keine Spur. Ein Fußpfad, der immer undeutlicher wurde, lief durch die Wiesen. Nur dann und wann niedergetretene Grashalme, für Old Shatterhand sicher unproblematischer als für uns. Wir strengten uns an. Nach einiger Zeit tauchte die Farm auf, die wir bereits kannten. Diesmal kamen wir von der anderen Seite. Klüger geworden, fragten wir einen jungen Mann, der vor dem Haus sein Auto wusch. Yeah, meinte er, hier ginge es weiter, noch ein ordentliches Stück, am besten am Felsrand entlang, das sei der schönste Weg.

Am Felsrand entlang bedeutete, direkt oberhalb der Klippen am Abgrund, wo es dreißig, vierzig Meter in die Tiefe ging. Der Ausblick über die Bucht war grandios. Gegenüber ahnten wir die MacLeod's Maiden, Felsnadeln, benannt nach den Töchtern des Herrn MacLeod, seinerzeit Chef eines der hiesigen Clans. Außerdem ist MacLeod namentlich für eine ausgezeichnete hebridische Whiskymarke verantwortlich, neben Talisker natürlich.

Wir wanderten, stolperten, kletterten. Ilse stöhnte: Lassen wir es! Nein, weiter! Über Gatter ging es, die sich nicht öffnen ließen, über Stacheldrahtzäune. Einmal über einen sehr hohen Stacheldraht, den eine barmherzige, mitdenkende hebridische Seele mit einem Seil umwickelt hatte. Thank you!

Auf den Hebriden sollte man immer ein Seil bei sich haben. Jeder braucht mal ein Seil. Sei es, um ein Kalb oder ein Schaf einzufangen, ein Bündel Heu zur Kuh zu schleppen, ein Bündel Treibholz oder einen Sack Torf zusammenzubinden, ein Boot zu vertäuen, einen Zaun zu reparieren. Das wusste sogar Miss Beckwith aus England. Oder um einen unangenehmen Stacheldraht damit zu umwickeln, den man überklettern muss. Außer im Urlaub oder zum Kirchgang sollen die Hebrider stets ein Seil bei sich haben. Entweder war es um den Arm gewickelt, schaute ihnen aus der Tasche oder lag im Kofferraum ihres Autos.Wir hatten bisher nicht darauf geachtet. Jedenfalls wurde es freundlicherweise manchmal für die Allgemeinheit geopfert.

Durch Torfmoor ging es, durch Bäche, Sumpf. Zu Buchten hinunter und wieder hinauf. Jedes Mal gespannt der Blick, wenn wir wieder hochgekraxelt waren: der Leuchtturm? Nichts.

»Hast du Wasser?« fragte ich. »Nicht zum Trinken, zum Malen!«

»Ja.«

Zum Trinken diente ein Schluck herben Rotweins, der uns belebte, als wir endlich den weißen Turm auf seinem Felsen entdeckten - noch immer zwei Buchten weiter, aber jetzt reichte es. Schutz vor dem Wind gab es nicht, das Ding musste von hier aus gemalt werden.

Wir hockten im Gras, an einigen Stelle wuchs Heide, die noch nicht blühte; in einiger Entfernung standen vom Wind gebeugte Kermeseichen. Unterhalb der Felskante, unsichtbar, kreischten Austernfischer. Die Malerin malte den Leuchtturm vom Ardtreck Point, vom Artrock Point oder vom Hardrock Point, wie dem auch war. Ob das Bild wohl jemals verkauft werden würde? Und ob ich dann Prozente bekäme? Schließlich war ich immer dabei, auch auf dem beschwerlichen Rückweg.

Das Gelage

Smile, it's summer! Die nächsten Tage blieben schummrig, eine Nebelwanderung brachen wir ab. Unsere Stimmung sackte auf einen weiteren Tiefpunkt. Yorkshire soll sehr schön sein, gab ich zu bedenken. Dann erwachte ein prächtiger Morgen. Die Margeriten im Marmeladenglas standen senkrecht und reckten ihre Blüten der Sonne entgegen.

Ein ruhiger Tag, bis auf den Bagger, der im Dorf arbeitete. Der Wind wehte aus Süden. Skye at it's best.

Tafelberg

Ein Laden ein Hotel
eine Tankstelle zwei Bars
eine schmale Straße hindurch
das war's

Das Zentrum des Ortes
die Telefonzelle noch
nicht ohne Grund
nennt man dies Loch

Grauweiße Watte
überwabert die Höhn
angstvoll schwindet die Flut
das kann ich verstehn

Gleißendes Silberlicht
staffelt die Hänge
wo einst tafelten die Edlen
im vollen Gepränge

unter funkelndem Sternlicht
soll das geschehen sein
ich schließe die Augen
und bild' es mir ein

Die letzten Strahlen der glutrot über der Bucht untergehenden Sonne beleuchteten die Tafelberge. Den Healaval More und den Healaval Behag.

Was war denn da los auf der Kuppe? Ein Fernrohr müsste man haben, genau auf die flachen Linien der Berge einstellen, justieren, das Geschehen aus der Weite der Plateaus heranholen. Gegenstände blinkten in der Sonne, Bewegung entstand, als wenn Menschen durcheinander liefen.

Die MacLeods gaben ein Fest. Ein Fest auf dem Tafelberg, auf dem Dach der Welt! Lange Reihen von Tischen waren aufgestellt, schwer hingen die kostbaren Tischdecken an den Seiten herunter. Reihen von Stühlen waren besetzt, Gäste aus Holyrood Palace in Edinburgh waren gekommen, der Earl der Lowlands mit seinen Leuten. Wild wogten die Tartanmuster durcheinander, man hatte Männer zu Frauen, Gäste zu Einheimischen gesetzt, jetzt, da es bei beginnender Nacht kühler wurde, legte man sich die Plaids über die Knie. In den Kniestrümpfen der Männer steckten Messer, doch heute war man friedlich gesinnt, heute wurde niemand niedergemetzelt. Ausgenommen das Wild, die Schafe und die Schneehühner von den Highlands, die daran hatten glauben müssen, deren Fleisch saftig gebraten von Dienstbeflissenen in großen Schüsseln unablässig herbeigeschafft wurde. Hervorragend war der Hotch Potch, der Lammeintopf, wie etliche der Gäste zugeben mussten. Dazu gab es Haferkuchen aus geröstetem Mehl. Wer wollte, konnte vorher von der Scotch Broth, einer Gerste- und Gemüsesuppe kosten. Lachse, Tweed Kettle, wurden gegrillt, mit Pfeffer, Muskat, Petersilie und Zwiebeln gewürzt, für diejenigen, die kein Fleisch mochten; auch Kipper, Heringe, wurden zubereitet; Partan Bree hieß eine dicke Fischsuppe mit Krabben.

Die MacLeods hatten sich nicht lumpen lassen, die hohen Gäste vom Festland sollten nicht meinen, auf den Hebriden lebe man rückständig. Auf den Tischen standen Pokale mit verschiedenen Weinen und faustgroße Zinnbecher mit Whisky. Zum Nachtisch erhielt man, aber nur diejenigen, die noch konnten, Cranachan, eine Süßspeise aus geröstetem Hafermehl und Rum oder Black Bun, einen Wochen vorher zubereiteten Kuchen, der ordentlich Eier und Whisky enthielt und den stärksten Mann umwarf. Etliche Männer verzichteten, nicht weil sie zu viel gegessen hatten und unablässig rülpsen mussten, sondern weil sie sich die Humpen bereits zu oft mit dem uisge beatha, dem die Stimmung fördernden Lebenswasser hatten füllen lassen. Ein Schotte trank das wie Wasser. Der Wein gehörte den Frauen. Unablässig waren die Hornpipes zu hören, mehrere Musiker spielten die alten Weisen, das Lied von der Tobermory Bay, The Dundee Ghost und natürlich My Heart's in the Highlands. Einige junge Leute tanzten in der Nähe der Musiker, übten Highland Flings und anderes. Mehrere Pärchen entfernten sich unauffällig aus dem Kreis der Feiernden, ließen sich eng umschlungen hinter niedrigen Büschen nieder. Abseits am Rand des Felstableaus versuchten zwei Unverbesserliche sich im Gewichteschleudern. In Ermangelung der Heavy Weights mit einem Gewicht von fünfundzwanzig Kilogramm, wie man sie heute bei Wettbewerben benutzt, schleuderten sie gefüllte Weinflaschen in die Weite, einige glattweg den Berg hinunter. Ein Diener führte sie mit sanfter Gewalt zu den anderen zurück.

An den Rändern des Plateaus standen Männer mit Fackeln. Die Lichtpunkte glühten in der Finsternis, der Himmel war dunkel geworden, am Horizont zeigte sich die Scheibe des Mondes, erste Sterne blinkten. Auf den Tischen standen Kandelaber mit Kerzen. Die Szenerie wurde beleuchtet wie ein riesiger Bühnenraum, die Berge und das im Mondschein glitzernde Wasser des Loch of Dunvegan bildeten die gewaltigen Kulissen.

»Und jetzt«, Alasdair MacLeod, der Chief, hatte sich auf seinen Stuhl gestellt, er schwankte leicht, »jetzt lasst uns die Gläser heben, Freunde, lasst uns ein Wasser stürzen auf das Wohl der Gäste und unser eigenes. Wer ist schon wie wir? Nur wenige, und die sind alle tot. He breeah!«

Und er stürzte einen ordentlichen Schluck hinunter, hielt sich so eben noch auf dem Stuhl. Das war seine große Stunde. Er hob erneut die Stimme, um gegen das aufkommende Gemurmel der Gästeschar an den langen Tischen anzukommen.

»Freunde«, rief er, »an empty bottle gars me greet, oder für manche Gäste: makes me cry! Freunde, trinkt mit mir auf das luftigste Dach der Welt, auf die größte Fresstafel von ganz Schottland, auf die prächtigsten Gefolgsleute aller Clans!« Stolz blickte er in die Runde und stürzte den Becher.

Er zeigte in den inzwischen sternenübersäten Himmel.

»Earl von den Lowlands, Du da aus Holyrood, gib zu: das ist eine Festsaaldecke, das ist ein luftiges Dach, wie es bei Euch nicht zu finden ist!«

Beifälliges Geraune antwortete ihm.

Wahrhaftig, das musste der von Holyrood zugeben, das war gewaltig, das war grandios. Die Wette hatte er verloren. Denn als vor einiger Zeit Alasdair MacLeod zu Besuch im gewaltigen Palast von Holyrood geweilt hatte, war er verspottet worden von seinem Gastgeber. Das hätten sie da auf Skye, in der Provinz, dort hinter den Bergen wohl nicht, keinen Saal, der so weiträumig sei, mit einer so hohen Decke, einer so reichen Tafel und solch glänzenden Kandelabern.

Doch, hatte der Clanchief von den Hebriden geantwortet, haben wir. Und noch mehr.

Seitdem heißen die Berge *MacLeod's Table*. Wie das Restaurant beim Dunvegan Castle, dem Sitz der MacLeods seit 800 Jahren.

For auld lang syne.

Kaltheiße Wonneschauer

Die Königin die sitzet
daheim im Schlosse
in funkelnder Nische des Saals
auf dem Sammetpfühl ihr Genosse
ist der Mörder ihres Gemahls
Dem Lande kleidet die Trauer
der Königin kleidet die Lust
kalt-heiße Wonneschauer
durchrieseln ihre Brust

Fontanes Balladen sind spannende Geschichten. Die Königin, die sitzet daheim im Schlosse... The Krimi goes on. Mehrere Schlösser kommen in Frage: Holyrood in Edinburgh, Stirlingcastle zwischen Glasgow und Perth, Linlithgow oder Hermitage Castle, wo Bothwell, einer ihrer Geliebten, wohnte.

Maria Stuart saß längst nicht immer daheim.

Sie wurde im Jahr 1542 auf Linlithgow geboren und wenig später als Nachfolgerin ihres Vaters zur Königin erhoben. Aus politischen Gründen wuchs sie in Frankreich auf. Bevor sie achtzehn Jahre alt war, heiratete sie den Dauphin. Diese Zweckheirat endete nach kurzer Zeit, als der französische Thronfolger starb. Die junge Witwe kehrte 1561 nach Schottland zurück. Vier Hofdamen, die alle Mary hießen, und einige Begleiter - Sekretäre oder Rittmeister, wie man solche Leute heute noch am englischen Hof nennt - folgten ihr vom süßen Frankreich zum rauen Rand der damaligen Welt.

Die Königin war eine leidenschaftliche und zugleich literarisch begabte Frau von hoher Bildung. Sie liebte Diskussionen, zeigte sich den Dingen und Themen, die sie anpackte, gewachsen.

Der Empfang auf Holyrood und in Edinburgh war zwiespältig. Die 'Französin' widmete sich unverzüglich den Regierungsgeschäften. Auch die Engländer beobachteten Marias Rückkehr misstrauisch. Maria war die schärfste Rivalin der in England amtierenden Königin Elisabeth I., ihre Ansprüche auf den englischen Thron waren erbrechtlich unanfechtbar, schließlich war Elisabeth I. eine illegitime Tochter des achten Heinrich.

Die junge Frau brachte nicht nur das erste Wasserklosett nach Schottland: auch Teppiche, Gobelins, feine Möbel und Musikinstrumente schleppte sie an, Sachen, die für Verwunderung und Neid sorgten. Nicht nur Politik machen wollte die Königin, auch leben und lieben, und schön war sie! Ihre weiblichen Reize müssen einer Naturgewalt geglichen haben. Immer wieder wurde sie von leidenschaftlichen Wallungen gepackt - auch in ihrer Politik. Sie lag im Kampf mit dem Adel, der sich in Mehrheit zum Calvinismus bekannte, denn die kargen Thesen eines John Knox hatten sich in der reformierten Kirche durchgesetzt. Maria pfiff darauf, ritt als erste Frau Schottlands nicht im Damensattel.

Maria brauchte einen Mann neben sich, der ihre Interessen fördern konnte. Heiratete vier Jahre nach ihrer Ankunft in Schottland ihren schönen, jungen und hochgewachsenen Vetter, Laird Henry Darnley. Der verschaffte ihr zwar keinen Zuwachs an Macht - eher umgekehrt, denn er wurde König als Gemahl -, sie erhoffte sich durch ihn aber eine Verstärkung ihrer Rechte.

Die Vermählung mit Darnley wurde von ihrem Sekretär und engstem Vertrauten David Riccio gefördert. Der Italiener zeigte sich in vieler Hinsicht brauchbar, er begleitete Maria auf der Laute, wenn sie Harfe spielte, half ihr Verse zu schmieden und durfte sich eines mit dem Namenszug der Königin versehenen Handsiegels bedienen. So verschaffte sich dieser mürrische, unschöne und abstoßend wirkende Mann seine Feinde.

Eines Tages, so wird kolportiert, stieg der Königingatte Darnley die innere Treppe von seiner Wohnung zum kleinen Gemach Marias hinauf, wohin sie sich zurückzog, wenn sie allein sein wollte. Hier soll er sie, die im sechsten Monat schwanger war, mit Riccio im Bett überrascht haben. Darnley ließ den Liebhaber im Nebenzimmer unverzüglich umbringen. Nach anderen Erzählungen hat es sich um den französische Höfling und Troubadour Chastelard gehandelt, der der jungen Witwe nach Schottland gefolgt war und ihr leidenschaftliche Verse schrieb. Chastelard soll im Schlosshof hingerichtet worden sein.

Wenn wir der seriösen historischen Forschung folgen, sah die Sache anders aus. An einem Sonnabend, dem 9. März 1566, saß Maria Stuart mit ihrer Schwester, der Gräfin Argyle, ihrem Burder Laird of Creich, mit Riccio und einigen anderen Mitgliedern des Haushaltes beim Abendessen in dem erwähnten Gemach. Darnley, der sich verspätet hatte, angeblich wegen dringender Geschäfte, nahm Platz neben der

Königin. Plötzlich drangen mehrere Männer ein, die nicht eingeladen waren. Sie ergriffen Riccio und schleppten ihn auf den Flur. Dort verrichtete Laird Patrick Ruthven sein mörderisches Geschäft: an der Treppe brach der Sekretär, von über fünfzig Stichwunden verletzt, tödlich getroffen zusammen. Darnley geriet zwar als Anstifter in Verdacht, wurde aber nie angeklagt.

Auf Holyrood-Castle brachte Maria ihr Kind, einen Sohn zur Welt. Als möglicher Aspirant auf den schottischen Thron wichtiger als ein Mädchen. Auch als Kleinkind bereits gefährlich für seine älteren Konkurrenten. Und gefährdet. Maria traute ihren Adelsgenossen nicht über den Weg. Der Blick aus einem Fenster des düsteren Schlosses die steile Felswand hinunter lässt schwindelig werden. Um ihren Sohn in Sicherheit zu wissen, ließ die Mutter den Kleinen in einem Korb am Seil zu Helfern hinab, die ihn nach Stirling-Castle brachten.

König Darnley sah sich schließlich von den Regierungsgeschäften mehr denn je ausgeschlossen. Maria verübelte ihm, dass er den Mord an Riccio nicht verhindert hatte. Da er von den protestantischen Lairds abgefallen war, fand er dort ebenfalls keine Stütze mehr. Die eher formale Ehe mit Maria wackelte, Darnley erschien selbst zur Taufe seines eigenen Sohnes nicht aus Angst vor offener Missachtung.

Ein neuer Mann tauchte auf: der kernige Laird Bothwell, der Darnley endgültig zu einem König ohne Einfluss machte. Er gehörte zu der Riege von Männern, die für die Restauration des Katholizismus, für die Stärkung der Krone eintraten. Er und ein gewisser Huntley, beide galten als Verräter, bekamen Zutritt zum geheimen Rat der Königin. Das sorgte für Aufsehen im Land.

Stellen wir uns Marias Situation vor: als junges Mädchen wurde sie ins Ausland an einen fremden Hof verheiratet. Der ungeliebte Mann starb. Sie musste zurück nach Schottland, in eine politisch indifferente Situation. Die Zweckheirat mit ihrem Vetter. Der Sohn gefährdet. Mancher Thronnachfolger starb damals eines unnatürlichen Todes im Kindesalter, das können wir bei William Shakespeare nachlesen. Kurze, heimliche Liebschaften unter Todesangst empfand sie sicher nicht als Erfüllung. Einer der Liebhaber - wenn er es denn war - wurde vor ihren Augen ermordet.

Dann kam James Hepburn, der 4. Earl of Bothwell, der nicht nur politisch auf Marias Seit focht, sondern auch ihre große Liebe wurde. Wir können die revolutionäre Sprengkraft dieser 'Himmelsmacht' erkennen, die alle Herrschenden und die Kirchen fürchten. Bei einem Kampf mit dem Edelmann Elliot - angeblich um die Ehre - wurde Bothwell schwer verletzt. Vierzig Kilometer ritt die Geliebte zusammen mit einer ihrer Hofdamen nach Hermitage Castle, wo Bothwell darniederlag. Hielt sich zwei Stunden an seiner Lagerstatt auf und trieb das Pferd am selben Tag zurück. Achtzig Kilometer an einem Tag unterwegs durch Wind und Wetter - schottisches Wetter -, durchnässt von Regenschauern (ohne Goretexjacken), die Blicke zu den schwarz-wabernden Wolkenmassen erhoben, die alle Berggipfel verdeckten. Durch Hochmoor und Berge, durch unwegsames Gelände und Sümpfe, zwischen Stechginster hindurch, über Wege, die wir heute ablehnen würden, über Brücken, die den Eindruck erweckten, nicht unbedingt zwei Reiterinnen mit ihren Pferden noch einmal tragen zu wollen. Keine geteerten Wege warteten auf sie, keine Taldurchschnitte oder aufwändige Brückenbauten, die Motorfahrzeugen mit einem Vielfachen an Pferdestärken unter der Haube die Steigungen erleichtern.

Hart und entbehrungsreich war die damalige Zeit für den größten Teil der Bevölkerung, in Ausnahmefällen auch für Adelige. Unter welch schlechten Bedingungen das einfache schottische Volk leben musste, konnten später Johnson und Boswell noch feststellen. Johnson lud sich daher lieber bei Adeligen zum Essen und Übernachten ein.

Es ist verständlich, dass eine junge, verliebte Frau nicht nur an Politik und Krone dachte und - nach französicher Erziehung - gern einen Gobelin an unverputzter Steinwand hängen sah.

Die Überanstrengung durch den Wahnsinnsritt führte bei Maria zu einem gesundheitlichen Zusammenbruch (wie die Kammerzofe die Sache überstanden hat, ist nicht bekannt, die Geschichtsschreibung über das arbeitende Volk begann erst später). Die beiden Leidenden und Liebenden erholten sich und kamen wieder zusammen, waren bald darauf in eine Verschwörung verwickelt. Laird Darnley, Ehemann und Vetter, kam um, als ein Haus in Kirk o'Field bei Edinburgh, in dem er sich aufhielt, in die Luft flog.

Der Hintergrund des Dramas ist schnell erzählt. Maria Stuart hatte erst sehr viel später von der Rädelsführerschaft ihres Mannes Darnley bei der Ermordung Riccios erfahren.

Sie wollte sich rächen und verbündete sich 1567 mit dem protestantischen Adel. Gelegentlich deutete sie an, solch einen Gefährten wie Darnley loswerden zu wollen. Zumal dieser mit seinem Vater und der katholischen Seite den Plan fasste, die Regierung im Namen des kleinen Sohnes an sich zu reißen.

Als Maria sich in das leidenschaftliche Verhältnis mit dem kühnen Abenteurer Bothwell stürzte, wurde ihr dieser tatkräftige Mann eine notwendige Stütze. Allerdings scheint er Marias Liebe nicht in gleichem Maße erwidert zu haben. Dafür spricht die wiederholte, aber vor Maria geheim gehaltene Anwesenheit seiner erst kürzlich angetrauten Gemahlin. In Briefen an Bothwell spricht Maria von dieser 'Nebenbuhlerin'. Sein Verhältnis zu Maria verschaffte Bothwell jedoch Teilhabe an ihrer Macht, möglicherweise sogar Aussicht auf die höchste Gewalt in Schottland. Deshalb musste Darnley sterben.

Maria geriet völlig in die Hände Bothwells.

Der setzte bei den Lairds, die ihn fürchteten, seinen Freispruch von der Mordteilnahme durch und schließlich die Vermählung mit der Königin. Ein erzbischöfliches Ehegericht löste seine bisherige Ehe auf. So konnte bei der Gelegenheit auch das Zusammenleben in schändlichen Dingen, wie die katholische Kirche sich auszudrücken beliebt, beendet werden.

Die Zeremonie fand im Mai 1567 nach katholischem und reformiertem Ritus statt. Die Hochzeitsreise (oder Flucht?) ging nach Dunbar Castle. Ein bereits zu Fontanes Zeiten trostlos wirkender Ort, der ihn zu seinen Zeilen anregte, die wir eingangs zitierten.

'... kalt-heiße Wonneschauer durchrieseln ihre Brust ...'.

Die beiden Liebenden fanden keine Ruhe. Die Stimmung des Volkes und auch ihrer Anhänger schlug gegen sie um. Sie versteckten sich im Kastell von Borthwick gegen den anrükkenden Heerhaufen der Lairds. Maria trommelte ihre Getreuen zusammen. Wegen der übermächtigen Streitkräfte der Gegner kam es nicht zur Schlacht.

Noch einmal gelang es ihr, eine Truppe aufzustellen, um im Kampf gegen die Lairds die schottische Krone für sich und ihren Sohn zu erhalten. Die Schlacht ging verloren, Bothwell flüchtete, soll sich noch eine Zeit lang als Seeräuber getummelt haben und dann in geistiger Verwirrung in Dänemark seinem Tod entgegengedämmert sein.

Der Adel zwang die Königin zum Thronverzicht, errichtete für ihren unmündigen Sohn Jakob eine Regentschaft. Maria wurde gefangen gesetzt und ausgerechnet von Leuten des Douglas-Clans, die ihr die Krone neideten, bewacht. Ihre erotische Ausstrahlung überwand die Kälte schottischer Mauern. Sie machte einen Pflegesohn der Douglas verliebt in sich, brachte ihn dazu, den Kerkerschlüssel zu besorgen und mit ihr in einem Kahn über den See zu fliehen, in dessen Mitte das Schloss errichtet war. Eine ihrer vier Maries warf sich in die Fluten und schwamm dem Boot der Fliehenden nach.

1568 gelang Maria die Flucht in einem Fischerboot über die Bucht von Solvay zu ihrer Rivalin nach England, unter deren Schutz sie sich stellte. Zu diesem Zeitpunkt war sie 24 Jahre alt. Ihre Gefangenschaft in England unter der Ägide Elisabeths der Ersten sollte 19 Jahre dauern. Dann fiel ihr Kopf dem machtpolitischen Kalkül der britischen Vereinigungspolitik zum Opfer. So konnte sie nicht mehr erfahren, dass ihr

Sohn, den sie als Baby im Korb in die Tiefe hinuntergelassen hatte, nach dem Tod Elisabeth I. als James VI. König von Schottland und als James I. König des United Kingdom wurde! Aber das ist eine andere Geschichte.

Wir vergießen eine ehrliche Träne - solch ein Ende hätten wir ihr nicht gegönnt.

Und es ist kaum verwunderlich, dass einer ihrer Nachfahren, der Sänger Rod Stewart (der sich nach dem Beruf des 'Steward' nennt, den die Stuarts früher einmal ausübten), neben Antikriegsliedern wie *Sailing* auch Liebeslieder singt. Verkitschte Liebeslieder, die dank seiner balladesken Soulstimme ihre Wirkung auf uns nicht verfehlen. Liebe und lebe wohl, Maria!

Ob das Schicksal dieser Frau, die vielleicht im falschen Jahrhundert lebte, auf den verschiedenen Castles oder deren Ruinen noch nachzuempfinden ist, überlassen wir den Lesern und Leserinnen, die zu einer Reise nach Schottland aufbrechen. Wir halten es, man mag es gemerkt haben und verzeihen, stärker mit der Dichtung. Und so wollen wir dieses Kapitel mit einem Liebesgedicht Maria Stuarts abschließen:

»In seine Hände und in sein Ermessen
Lege ich alles, was ich irdisch je besessen,
Mein Kind, mein Land, Leben, Glück und Ehre,
Denn ihm allein und unbedingt sein eigen
Will meine Seele ewig sich erzeigen,
Nur ihm sich bindend, selig seiner Nähe,
Treu bis zum Tod, was immer auch geschehe.«

So geschah es.

Die traurige Einöde

It changed, but not so bad!, sagte eine Frau im Dorf. Die Sonne lugte zaghaft durch graue Wolken. Wir konnten Dunvegan in guter Erinnerung behalten, die Margeriten in ihrem Marmeladenglas lagen nicht flach, schüttelten nur ein wenig die Köpfe.

Das Zelt war abgebaut und auf dem Dachgepäckträger verstaut, wir hatten uns von den Campingnachbarn verabschiedet, dem alten Mann Lebewohl gesagt, der uns das Schild mit unserer Zeltnummer zur Erinnerung überließ; der Katze hatten wir noch einmal über den Rücken gestrichen, und sie hatte leise geschnurrt. Wie zufällig lag sie am Tor. Ein letztes Mal rumpelten wir über die Eisenrohre der Bachbrükke, die das Vieh abhalten sollten, warfen einen letzten Blick auf das weiße Haus der Bäckerei an der Ecke, wo man auch

Fish 'n' Chips kaufen konnte, fuhren langsam durch das Dorf, wo vor dem weißen Haus der Post mit dem roten Briefkasten zwei rote Postautos standen, und bogen schließlich um die scharfe Kurve der Einmündung auf die Landstraße in Richtung Sligachan.

Die Straße führte durch die bis zu eintausend Meter hohen Cuillin Hills, die höchsten Berge der Insel. Wir hatten Glück, das deckelnde Grau der Wolken hatte sich in geballte, ausufernde weiße Formationen verwandelt, die sich hoch über dem Gebirge ausbreiteten. Die vertikal aufgetürmten Cumuluswolken signalisierten einigermaßen warmes Wetter, meist verschwanden sie am Abend wieder, Regen war nicht zu befürchten. Die spitzen Kegel der Cuillins ragten wie Vulkane aus uralten Zeiten empor, ließen die flache, grünbraune Landschaft zu ihren Füßen, die schmale Teerstraße und uns bedeutungslos werden. Nur selten tauchte ein anderes Auto auf, dann und wann lag eine Scheune mit rotem Dach am Wegesrand, menschliches Bemühen schien hoffnungslos gegenüber diesen steinernen Massiven. Wir trafen Bergwanderer, die die Herausforderung angenommen hatten, sie berichteten von Nebel, Nässe, Blasen und Mücken. Sie trockneten ihre ausgelatschten Schuhe. Aber das Blitzen in ihren Augen erklärte, warum sie bereits die nächste Tour planten...

Die Skye-Insel hielt uns noch fest. Wir schlugen uns seitwärts in die Einöde, übernachteten an einer völlig einsamen Stelle am Loch Sligachan gegenüber den Crowlin Islands und Scalpay. Bei Rub'han Uilli Dluiraich, in der Nähe von Maol na Gainmhich, auf der Halbinsel Moll oder Moal, wenn es denn jemand ganz genau wissen möchte.

Eine halbe Stunde sprangen und kletterten wir am steinübersäten Strand entlang, bis wir auf die erste menschliche Ansiedlung, ein halbverfallenes Bauernhaus, stießen. Rauch kräuselte aus dem Schornstein, Menschen zeigten sich nicht. Einfache Ställe schlossen sich an, die Dächer mit Fischernetzen überhängt und mit Steinen beschwert.

Im Auto gab es Chicken-Curry aus der Dose mit Reis. Ein Bach plätscherte dem Ufer zu. Grauweißer Wasserdunst, der noch zu Wolken werden wollte, schlich sich die Hänge der größeren Crowlin Insel hoch, an die sich spirrige Nadelbäume klammerten. Dem Horizont zu fiel das Bergland von Scalpay im flachen Winkel ins Wasser. Ein winziger Punkt bewegte sich in der Ferne auf dem Wasser. Wohl ein Boot. In der Nähe gab es eine Lachszuchtanstalt, mit Geldern aus Brüssel gefördert, wie auf einem Schild unübersehbar angezeigt wurde. Flache Kästen und Gitterkonstruktionen schaukelten sachte auf dem Wasser. Lautlos sank die Sonne vor Scalpay ins Meer, warf ihren letzten glitzernden Schein über das Wasser bis vor unsere Füße.

Es war still. Ganz still. Wirklich? Kaum hatten wir uns hingelegt, hörten wir ein leises Surren. Unmerklich zunächst, dann stärker werdend. Unaufhörlich näher kommend. Mücken! Die Midges! Die Gnitzen, wie man auf den Hebriden sagt. Oh, mo ghaoil, das konnte heiter werden. Die winzigen Mücken schwebten zu tausenden an und drangen überall ein. Die Reiseführer hatten übereinstimmend beschwichtigt, die lästigen Tierchen kämen erst im August, und den Juli, den besten Sommermonat in Schottland, könne man unbeschwert genießen. In den Ausrüsterläden hatten wir Masken gesehen, ähnlich wie sie Imker benutzen, die sollten helfen. Wenn zwei Menschen sich mit diesen Masken gegenüber saßen, müsste es wohl sehr komisch aussehen. Nein, das war keine Lösung. Schnell sprangen wir auf, schlossen alle Fenster und Klappen bis auf zwei Öffnungen, die wir zur Belüftung brauchten. Über diese hängten wir Mückennetze. Die Ränder der Netze klebte ich mit Tesaband am Autoblech fest.

Unsere Bemühungen waren vergeblich. Die Netze waren zu grobporig, für normale Moskitos gedacht. Die Midges hatten keine Mühe hindurchzukommen. Und wer weiß, wo sie sonst noch durchkrochen. Bevor wir die Tür zugeknallt hatten, war bereits ein Schwall mit uns eingestiegen. Es summte und surrte. Wir verkrochen uns bis auf die Nasenspitzen in den Schlafsäcken, zogen die Oberteile unserer Mumienschlafsäcke über das Gesicht. Die Midges mochten auch Nasenspitzen.

Eine Zeit lang glaubten wir, die untere Hälfte der Schlafsäcke sei noch mückenfrei. Falsch gedacht. Irgendwann schliefen wir dennoch ein. Es blieb eine stille, aber unruhige Nacht.

Wie interessant kann ein Sonnenaufgang sein! Wir frühstückten draußen. Im Auto lauerten die Mücken. Nicht mehr alle, etliche waren im Schwitzwasser ertrunken, das an den Scheiben herunterrann. Ich wischte sie mit einem Lappen weg. Die einzige Methode, Midges zu besiegen. Ersäufen!

»Du siehst lecker aus«, frotzelte Ilse. Ich schaute sie wortlos an. Jede freie Stelle unserer Haut war übersät mit Stichen.

Wenn wir uns kratzten, wurde es schlimmer. Nicht zu kratzen war kaum auszuhalten. Ilse entschied: »Ich kratze!« Behandelte sich dann ausgiebig mit Soventol. Ich wollte durchhalten, vergaß aber ständig, dass ich mich eigentlich nicht kratzen durfte.

Die Mücken schafften es, uns von der Isle of Skye zu vertreiben. Wir fuhren wieder über die elegante Brücke von Kyle, dann durch die langgestreckten Täler der beeindrukkenden Shiel-Berge. Durch Inverragh und am Loch Lochy entlang, der südlich des Loch Ness liegt. Dort stießen wir erneut auf den Caledonian Channel. Unterhalb des gewaltigen Ben Newis, der mit 1343 Metern höchsten Erhebung Schottlands, bogen wir hart nach Osten ab, in die Berge, in die Grampians, in die Southern Highlands. Nicht nur der Ben Newis ragte bis an den Himmel, andere Felsmassive taten es ihm nach. Grauweiße Wolkenmassen, an den Rändern in Fetzen gerissen, wälzten sich vom Wind getrieben über die Kämme, die Welt war in graues Licht gehüllt. Das war nicht mehr der freundliche Cumulus, eher feindlich wirkende Wirbelwolken, die ein Gewitter ankündigen konnten. Die Straße schraubte sich in langgezogenen Kurven bergauf. Die letzten Häuser hatten wir vor langer Zeit gesehen, es wurde einsamer und einsamer. Graugrüne, morastige Wiesen, auf denen keine Rinder weideten, verloren sich im Dunst. Stacheldrahtzäume, deren Pfosten sich nicht entscheiden konnten, nach welcher Seite sie umfallen wollten, zogen ihre traurigen Linien durch die Landschaft.

Nach über dreißig Kilometern (haben wir Trinkwasser gefasst?) endlich ein unscheinbares Ortsschild am Straßenrand: Tulloch, An Tulach. Keine Häuser. Einsam stand eine rote Telefonzelle an der Ecke, wo der Weg zum Bahnhof abzweigte. Ein Bahnhof? Für wen? Wir waren auf die Eisenbahnlinie gestoßen, die von Fort William am Caledonia Canal durch die Einöden und Moore nach Glasgow verläuft. Eine technische Meisterleistung, weshalb dem leitenden Ingenieur in Rannoch ein kleines Denkmal gesetzt wurde. Sicher auch stellvertretend für die am Bau beteiligten Arbeiter.

Langsam rollten wir den Weg zur Station hinunter.

Tulloch-Station. An Tulach. Oh, mo ghaoil, ob wohl jemals ein Zug kommen würde? Niemand war zu sehen. Es war zwölf Uhr mittags.

'Please keep this gate shut, prevent sheep access to railway', hatte jemand auf das Holztor geschrieben, durch das wir zu den Gleisen kamen. Das Bahnhofsgebäude war ziemlich verfallen. Wir hielten das Gatter geschlossen, studierten einen schulheftgroßen Zettel, der als Fahrplan diente. Die wenigen Zahlen machten uns die Entscheidung leicht. Wenn wir nichts missverstanden hatten (was bei den Erläuterungen öffentlicher Verkehrsträger grundsätzlich möglich ist, sie haben ihre eigene Logik), wenn wir also alles richtig gelesen hatten, dann würde um 12.33 Uhr ein Zug in Richtung Glasgow fahren, über Rannoch-Station, und von dort müsste uns der Gegenzug um 15.25 Uhr wieder nach Tulloch mitnehmen können. Das beruhigte uns.

Wir befanden uns allein auf dem Bahnsteig. Horch, hatte ich Zuggeräusche gehört? Nein, nichts, es schien nur der Wind gewesen zu sein. Nach einiger Zeit erklang in der Ferne ein durchdringendes Pfeifen, ein Heulen, traurig klang das, wie ein hungriger Wolf in der Steppe. Lange, sehr lange dauerte es, bis endlich auf den Gleisen eine Santa-Fé-Diesellok mit einigen Waggons auftauchte. Pünktlich!

Fauchend kam die Lok heran, dreckig-schwarz von den Abgasen, gefährlich aussehend wie ein Tiger und doch Vertrauen erweckend. Wir stiegen ein. Etliche Passagiere saßen bereits im Zug, vertrauten ihm ihr Leben an, allzu schlimm konnte es wohl nicht werden. Sie hatten sicher alle ihre konkreten Ziele, kein Schotte fährt nur interessehalber oder wegen irgendwelcher Sentimentalitäten diese Strecke. Kurz darauf ging es auf eingleisiger Strecke in die traurige Einöde. Lochs und Glens, Seen und Täler, boten sich dar, nur selten waren unscheinbare graue Gebäude zu sehen, denen wir nicht ansehen konnten, ob es sich um Wohnhäuser oder Ställe handelte. Masten mit Telefonleitungen huschten vorbei, wie früher, oder wie in Nevada. Schneezäune wanderten auf Hügellinien mit, auch Gatter für Schafe, die nicht zu sehen waren. Plötzlich winkten Menschen tief unter uns am Bahndamm. Wanderer in kurzen Hosen, mit großen Rucksäcken. Sie lachten. Waren sie nicht von Midges umzingelt?

Der Schaffner kam und kassierte, alles war ganz normal, wie bei uns, wenn Personal eingespart wird und Bahnhöfe schließen.

Halt. Corrour-Station.

Ein Haltepunkt in einer Hochebene. Der Blick verlor sich in der Weite, stieß am Horizont auf dunkle Bergrücken. Vier Leute verließen den Zug. Zwei Rucksackwanderer, das konnten wir noch verstehen. Die beiden anderen, ein Mann und eine Frau, Schotten, ganz normale Leute, Einwohner der Highlands, verschwanden hinter dem Bahnhofsgebäude.

Nach einiger Zeit tauchten sie auf einer kleinen Anhöhe wieder auf, schritten aus, wurden kleiner, verschwanden wie in einer Wüste. Der Bahnhof bestand aus einem Metallcontainer, den ein Mann mit einem breitkrempigen Stetson verließ, der zu einem in der Nähe geparkten Land-Rover lief.

Die Lokomotive pfiff, nein, die pfiff nicht, die heulte wieder wie ein Wolf und begab sich auf den nächsten Abschnitt. Plötzlich tief unter uns Wälder, dann ein langgestreckter See, der Loch Treig, schwindelig wurde einem beim Hinabsehen, hoffentlich hielt die Brücke (nicht immer hielten Brücken, das konnten wir bei Fontane nachlesen oder bei Thornton Wilder). Auf der anderen Seite erkannten wir den Beinn a' Chlachair, Teil der Grampian Mountains. Kahl und hart ragte das Gestein in die Welt, die Wildheit der Gegend machte uns Angst. Dann verlangsamte der Zug die Geschwindigkeit, die Bremsen quietschten, ein rotgepflasterter Bahnsteig mit weißen Randstreifen zog am Fenster vorbei. Ein Ruck, wir standen.

Hinaus. Rannoch-Station, Raineach. Welch ein Unterschied zum Container von Corrour und zum verlassenen Bahnhof von Tulloch. Kleine gepflegte Gebäude mit geschwungenen Satteldächern empfingen uns, eine Teestube lockte, ein Aufenthaltsraum, es gab Postkarten, Andenken, Coca-Cola. Eine Treppe hoch ging es zur Holzbrücke, die über das Nachbargleis an Land führte, diesen Eindruck hatten wir, es war, als kämen wir von See aufs Festland. Way out stand auf einem Schild.

Blitzschnell waren andere Passagiere, die mit uns ausstiegen, verschwunden. Drei Häuser gab es und das Hotel. Die Straße führte zum Loch Rannoch, wir mussten es glauben, erkennen konnten wir davon nichts im Grauschleier der Hochebene. Ein halbzerfallenes Holzschild mit der Aufschrift *Moor of Rannoch Hotel* bot Accomodation, Bar, Lunches, Dinners, Fishing and Boats an, war fully licensed und open for No Residents, also auch für uns, die wir uns an diesem Ort nicht niederlassen wollten. Dennoch war es geschlossen.

»Dennoch könnte der Nachbarort von Rannoch sein.« Langsam fühlte ich mich als Highlander. Wo waren die gegnerischen Truppen der Engländer? Auf sie mit Gebrüll!

Der Engländer hing im Pub des Hotels an der Theke und hatte einen sitzen. Wir trafen ihn, nachdem wir einen kurzen Gang ins Moor, in die traurige Einöde unternommen hatten. Feiner Nieselregen verstärkte die trostlose Einsamkeit, die Gefühle der Hilflosigkeit, die uns überkamen. Am Loch Rannoch konnte man angeln, aber das war nicht unsere Passion.

David Balfour, der Protagonist in Robert L. Stevenson's Roman *Kidnapped,* kommt auf seiner Flucht am Loch Rannoch entlang. Unheimliche Gebirge, Quellen wilder Bäche, Nebel, Wind und Regen, wenig Sonne prägen sich ihm ein, bevor er gerettet wird und nach Edinburgh gelangt.

Obwohl wir einsame Gegenden liebten, einiges an Unbilden gewohnt waren, die das Wetter uns zumutete, wenn wir uns längere Zeit mit Fahrrädern und Zelt durch ein Land bewegten, wirkten die Grampians auf uns nicht sehr einladend. Sonnenschein hätte unsere Psyche sicherlich positiv beeinflusst - wahrscheinlich musste man in dieser Landschaft mit festen Stiefeln, regendichter Kleidung und einigen Mitstreitern, von denen sich wenigstens einer auskennen sollte, wandern. Tagelang.

Wir jedenfalls fühlten uns wie David Balfour gerettet, als wir das Pub erreicht hatten. Ein Pint. Das war nötig. Das machte die Einöde weniger traurig. Jetzt verstanden wir den Engländer.

Hoffentlich hatte der Zug keinen Motorschaden. Hoffentlich konnten wir entkommen. Obwohl: da, wo unser Auto wartete, in Tulloch, befand sich auch nicht gerade der Mittelpunkt der Zivilisation. Immerhin eine rote Telefonzelle. Ilse wollte sie malen. Aber noch waren wir nicht da. Ob der Zug wohl kommen würde?

Dass in dieser Einöde an trostlosen Abenden Geschichten entstanden, Balladen, konnten wir uns gut vorstellen. Es gibt, wie James Michener in seinem Roman *Die Kinder von Torremolinos* berichtet, eine berühmte Sammlung mit 305 klassischen schottischen Balladen, gegen Ende des vorigen Jahrhunderts von dem Harvard-Professor Francis J. Child zusammengetragen und nach ihm benannt. Während der eifrige Professor mehrmals nach England und Schottland reiste, um seine Forschungsobjekte aufzutreiben, stellte sich später heraus, dass er einen großen Teil dieser Balladen auch in Kentucky und Tennessee hätte finden können. Sogar in reinerer Form als in Europa, weil die englischen und schottischen Auswanderer sie unverfälscht überlieferten.

Child 243 - Der Teufelsfreier

Die Geschichte der jungen Frau, die einen Schiffszimmermann heiratete, nachdem man ihr berichtet hatte, dass ihr

Bräutigam, ein Matrose, in fernem Land gestorben sei. Einige Jahre später, als sie und der Zimmermann bereits drei Kinder hatten, kehrte der Geliebte zurück.

Ich hätt' eine Königstochter gefreit
weit hinter dem wilden Meer.
Ja, eine Königstochter hätt' ich zum Weib,
trieb die Sehnsucht nach dir mich nicht her.

Die Frau verließ ihren Mann und floh mit dem Matrosen. Dann entdeckte sie, dass er kein Mensch mehr war, sich in einen Dämonen verwandelt hatte.

Er knickte den Toppmast mit seiner Hand,
den Fockmast mit seinem Knie
und zerbrach wie ein Spielzeug das stolze Schiff -
nie mehr sah man ihn oder sie.

Der Zug kam. Pünktlich. Durch Berge und Seen, Moränen, Steine und Bogs kehrten wir heim. Durch die scheinbar wilde, unberührte Landschaft, einen der zerstörtesten Landstriche der Welt. Die Bauern wurden vertrieben, Wälder abgeholzt, den Rest besorgten die Schafe und wild lebenden Tiere. Letztere geben seit damals für die Adeligen des United Kingdom das Ziel ihrer Sonntagsvergnügungen ab und bieten ein begehrtes Ziel für ihre Ballerei. Aufforstungsmaßnahmen werden durch die Touristikbüros behindert: »Die Ausländer, insbesondere die Deutschen, lieben diese 'wilde' Landschaft!«

Wir übernachteten in Tulloch in der Nähe der Station. Die Midges mit uns. Es schienen mehr geworden zu sein. Auf unserer Haut war nichts mehr frei. Da stachen sie in die Hügel ihrer Vorgänger.

Mücken, Highlands, Grampians.

Die traurige Einöde.

Kaum hatten wir am nächsten Tag die Niederungen des Caledonia Kanals erreicht, verflog unsere einödige Stimmung.

»Ist alles halb so schlimm«, meinte Ilse, kratzte sich ausgiebig. Die wertvolle Tube Soventol ging bedenklich zur Neige. Wahrscheinlich aber lag ihre gute Laune daran, dass es jetzt, nach drei Monaten Fahrt, endgültig in Richtung Heimat ging. Über den Umweg des gelobten Landes Frankreich, auch wenn es *nur* der Norden sein würde.

Bei Fort William am Loch Lochy besichtigten wir Neptun's Staircase, eine Anlage des Kanals mit neun hintereinander geschalteten Schleusen, die uns an die Schleusentreppe von Fonserranes am Canal du Midi in Südfrankreich erinnerten.

Südlich von Fort Williams (hier kam Fontane durch) bei Corran am Loch Linnhe erwischte Ilse noch einen Leuchtturm am gegenüberliegenden Ufer, malte ihn, einen der seltenen Leuchttürme an einem Fluss, während ich die unermüdlich hin- und hereilende Fähre beobachtete und mich dann mit den Straßenkarten beschäftigte, um eine Route festzulegen, die uns durch das schier endlos lange England nach Süden und wieder ins Ruhrgebiet bringen sollte.

In der Nähe war es, wo den Herren Fontane und Lepel das Fell über die Ohren gezogen wurde. Und zwar von einer

Waschfrau, bei der sie in einer Putzkammer hatten unterkommen müssen, weil nichts anderes mehr frei gewesen war. Am anderen Morgen wurden sie ruppig geweckt mit den Worten:

»Make haste, Gentlemen, or you will miss the steamer!«

Wer kennt nicht die nervöse Aufregung, in die man verfällt, wenn man beim Packen von der Furcht beschlichen wird, den Dampfer *(oder den Zug)* zu versäumen und volle 24 Stunden an einem bereits absolvierten Ort zubringen zu müssen. Diese Panik ergriff die Herren. Sie flogen in ihre Röcke und Überzieher hinein, rafften alles zusammen, was noch auf Tisch und Betten lag, stopften es in die Säcke und stürzten fort. Da trat ihnen die Frau in den Weg:

»Fünfzehn Schillinge, please!«

Es war eine enorme Summe für zwei Übernachtungen; indes die Schiffsglocke, die eben wieder einsetzte, schnitt jede Unterhandlung ab, und die Schillinge und halben Kronenstücke liefen rasch in die Hand der Wirtin. Es fehlte ein Sixpence. Also alles zurück, stattdessen wechselte ein Sovereign den Besitzer.

»Give change!« rief der Dichter, denn ein Sovereign war zu viel des Guten. Da antwortete die Frau, in der Pose einer Siegerin: »I have no change, but I will send to the butcher.«

Der Dichter fluchte, sie setzten sich in Trab und erreichten das Schiff, das gerade Miene machte, den Steg einzuziehen und sich vom Kai loszulösen. Erst später merkten die Reisenden, dass sie in der Eile wichtige Utensilien bei der Waschfrau zurückgelassen hatten.

Das war eine teure Übernachtung.

Der Loch Lomond und Glasgow lagen auf unserer Route, eine Stadt, die sich in letzter Zeit zu ihrem Vorteil entwickelt hat. Eine Stadt, die beginnt, Edinburgh den Rang als Kunst- und Kulturzentrum des Landes streitig zu machen, 1990 war sie Kulturhauptstadt Europas. Was nichts an der Qualität der Glasgow Rangers mindern soll. Glasgow, die frühere Stadt der Werften und Textilfabriken, die Stadt der rußgeschwärzten Häuserwände, holt auf. Die sandgestrahlten Fassaden aus der Zeit King Edwards und Queen Victorias müssen sich zunehmend die Nachbarschaft postmoderner Paläste gefallen lassen. In der Nähe - im Dreieck zwischen Glasgow, Dundee und Edinburgh - befindet sich inzwischen das *Silicon Glen*, die neue Heimat der US-amerikanischen Computerindustrie. Es entstanden neue Arbeitsplätze: befristet, unsicher und unterbezahlt. Europa als Entwicklungsland? Anders als die Leute in Cornwall, die wenigstens die Türme ihrer Zinnminen stehen ließen, haben die Schotten ihre mahnenden Zeigefinger, die Schlote der früheren Stahlfabriken, abgerissen. Nichts soll mehr an früher erinnern.

Schotten sind gründlich.

Auch die Yorkshire Dales, ein Nationalpark, lagen auf unserem Weg. Eine flache Agrarlandschaft mit anheimelnden Städtchen und guten Restaurants, die sich durchaus für einen Fahrradurlaub eignet und einem Wort von Joseph Roth entsprach:

»Die Landschaft ist gut, sanft, freudig und von Wundern voll, die nicht erschrecken.«

Wir aßen sehr gut zu Abend in einem gemütlichen Lokal in Sedbergh, übernachteten auf einer Weide unter Eichen, wo

Fasane im Gebüsch ihr schepperndes Geschrei ertönen ließen, uns Kühe und Schafe beobachteten und am frühen Morgen Singvögel und Krähen weckten.

Wunder, die nicht erschrecken.

Auf Wiedersehen, Schottland!

Auf Wiedersehen?

Es fehlte noch einiges: die nördlichen Highlands und der hohe Norden zwischen Duncansby Head und Cape Wrath. Die Stadt Edinburgh. Von den Inseln nicht zu schweigen: die Orkneys, die Shetlands und die Outer Hebrides: Harris/Lewis, North- und South-Uist, Eriskay, Benbecula oder Barra. Die Inseln mitten im Wind, am Rande des Meeres, am Ende der begehbaren Welt.

Mehr als genug für ein nächstes Mal.

Wenn uns irgendwo ein sachlicher Fehler unterlaufen sein sollte oder ein lapsus linguae, ein sprachlicher, so bitten wir um Verständnis. Wir wollen es mit Harry Rowohlt halten: es könnte vielleicht ein Fehler sein, der sich sehen lassen kann!

Einen Dichter hatten wir nicht angetroffen: Bram Stoker, den irischen Erfinder der transsylvanischen Schauerromane. Auf Slains Castle nördlich von Aberdeen, wo auch Boswell und Johnson beim Earl speisten, schrieb Stoker während eines Urlaubs den Klassiker *Dracula*.

Einer Agenturmeldung in der Northern Scotland Review hatte ich entnommen, der Meister sei mit den Worten 'Ach, wenn mir's nur gruselte' zu einem mehrwöchigen Aufenthalt in die USA aufgebrochen.

»Der lebt doch gar nicht mehr«, sagte Ilse.

Das ist wahr.

Schottland
Nordsee
Carlisle
Sellafield
Yorkshire Dales
Yorkshire
Isle of Man
Irische See
Manchester
Birmingham
London
Bristol
Berkshire
Wiltshire
Surrey
Kent
Dover
Calais
Salisbury
Hampshire
Winchester
Sussex
Dungeness
Hastings
Somerset
Dorset
Devon
Exeter
Portsmouth
Dartmoor
Bill of Portland
Ärmelkanal
Plymouth
St. Ives
Cornwall
Lizard Point
Penzance
Scillies